高等学校电子商务系列教材

电子商务法

白　锐　主　编
郭英杰　刘　鹏　副主编
赵肖筠　主　审

清华大学出版社
北京交通大学出版社
·北京·

内 容 简 介

本书吸收专著类的理论知识，对高校电子商务类专业适用的教材编制体例大胆创新，将本书创作为一本可以自学的应用型教材，使理论讲授可以与实践相结合。同时考虑教学特点，力图避免案例与理论“两层皮”的尴尬，使教师可以真正使用这本教材中的案例。同时，编者凭借多年的教学研究经验，对各个章节中的重点、难点有着非常清晰的把握，对由于以往教材中电子商务专家、经济法专家对商法的不了解以致在电子商务法编写中出现的谬误进行修正，真正从法学、电子商务学科的角度来论述这一交叉学科，使本书能同时适用于电子商务专业和法学专业，做到深浅适中、理论扎实、案例新颖、内容翔实。

本书适合学习电子商务、法学、贸易、管理、信息技术等专业的本专科学生作为教材，也适合政府及企业各部门管理人员、信息技术人员作为参考书。

图书在版编目（CIP）数据

电子商务法／白锐主编. —北京：清华大学出版社；北京交通大学出版社，2013.1（2018.9 重印）

ISBN 978-7-5121-1350-3

Ⅰ.①电…　Ⅱ.①白…　Ⅲ.①电子商务-法规-中国-高等学校-教材　Ⅳ.①D922.294

中国版本图书馆 CIP 数据核字（2012）第 011527 号

责任编辑：韩素华　　特邀编辑：黎　涛
出版发行：清 华 大 学 出 版 社　　邮编：100084　　电话：010-62776969　　http://www.tup.com.cn
　　　　　北京交通大学出版社　　邮编：100044　　电话：010-51686414　　http://press.bjtu.edu.cn
印 刷 者：艺堂印刷（天津）有限公司
经　　销：全国新华书店
开　　本：185×230　　印张：16.75　　字数：375 千字
版　　次：2013 年 3 月第 1 版　　2018 年 9 月第 3 次印刷
书　　号：ISBN 978-7-5121-1350-3/D · 131
印　　数：3 601 ～ 4 600 册　　定价：34.00 元

本书如有质量问题，请向北京交通大学出版社质监组反映。对您的意见和批评，我们表示欢迎和感谢。
投诉电话：010-51686043，51686008；传真：010-62225406；E-mail：press@bjtu. edu. cn。

前言

电子商务是利用现代信息技术和互联网等无纸化技术所进行的各类商务活动的总称。作为传统商务活动的变形，电子商务仍然反映的是传统的商事关系，仍处于传统法律调整的范畴之中。目前我国电子商务市场虽然发展迅猛，但总的来看，尚处在发展的初期，特别是由于网络技术的发展创新速度非常快，新的事物层出不穷，每一项技术变革都会带来网络市场较大程度的变动，许多问题难以准确进行量化定性分析，这使得传统法律难以应对，即传统法律规范难以直接适用或根本无法调整。因此，需要新的法律来替代传统法律对此类社会关系进行调整，故而这类调整电子商务的法律规范就构成了电子商务法，而对其加以研究的学科就构成了电子商务法学。

当今社会，电子商务的出现极大地改变了人们的生产生活方式，代表着未来市场交易发展的方向。各国均把网络经济作为国家大力培育的战略性新兴产业之一，这是实现本国经济发展方式转变、调整优化经济结构的重要战略举措之一。因此，以美国为首的各国为了抓住机遇，纷纷采取有效措施大力培育扶持、促进电子商务市场的发展，努力为电子商务市场主体的发展创造提供良好宽松的法律发展环境。1996 年，联合国《电子商务示范法》的颁布将此类立法推向了新的高度——各国电子商务法趋于一致性，这种新的发展趋势引发了各国普遍的立法高潮。在这种大环境的影响下，中国学者从 2000 年起开始进行大量电子商务法的研究，基本涉及电子商务法的各个领域，目前国内大部分研究成果已从初期的对国外电子商务法研究的移植、介绍阶段进入独立研究中国电子商务法的新阶段，已初步形成一定的理论体系和基本共识。

在这种情况下，编者对中国目前的电子商务法研究成果进行汇总并修正以往的一些学术观点，依托山西大学商务学院商法精品课程团队，借助编者数年来积累的电子商务法教学经验和庞大的教学团队优势，试图对中国及世界电子商务法的发展进行新的诠释。作为应用型教材，本书对电子商务法已有的研究成果进行整合，对这十年来的研究成果进行分类汇总，这需要编者对电子商务法进行新的独立思考，以便形成电子商务法本科教学所要求的内在逻辑体系，从而促进教学。因此，本书首先邀请了从事电子商务、商法和诉讼法教学的相关教师参与，力求解决以往教材编写中作者专业仅限于电子商务法的局限性，使本书适合法学、电子商务等本科及研究生使用，也可供从事相关实务和研究工作的人员阅读参考。其次，将本书的章节与体例大致分为三个部分，即电子商务法的基础理论部分，主要介绍学科所涉及的基础知识、现有法律文件；电子商务法的部门法制度，如数据电文制度、电子签名认证制度、电子支付、电子合同及电子商务法的其他相关制度，如诉讼管辖制度等，从而形成本科教学所要求的深度及广度。

本书写作分工为：罗宝刚编写第一章；白锐编写第二章、第七章（第三节～第五节）；毛永红编写第三章；马启花编写第四章；李训伟编写第五章；刘鹏编写第六章；郭英杰编写第七章（第一、二节）；李丽编写第七章（第六节）；刘恒科编写第八章；席珺编写第九章；潘淑岩编写第十章；罗丽娅编写第十一章；曹艳琼编写第十二章，全书由白锐主编，郭英杰、刘鹏副主编，赵肖筠教授主审。

电子商务法的研究是一个庞大而繁杂的课题，加之本书编写人员众多，参编人员学术观点及学术水平还有待提高，恳请读者给予批评指正，以便后续修订，促进相关教学与研究的进一步发展。

在本书的撰写过程中，得到了山西大学商务学院法律系的大力支持，同时本书参考了大量中外编著者的有关文献和著作，在此，编者对上述人员谨表示真诚的感谢。

编　者

2013 年 1 月

目 录

第一章
电子商务基本原理

【学习目标】 通过本章的学习，要求学生掌握电子商务的定义，理解电子商务的特征与内涵；对电子商务的产生与发展有全面的了解，掌握电子商务的发展趋势。

【关键概念】 电子商务；电子数据交换；企业与企业间电子商务；企业与消费者间电子商务

【引导案例】

国美电器成立于1987年，是中国最大的以家电及消费电子产品零售为主的全国性连锁企业。国美电器在中国大中型城市拥有直营门店1 500多家，年销售能力1 500亿元以上。

2009年以来，国美电器全面推进网络优化和提升单店盈利能力的战略，以不断调整变化的服务模式满足客户的需求，作为国美电器进军电子商务的战略布局，国美电器网上商城（www.gome.com.cn，简称国美电商）自上线以来，其发展之快令业界称赞，独有的优势与发展速度更是开启了家电网购领域的“双核时代”。

国美电商总经理韩德鹏表示，国美电商采用集团联合采购与独立采购相结合的方式，集团每年超千亿元的采购规模可以保障产品的低价，独立采购将有效保证产品的多样性。国美电商可以在两个采购平台当中“择优”而取，这种双核优势是其他B2C家电平台所无法比拟的。

国美集团重点战略　打造“网上国美”

国美集团宣布国美电商在发展的初期将享受国美电器在供应和采购上的优惠价格，满足消费者网上购物的需求。国美集团对国美电商的未来能够长足发展提供四个强有力支撑，第一，始终如一的低价商品采购能力;第二，及时送达的物流配送能力;第三，贯穿各个环节的信息系统能力;第四，专业的品牌影响力。

国美集团总裁王俊洲在接受采访时说，与其他传统企业简单将商品搬到线上有所不同，国美要探索一种虚实相融的商业模式。电子商务的本质不在“电子”，而在于“商务”，其竞争力不在于“网店”，而在于“供需链”，国美电商肯定有这个能力。

业内资深人士这样形容，就在众多传统企业还在犹豫是否有能力和资本踏入这个竞争激烈而又烧钱的领域时，国美电商已经在家电网购领域加速开启了一个新的时期，国美的又一个“网上零售帝国”不久将再现。

更低价格　更快送达　内外兼修成就品质服务

在跑马圈地之风日益盛行的当下，众多电子商务平台将巨资投在广告投放与物流建设上，而作为家电网购平台之一，国美电商始终坚持内部信息化系统建设与提升用户体验同时并举的策略。

在信息化系统建设上，国美电商采用全球最先进的信息化系统，保证物流、资金流、信息流的无缝一体化，通过与国际知名机构合作，大力研发集智能化、模块化、实时监控于一体的管理平台，每一个订单、每一项数据都实现可视化，系统优势让国美电商从容应对客户群的爆炸式增长。

除了内部信息化系统建设，国美电商将重心集中在提升用户体验。在这个由“理性消费”转向“感性消费”的时代，用户体验如此重要。依托于国美完善的仓储物流体系与自建物流体系结合，配送时间大大缩短，物流的便捷性与高效性提升大宗家电的配送区域与覆盖率。通过成立近千人的客服中心，客户可以在第一时间内获得关于家电任何方面的专业帮助，“更低价格 更快送达”成为消费者选择国美电商最简单的理由。

经历了粗放式的增长，国美电商逐渐过渡到以信息化系统建设、服务质量、顾客体验为核心竞争力的理性成长阶段，也由此标志着中国家电网购领域进入一个新时期。正如集团高层所言，网上商城将是国美未来的核心战略，未来 2 到 3 年内，国美网上商城将占其销售的 10%以上，并将占据中国家电网购市场容量的 15%以上。

资料来源：李琳琳. 国美网上商城开启电子商务双核时代. www.it168.com. 2011-09-21.

案例描述的是国内家电零售企业国美电器的电子商务战略部署，国美集团在打造“网上国美”的同时，为用户提供更低价格、更快送达的服务。什么是电子商务，它具有哪些特征？电子商务的发展趋势如何？这些都是本章要研究的内容。

第一节 电子商务概念与特征

电子商务是近年来兴起的一个新概念，国际组织、各国政府、企业和学者都根据自己所处的领域和对电子商务的参与程度，给电子商务下了多种表述不同的定义。通过比较这些观点，可以更全面地了解电子商务的实质。

一、电子商务的概念

（一）国际商会的电子商务定义

1997 年 11 月 6 日在法国巴黎召开的世界电子商务会议上，国际商会给出了关于电子商务较权威的定义：电子商务是指对整个贸易活动实现电子化。从涵盖范围方面可以定义为：电子商务是交易各方以电子交易方式而不是通过当面交换或直接面谈方式进行的任何形式的商业交易。从技术方面可以定义为：电子商务是一种多技术的集合体，包括交换数据（如电子数据交换、电子邮件）、获得数据（共享数据库、电子公告牌）及自动捕获数据（条形码）等。

（二）欧洲议会的电子商务定义

电子商务是通过电子方式进行的商务活动。它通过电子方式处理和传递数据，包括文本、声音和图像。涉及许多方面的活动，包括货物电子贸易和服务、在线数据传递、电子资金划拨、电子证券交易、电子货运单证、商业拍卖、合作设计和工程、在线资料、公共产品获得。它包括了产品（如消费品、专门设备）、服务（如信息服务、金融和法律服务）、传统活动（如健身、体育）和新型活动（如虚拟购物、虚拟训练）。

（三）各国政府的电子商务定义

（1）美国政府在其《全球电子商务纲要》中指出：电子商务是通过 Internet 进行的各项商务活动，包括广告、交易、支付和服务等活动。

（2）中国政府在《电子商务发展“十一五”规划》中指出：电子商务是网络化的新型经济活动，是国家信息化战略的重要组成部分。

（四）企业界的电子商务定义

（1）IBM 公司认为电子商务包括 3 个部分：内联网（Intranet）、外联网（Extranet）、电子商务（Electronic Commerce）。它所强调的是在网络环境下的商业化应用，即买方、卖方、厂商及合作伙伴在因特网、内联网和外联网中开展的商务活动，同时认为只有先建立良好的 Intranet，建立好比较完善的标准和各种信息基础设施，才能顺利扩展到 Extranet，最后扩展到电子商务。

（2）惠普公司认为电子商务是通过电子化手段来完成商业贸易活动的一种方式，它使人们能够以电子交易手段完成物品和服务等的交换，是商家和客户之间的联系纽带。电子商务包括两种基本形式：商家之间的电子商务及商家与最终消费者之间的电子商务。

（五）国内外专家的电子商务定义

美国学者瑞维・卡拉科塔和安德鲁・B・惠斯顿认为，从广义上讲，电子商务是一种现代商业方法。这种方法通过改善产品和服务质量、提高服务传递速度，满足政府组织、厂商和消费者降低成本的需求。电子商务也可指通过计算机网络寻找信息以支持决策。一般地讲，今天的电子商务通过计算机网络将买方和卖方的信息、产品和服务联系起来，而未来的电子商务则通过无数计算机网络构成的信息高速公路将买方和卖方联系起来。

我国电子商务专家李琪教授认为电子商务是在技术、经济高度发达的现代社会里，掌握信息技术和商务规则的人，系统化地运用电子工具，高效率、低成本地从事以商品交换为中心的各种活动的总称。

本书认为电子商务是以 Internet 为平台开展的一种商务活动，有广义和狭义之分。狭义的电子商务是利用互联网进行商品交易活动，可以称作电子交易或网上交易。较低层次的电子商务只能完成电子交易的部分环节，如电子商情发布、网上订货等。较高层次的电子商务是利用网络完成全部的交易过程，包括信息流、商流、资金流和物流，从寻找客户，商务洽谈，签订合同到付款结算都在网上进行。而广义的电子商务不但包括电子交易，还包括企业内部利用电子手段进行的管理活动，如建立企业管理信息系统、市场调查分析、计划安排、资源调配等。

综上所述，可以从不同角度理解电子商务，具体如下。

（1）通信角度：电子商务是指通过电话线、计算机网络或其他电子手段传递信息、产品服务或进行支付的过程。

（2）服务角度：电子商务是一种工具，它能满足企业、消费者、管理者的愿望，在提高产品质量、加快产品服务与支付的响应速度的同时降低服务的成本。

（3）交易方式角度：交易双方不再采用传统的当面交换或书面交换方式，而是采用电子化交易。

（4）技术角度：电子商务是一种多技术的集合体，包括交换数据、获得数据及自动捕获数据等。

（5）涵盖业务角度：电子商务包括信息交换、售前售后服务、销售、电子支付、组建虚拟企业；电子商务是指信息技术在商业事务和工作流程的自动化应用。

（6）企业经营的微观角度：电子商务是通过 Internet 支持企业的商务活动，即产品和服务的买卖。

（7）企业经营的宏观角度：电子商务是基于 Internet，支持企业的产、供、销、人事、财务等全部活动的自动化。

不管从何种角度理解，电子商务的核心是商务，电子是支撑工具，人是商务的主体。

二、电子商务的特征

电子商务的特征可归纳为以下几点：商务性、服务性、集成性、可扩展性、安全性、协调性、低廉性。

（一）商务性

电子商务作为一种新型的交易方式，其最基本的特征是商务性，即提供交易的服务、手段和机会。网上购物提供一种客户所需要的方便途径，电子商务对任何规模的企业而言，都是一种机遇。就商务性而言，电子商务可以扩展企业的市场，增加客户数量。通过将万维网信息与企业数据库连接，企业能通过客户关系管理系统记录下每次访问、销售、购买形式和购货动态，分析客户对产品的个性化需求，为进一步的商务活动提供决策支持。

（二）服务性

在电子商务环境中，人们不再受地域的限制，客户能以非常便捷的方式完成过去较为繁杂的商务活动，如通过网络银行能够全天候地存取资金账户、查询信息等，同时使企业对客户的服务质量得以大大提高。

（三）集成性

电子商务能够规范事务处理的工作流程，将人工操作和电子信息处理集成为一个不可分割的整体，这样不仅能提高人力和物力的利用率，也提高了系统运行的严密性。

（四）可扩展性

要使电子商务正常运作，必须确保其可扩展性。万维网信息数据传输过程经常会出现高峰，假设一家企业电子商务网站原来设计可同时受理 50 万人次访问，而高峰期却有 90 万人次，就必须尽快配有一台可扩展的服务器，否则影响客户访问速度，甚至还会拒绝数千次可能带来丰厚利润的客户来访。电子商务中，耗时仅 2 分钟的系统重新启动也可能导致大量客户流失，因此系统的扩展性极其重要。

（五）安全性

对于客户而言，无论网上的商品如何具有吸引力，如果对交易安全性缺乏把握，他们根本就不敢在网上进行买卖，企业间的交易更是如此。在电子商务中，安全性是必须考虑的核心问题，因此要求网络能提供一种端到端的安全解决方案，如加密机制、签名机制、分布式安全管理、存取控制、防火墙、防病毒保护等，这与传统的商务活动有着很大的不同。为了帮助企业创建安全的电子商务系统，国际上多家公司联合开展了安全电子交易的技术标准和方案研究，并制定了 SET 和 SSL 等协议标准，使企业能建立一种安全的电子商务环境。

（六）协调性

商务活动是一种协调过程，它需要客户与公司内部、生产商、批发商、零售商间的协调，在电子商务环境中，它更要求银行、配送中心、通信部门、技术服务等多个部门的通力协作。传统的电子商务解决方案能加强公司内部沟通，电子邮件就是其中一种。但那只是协调员工合作的一部分功能。利用万维网将供货方连接至管理系统，再连接到客户订单处理，并通过一个供货渠道加以处理，这样公司就节省了时间，提高了效率。

（七）低廉性

电子商务可以降低企业的采购成本，优化库存结构，缩短生产周期，降低企业的营销成本，增加产品的销售机会，为客户提供更有效的服务。因此对企业和消费者来讲，电子商务总体营销成本是非常低廉的。

第二节　电子商务的发展沿革

在传统模式下，商务活动往往采取面对面直接交易或纸面交易的方式来进行。无论是柜台售货、开架自选、还是订货会、洽谈会等，以及在保险、金融、海关、财政和税收等服务业、行政管理中，都是以直接或间接的物理交换或物理接触来完成交易。由于传统商务活动大部分依靠面对面及书面文档传递为主，使传统商务具有信息不完善、耗费时间长、花费高、库存和产品的积压、生产周期长、客户服务有限等局限性。

一、电子商务的产生与发展

电子商务是以 Internet 为平台开展的一种商务活动，从这个角度看，电子商务并非新兴之物。自从 19 世纪 30 年代电报发明以来，人们就开始了对采用电子工具进行商务活动的探索。从技术上看，以电报、电话、传真等电子通信方式进行的商务活动都可以认为是电子商务，现今的电子商务就是在此基础上产生和发展起来的。传统上，可以把电子商务产生和发展分为两个阶段，基于电子数据交换（Electronic Data Interchange，EDI）的电子商务阶段和基于 Internet 的电子商务阶段。一些学者在这两个阶段的基础上增加了一个新近发展的阶段即 E 概念电子商务阶段。

（一）基于 EDI 的电子商务阶段

20 世纪 60 年代，人们开始了用电报方式发送商务文件，20 世纪 70 年代初人们又普遍采用方便、快捷的传真机来替代电报，但是由于传真文件是通过纸面打印来传递和管理信息的，不能将信息直接输入到信息系统中，为了解决这个问题，人们开始探索新的途径。20 世纪 70 年代末，EDI（电子数据交换）应运而生，人们开始采用 EDI 作为企业间商务活动的应用技术，这是现代电子商务的雏形。

EDI 应用计算机代替人工处理交易信息，大大提高了数据处理速度和准确性。数字通信网络作为交易信息的传输媒介代替了传统的传输方式，使信息传输更迅速、更准确。为使贸易各方的计算机能够处理、识别这些交易信息，贸易各方的信息必须按照事先规定的统一标准进行格式化。

由于 EDI 电子商务解决方案都是建立在大量功能单一的专用软硬件平台基础上，限制了 EDI 应用范围的扩大；同时，EDI 对技术、设备、人员有较高的要求，使用价格极为昂贵，并且对信息共享考虑得也较少。因此，EDI 电子商务仅局限在发达国家和地区及大型企业间应用，大多数中小企业难以应用 EDI 开展电子商务活动。为此，迫切需要建立一种新的成本低廉、能够实现信息共享的电子商务系统。

（二）基于 Internet 的电子商务阶段

20 世纪 90 年代中期以后，Internet 迅速走向普及化，从大学、科研机构走向企业和公众，其功能也已从信息共享演变为一种大众化的信息传播工具。1991 年 2 月，美国政府宣布 Internet 向社会公众开放，允许其在网上开发商业应用系统。一直排除在 Internet 之外的商务活动正式进入全球最大的网络王国。1995 年，Internet 上的商务信息首次超过了科教业务信息量，电子商务成为 Internet 应用的最大热点。

在 Internet 上进行商务活动，涉及客户、商家、银行等的安全交易问题，如何解决这一问题是关系到电子商务发展的关键。1996 年 2 月，VISA 与 MasterCard 两大信用卡国际组织联合制定 SET（Secure Electronic Transfer Protocol），即安全电子交易协议，为开发基于 Internet 的电子商务提供了比较可靠的安全环境。该协议得到了 IBM、Microsoft、Netscape、VeriSign 等一批技术领先的跨国公司的认可和支持。Netscape（美国网景公司）推出了 SSL（Security Socket Layer）即安全套接层协议，用以弥补 Internet 上的主要协议 TCP/IP（Transmission Control Protocol/Internet Protocol）在安全性能上的缺陷（如难以确定用户身份等），支持企业与企业之间的电子商务。SSL 的缺陷是没有数字签名功能，没有授权和存取控制，不能抗抵赖，用户身份可能被冒充等。Nortel（加拿大北方电信公司）所属的 Entrust 公司开发了 PKI（Public Key Infrastructure）技术，可支持 SET，SSL，IPsec 及电子证书和数字签名，弥补了 SSL 协议的缺陷。IBM、sun Microsystems 等公司均采用 PKI 技术，以支持企业之间电子商务的安全结算。

随着 Internet 的普及和成熟、安全电子交易技术的建立和发展、管理技术和相关法律、法规的发展和建立，基于 Internet 的电子商务得到了飞速发展，出现了像亚马逊（www.amazon.com）网上书店、采用网络直销模式的美国戴尔公司等著名的基于 Internet 的电子商务企业。大量企业开始建立网站、促销产品、进行交易，上网人数与网上交易额迅速增加，电子商务作为一种崭新的商务交易活动方式，将成为推动未来经济增长的关键动力。

（三）E 概念电子商务阶段

从 2000 年初开始，人们对电子商务的认识逐渐由电子商务提高到 E 概念的高度。人们认识到电子商务实际上就是电子信息技术同商务应用的结合。而电子信息技术不但可以和商务活动结合，还可以和医疗、教育、金融、军事、政府等有关的应用领域结合，从而形成有关领域的 E 概念。例如，电子信息技术与医疗技术结合产生了电子医务，与教育结合产生了电子教务，与金融结合产生了电子金融，与军事结合产生了电子军务，与政务结合产生了电子政务。这一阶段电子商务的内涵更加深刻，外延进一步扩大，人们真正进入了信息化社会。

二、电子商务的发展趋势

（一）电子商务理论发展

随着电子商务的发展，出现了许多基于电子商务体系的新知识体系、法律体系、价值体系、社会组织体系理论。基于传统经济学的现有理论在网络经济环境下将不再适用，传统经济学理论无法揭示电子商务条件下的经济规律。电子商务的发展需要新的经济理论指导，电子商务的发展又推动新经济理论的产生。

电子商务独特的运作方式向传统的商务规范模式提出挑战，没有法律规范的电子商务将难以发展。及时制定和出台相应的法律、法规，引导和维护电子商务健康发展，成为立法工作的一项重要任务。电子商务的发展推动新法律体系的建立，新法律体系规范电子商务的发展。

（二）电子商务技术发展

从电子商务技术发展趋势看，将出现面向对象整体的解决方案。

（1）广泛采用计算机协同工作技术，依赖协同作业体系。计算机协同工作向人们提供新的交流方式，使多部门按一定规范相互配合，协同工作，共同完成有关的电子商务活动。

（2）开发面向中小用户的解决方案。目前的电子商务平台大多是企业与企业之间的电子商务解决方案，还没有较好的面向中小企业用户的解决方案。

（3）研制柔性电子商务系统。用户可以对电子商务系统的应用提出具体要求，运用该系统生成符合用户要求的可伸缩的电子商务系统。

（4）出现移动嵌入式可自动生成的电子商务技术。采用该技术，可以在各个企业、部门和个人计算机系统中自动生成可嵌入的小型电子商务系统。

（三）电子商务应用发展

电子商务的应用时间较短，其应用潜力远没发掘出来。电子商务的经济效益显著，应用前景非常广阔。它可以使默默无闻的小公司名扬天下，可以使大公司竞争力更强。电子商务的发展速度惊人，增长迅猛。电子商务对人类社会进行着全方位的改造，在企业竞争、政府部门、研究机构、教育、娱乐等方面改变着人类交往的方式，为人们展示出一个全新的信息世界。

1. 电子商务的深度进一步拓展

目前受限于技术创新和应用水平，企业电子商务发展仍处于起步阶段。随着社会的进步和科技的发展，电子商务将向纵深挺进，新一代电子商务会浮出水面，取代目前简单依托“网站+电子邮件”的方式。电子商务企业把核心业务流程、客户关系管理延伸到Internet上，使产品和服务更贴近用户需求。实时、互动成为企业信息交流的共同特点，网络成为企业资源计划、客户关系管理和供应链管理的中枢神经。企业创建新的价值链，形成高效的战略联盟，共同谋求更大的利益。

2. 电子商务向各行各业迅速渗透

电子商务的实施首先是金融服务业，其次是大型跨国公司，接着是传统加工制造业、零售企业和中小企业，实现电子商务对传统产业、零售业和中小企业的嫁接和改造，最后还要扩大到政府部门、军事部门、医疗卫生部门、教育部门等公用事业部门。

随着我国加入 WTO，电子商务已渗透到国内各行各业，这是我国各行各业所能做出的必然的、唯一的选择，也是对我国传统经济的一个严峻挑战。

3. 电子商务网站出现兼并热潮

目前互联网上大大小小的网站有上千万，为数不少的网站定位相近、业务内容趋同。处于领先的电子商务企业在资源、品牌、客户规模等方面具有很大优势，这些具备良好基础和发展前景的网站要发展，必然采取互补性收购策略，结成战略联盟。个性化、专业化是电子商务发展的趋势，每个网站在资源方面是有限的，客户的需求是全方位的，不同类型的网站以战略联盟形式进行相互协作将成为必然趋势。

4. 行业电子商务成为发展的主流

电子商务进入迅猛发展时期的典型特征是风险投资、网站定位从以往的“大而全”模式转向专业细分的行业商务门户。电子商务企业必须进行认真的市场细分研究，才能适应消费者对电子商务的不同需要。第一代电子商务专注内容，第二代电子商务专注综合性电子商务，下一代的行业电子商务把增值内容和商务平台紧密集成，充分发挥 Internet 在信息服务方面的优势，使电子商务真正进入使用阶段。

5. 新兴电子商务模式不断涌现

新兴电子商务按运营模式可分为不同的类型，有 ABC 、C2C、B2B、G2C、G2E、C2B、B2M、O2O 等类型。

1）ABC 模式

ABC 模式是新型电子商务模式的一种，ABC 分别指代理商（Agents）、商家（Business）、消费者（Consumer）。被誉为继阿里巴巴 B2B 模式、京东商城 B2C 模式、淘宝 C2C 模式之后电子商务界的第四大模式。是由代理商、商家和消费者共同搭建的集生产、经营、消费为一体的综合电子商务平台。

2）C2C 模式

C2C 电子商务的发展趋势应该是向精细化和区域化发展，即再也不会出现像淘宝那样的大型 C2C 平台，而是会在全国各中小城市出现一批面向当地客户的 C2C 平台，这种模式的特点是规模小，信任度高。

C2C 技术方面的发展趋势是 3D 技术的应用，3D 技术应用为 C2C 平台提供了更为人性化的服务，比如可以在一些提供 3D 技术的平台上，根据自己的体型设计出大体一致的 3D 模型，在购买衣物或鞋子的时候，完全可以用模型来代替自己试穿，这也省去了很多调换的成本和麻烦。

3）B2B 模式

新兴 B2B 模式的趋势应该是向产品和服务的创新性上发展，传统的 B2B 提供的发布供求信息及线上交易，已经满足不了需求不断变化的客户了，需要更具创新性和人性化的系统。更多新型 B2B 平台开始尝试商业化视频方面的发展，这种盈利模式也是一种技术和服务上的创新，比如瀛商网，主推其商业化视频的优势，为客户提供视频化的 B2B 平台，并且推出了类似于电视台的一种网络广告电视，在创新意识上领先于同行业者。

4）G2C 模式

G2C 模式是电子政务的主要内容，是电子政务发展到高级阶段的核心，是保障政府与公众互动交流的一种政务模式。基于 G2C 模式的公共决策优化支持主要表现在成本效益、技术支持、社会基础三个方面。实现公共决策优化途径有：更新公共决策理念，提高公共决策者素质；优化决策支持系统，加快促进决策科学化；大力建设“电子基层”，进一步增进决策民主。

5）G2E 模式

G2E 的全称是 Government to Employee，即电子政务。G2E 是指政府（Government）与政府公务员（Employee）之间的电子政务，也有学者把它称之为内部效率效能（IEE）电子政务模式。

6）C2B 模式

C2B 即消费者对企业（Consumer to Business）。最先由美国流行起来的消费者对企业（C2B）模式也许是一个值得关注的尝试。C2B 模式的核心，是通过聚合分散分布但数量庞大的用户形成一个强大的采购集团，以此来改变 B2C 模式中用户一对一出价的弱势地位，使之享受到以大批发商的价格买单件商品的利益。目前国内很少有厂家真正完全采用这种模式。

C2B 模式是先在网上聚合一个庞大用户群，形成一个社区，以团购等形式，用户获得批发商的价格。国内做得比较好的 C2B 网站有摇篮网、宝宝树、豆瓣网等。

7）B2M 模式

B2M（Business to Marketing），指面向市场营销的电子商务企业（电子商务公司或电子商务是其重要营销渠道的公司）。B2M 电子商务公司以客户需求为核心建立起营销型站点，并通过线上和线下多种渠道对站点进行广泛的推广和规范化的导购管理，从而使得站点成为企业的重要营销渠道。

8）O2O 模式

O2O（Online To Offline）模式的关键是在网上寻找消费者，然后将他们带到现实的商店中。它是支付模式和为店主创造客流量的一种结合（对消费者来说，也是一种“发现”机制），实现了线下的购买。它本质上是可计量的，因为每一笔交易（或预约）都发生在网上。在拉手网（团购模式）、NHT Global（积分返佣模式）等公司的带动下，O2O 会在中国有较大的发展。

本章小结

本章介绍电子商务的概念及基本特征，回顾了电子商务产生和发展的历史，展望了电子商务发展的趋势。电子商务是以 Internet 为平台开展的一种商务活动，有广义和狭义之分。狭义的电子商务是利用互联网进行商品交易活动，可以称作电子交易或网上交易。较低层次的电子商务只能完成电子交易的部分环节，较高层次的电子商务是利用网络完成全部的交易过程，包括信息流、商流、资金流和物流，从寻找客户，商务洽谈，签订合同到付款结算都在网上进行。电子商务的核心是商务，电子是支撑工具，人是商务的主体。电子商务的特征主要包括商务性、服务性、集成性、可扩展性、安全性、协调性、低廉性。电子商务产生和发展分为三个阶段：基于 EDI 的电子商务阶段、基于 Internet 的电子商务阶段、E 概念电子商务阶段。最后从理论发展、技术发展、应用发展三个角度对电子商务发展趋势进行了介绍。

课后练习

一、判断题

1. 电子商务核心是电子，因为电子是最基本的支撑工具。（　　）

2. 广义的电子商务主要指网络销售。（　　）

3. 企业内联网的商务应用，可以增强企业商务活动处理的敏捷性，为客户提供更加全面、优质、高效的服务。（　　）

4. 较之于 EDI，基于 Internet 的电子商务优点颇多，例如，Internet 通常只收取少量的月租费用，而与数据传送量无关，因此网络连接费用低。（　　）

5. 互联网具有平等、自由等特点，因此合作联盟是没有必要的。（　　）

6. 防火墙是用来对两个或多个网络之间的互相访问实行强制性管理的安全系统。（　　）

7. SET 是在互联网上实现安全电子交易的协议标准。（　　）

8. 数字证书就是网络通信中标识各方身份信息的一系列数据。（　　）

9. 物流是指为了满足客户的需要，以最低的成本，通过运输、保管、配送等方式，将原材料、半成品、成品及相关信息由商品的产地到商品的消费地所进行的计划、实施和管理的全过程。（　　）

10. HTTP 协议是目前在 WWW 中应用最广的协议。（　　）

二、单项选择题

1. 电子数据交换的英文缩写是（　　）。

A. ERP　　B. EDI　　C. EFT　　D. EOS

2. 最早的电子商务的产生是因为（　　）。

A. 计算机的发明　　B. 电报的出现　　C. 计算机网络　　D. 电话的发明

3. 一般认为，（　　）是最早出现的真正意义上的电子商务。

A. Spread Sheet　　B. EDP　　C. EDI　　D. SSL

4. 包含电子证书与数字签名功能的技术或协议是（　　）。

A. TCP/IP　　B. SSL　　C. SET　　D. PKI

5. 电子商务中起指导和控制作用的是（　　）。

A. 信息流　　B. 资金流　　C. 商流　　D. 物流

6. 将电子商务分为电子事务与电子贸易是根据（　　）的分类。

A. 电子商务活动的性质　　B. 参与主体

C. 交易过程　　D. 运作方式

7. 电子商务环境下的企业组织结构越来越趋向于（　　）。

A. 树型化　　B. 扁平化　　C. 矩形化　　D. 垂直化

8. 目前功能较强的安全电子交易协议是（　　）。

A. IP 协议　　B. TCP 协议　　C. SET 协议　　D. SSL 协议

9. 下述关于电子商务采购的叙述中，正确的是（　　）。

A. 电子商务采购从商业模式上来讲，以企业间采购和政府采购为主

B. 不同企业的电子商务采购活动采取的步骤完全相同

C. 电子商务采购系统功能并不复杂

D. 电子商务采购都是基于 EDI 的

10. 聚合众多个体消费者形成相对较大的采购订单获得更大的优惠空间，这种电子商务模式属于（　　）。

A. B2C　　B. C2C　　C. B2B　　D. C2B

三、多项选择题

1. 电子商务与传统商务的最大区别在于电子商务可以（　　）。

A. 一手交钱一手交货　　B. 利用网络进行商务活动

C. 进行网络营销　　D. 在线支付并查询商品信息

2. 电子商务可为企业提供虚拟的全球性贸易环境，大大提高了商务活动的范围和服务质量。电子商务的优越性是（　　）。

A. 提高通信速度，节省开支，增加客户与商家的联系

B. 促进知识经济的发展，提高服务质量，提供交互式的销售渠道

C. 提供全天候的服务，增强了企业的竞争力，加快了社会财富的增值

D. 以上三种说法都正确

3. 移动电子商务提供的服务有（　　）。

A. 银行业务　　B. 订票　　C. 交易

D. 物流　　E. 娱乐

4. 电子商务活动中，公共互联网络上流动的内容包括（　　）。

A. 信息流　　B. 物流　　C. 资金流

D. 商流　　E. 电子流

5. 实施电子商务时，需要的电子商务人才包括（　　）。

A. 业务管理　　B. 应用专家　　C. 系统管理

D. 人事管理　　E. 网络操作

6. 按拓扑结构分类，计算机网络可分为（ ）。

A. 总线型 B. 广播型 C. 环型 D. 星型

7. 电子商务的发展离不开（ ）的支持。

A. 法律政策 B. 基础网络 C. 安全技术 D. 网络协议

8. 提高电子商务通道的安全性意味着（ ）。

A. 保护服务器的安全 B. 保证通信保密性

C. 保证消息完整性 D. 保证渠道可用性

E. 用户认证

9. 网站主页通常用哪些文件名来表示？（ ）

A. index.html B. default.html C. default.htm D. index.htm

10. 从应用目的角度看，电子商务网站的管理主要包括（ ）。

A. 网站安全管理 B. 网站内容管理 C. 网站综合管理 D. 网站文件管理

四、案例分析

20 世纪末，国外的网络教育已经发展得红红火火，而在国内仅仅是提出了网络教育的概念，中华学习网在成立之初便开始研究国外网络教育的运作模式。研究发现，国外的网络教育服务市场发展很快，高等学府开展网络教育、大企业开展员工培训与再教育，大多寻求专业服务公司的支持。“教育+商业”的运作模式是国外许多企业成功的关键，在提供教育服务方面完全可以走商业化的道路。在深入研究和找准目标市场后，中华学习网谨慎而乐观地进入了网络教育行业。

中华学习网将网络教育市场分为四个部分：基于网络的学历教育体系、非学历教育体系、远程教育技术平台、远程教育资源开发和管理。中华学习网将其业务主要集中在学历教育部分，定位于为大学开展网络教育提供服务。它选择的第一个对象是中国人民大学，旨将名校的教学经验、师资力量与企业的经营战略、技术手段、管理经验整合于一体，开始实践“教育+商业”的运作模式。

中华学习网一直坚持以客户需求为导向，在为客户提供产品及解决方案之前，从多角度对客户需求进行可行性研究，并在总体设计、系统构建上与客户进行多次沟通。在这样的思想指导下，中华学习网为中国人民大学网络教育学院提供的网络高等教育整体解决方案，在经过一年多的实际运作后，得到了广大师生的广泛好评。

为提供优质服务，中华学习网先后开发了高质量的课件，还相继开发了开展网络教育必需的网络教学平台、课件开发应用平台、网络通信平台、服务管理平台、虚拟校园平台五大平台。以技术支持体系、运营体系、课件开发体系、招生推广体系四大体系为支撑，制订具有国际先进水平的网络教育整体解决方案。

近年来，中华学习网面向全国高等院校及网络教育学院推出了包括公共类、经济类、法律类在内的 100 余门网络课件。在扩张学历教育的同时，中华学习网也在悄悄地推进自己的非学历教育和系统集成业务。目前已经开通 CPA 考前辅导、考研辅导、英语四六级辅导、IT

技能培训等业务，并与国外的有关企业合作开拓IT技能证书的培训市场。中华学习网高质量的服务、事业规模的不断扩大，使其成为国内最大的网络教育服务提供商。

（资料来源：全国高等教育自学考试电子商务案例分析试题 2011-4）

请根据上述案例资料，回答下列问题：

（1）说明因特网对教育产生的重要影响。

（2）写出国内现有教育网站的分类。

（3）中华学习网属于哪一类教育网站？

（4）网络教育与传统教育相比有哪些优势？

（5）为了更好地解决网上收费问题，中华学习网可采用哪些电子支付手段？

第二章

电子商务法基本理论

【学习目标】通过本章的学习，应当掌握电子商务法的概念和特征，在理解电子商务法的性质和地位基础上，运用上述知识分析电子商务法的调整对象、体系和基本原则，能够清楚地区分广义和狭义电子商务法定义的不同，并根据具体案件的性质确定其是否属于电子商务法调整的法律关系及具体由哪一部分调整。

【关键概念】电子商务法；基本原则；电子商务法体系

【引导案例】

储户刘某将240万元存款转入银行新账户9个月后，发现账户内只剩下3 000余元，巨额存款通过“被开通”的网银丢失了。经查，2010年7月20日，刘某在某银行迎泽大街分行开立账户，当天便将自己在其他银行的240万元存款转到了新账户内。2011年9月5日，刘某急需用钱到银行查看账户时，却发现账户上只剩下3 000余元。刘某通过银行调查发现，这笔钱是通过网上银行转走的，银行认为是刘某自己转走了钱，可刘某提出自己在开账户时并未开通网上银行，自己更没有从网上划走存款。双方多次协商无果后，刘某将银行起诉到迎泽区法院。

刘某与银行之间是否存在侵权关系？此关系是否属于电子商务法调整的范畴，法院会如何处理此案？

第一节　电子商务法的概念和特征

一、电子商务法的概念

随着Internet网络的迅速普及，电子商务得以充分发展。法理学基础理论认为，法律是调整特定社会关系或社会行为的行为规范，顾名思义，电子商务法应当是调整电子商务活动或行为的法律规范的总称。但是，由于对电子商务存在不同的认知，加之当前存在的部门法或多或少对部分电子商务法律关系可以调整和规范，因此，学界对电子商务法的概念有多种定义。

（一）广义电子商务法和狭义电子商务法

广义的电子商务法，是与广义的电子商务概念相对应的，它包括了所有调整以数据电文方式进行的商事活动的法律规范，其内容极其丰富，至少可分为调整以电子商务为交易形式的和调整以电子信息为交易内容的两大类规范。前者如联合国的《电子商务示范法》(亦称狭义的电子商务法)，后者的内容更是不胜枚举，诸如联合国贸法会的《电子资金传输法》、美国的《统一计算机信息交易法》等，均属此类。虽然广义的电子商务法概念有时在具体应用时比较通俗、方便，特别是在对涉及将电子商务法作为一个法律群体给予称谓时，似乎易于使用。但是，在具体的立法与司法中却较难运用。具体而言，尽管电子商务所利用和赖以运行的技术手段、方式和环境与传统商务活动相比，有了革命性的变化，但电子商务活动本质上仍然是商事活动，其作为民商事活动的基本属性没有改变，即电子商务活动所产生的法律关系仍然可以适用传统民商事法律规范，这使得广义电子商务法的调整对象与传统民商法产生了重合，“当用原有的法律规定妨碍了网络空间中行为的惯常性且与之格格不入时，一套新的特殊法律就有存在的价值；反之，若法律稳定性的要求较行为的惯性重要时，再制定一套特殊的法律就显得没有必要了。”[①]同时，广义电子商务法的定义太宽泛，立法中不可能制定一部调整对象如此广泛的电子商务法，司法中也不可能在某一具体的案件中，将这样广义的电子商务法适用于其中。故而学界普遍采纳狭义的电子商务法定义，盖因广义定义中所涉及的实体规范繁多，内容不明晰，且相互纠缠不清，解释较烦琐，反而降低了法的公信力，不利于实践。

目前，学界普遍认为狭义的电子商务法，仅指调整以数据电文为交易手段而形成的因交易形式所引起的商事关系的法律规范体系。若从联合国及世界各国以“电子商务法”或“电子交易法”命名的法律文件的内容上分析，会发现其间存在着明显的共性研究特征，即它们所解决的问题，都集中于诸如计算机网络通信记录与电子签名效力的确认、电子鉴别技术的选定及其安全标准、认证机构的确立及其权利义务等方面。这些实质上都是解决电子商务交易操作规程问题的规范。所以，从便于立法和研究的角度出发，绝大多数学者及研究文献所提到的电子商务法一般是指狭义的电子商务法概念。

本书认为，电子商务不止是表面上交易媒介的简单改变，而是部分交易实质和交易标的的变化。虽然诸如要约、承诺、合同履行等本质没有改变，但实质上交易环境、交易对象都发生了翻天覆地的变化。要保护交易双方的合法利益，不仅是要创造新的交易制度规范，更要对因此产生的新兴利益给予法律认可，并对加入的其他辅助主体的权利义务进行规范，所以不仅要对交易手段进行规范，更要对新兴财富和利益（如部分电子信息）进行保护和界定，因此狭义电子商务法的定义有些狭窄，应该加入调整以电子信息为交易内容等相关内容。因此，本书讨论的电子商务法是指调整以数据电文为交易手段而形成的因交易形式和以部分电子信息[②]为交易内容所引起的商事关系的法律规范的总称。

---

① 万以娴. 论电子商务之法律问题. 北京：法律出版社，2001.

② 本文所指的部分电子信息主要是指法律未明确其为合法权益或确定其法律地位，但又在现实交易中能为当事人带来实际利益的信息产品，如域名权、虚拟财产等新兴信息权益。

（二）形式意义上的电子商务法和实质意义的电子商务法

从结构上看，电子商务法有形式意义上的电子商务法和实质意义的电子商务法。

1. 形式意义上的电子商务法

形式意义的电子商务法是指以“电子商务法”命名的、成文的电子商务法典。目前世界上已有一些国际组织、国家和地区制定这种形式的法律及法律化文件。如联合国的《示范法》、欧盟的《关于内部市场中与电子商务有关的若干法律问题的指令》、美国的《统一电子交易法》、澳大利亚的《电子交易条例》、新加坡的《电子交易法》、韩国的《电子商业基本法》、印度的《电子商务支持法》、我国香港的《电子交易条例》。我国也有相关电子商务法法源性文件，如《中华人民共和国电子签名法》、《广东省电子交易条例》、《网络商品交易及有关服务行为管理暂行办法》。

2. 实质意义的电子商务法

实质意义的电子商务法是指所有与电子商务有关的法律法规的总称。它不仅指系统的、成文的电子商务法，而且还包括散见于其他法律、法规之中的与电子商务有关的全部规范，如《中华人民共和国电信条例》、《中华人民共和国互联网信息服务管理办法》等，它们分别对经营性网站和网站信息服务进行了规定，但其本质并不是完全为了规范电子商务行为，形式上也不一定是以法源性文件的形式出现。

需要指出的是，电子商务的形式性规范，与以电子信息为内容的实体性规范之间的关系，犹如行政法立法那样，其形式规范难以以一部法典或法律而制定，同样其实体性规范由于涉及面极广，亦无法以统一的法典或单行法律予以囊括，而只能分别以单行法律、法规甚至是判例的形式出现，也可能融合在其他部门法的规范之中。

二、电子商务法的特征

（一）商业特征

1. 以商人的行业惯例为其规范标准

就电子商务法的行业惯例性来讲，是指通常的法律都不可能为其规定十分具体的行为规范。因为电子商务领域内的业务标准，将随着通信计算技术的发展而不断地更新、升级，制定过于僵化的条款，只能羁绊其发展，而以行业普遍通行的惯例作为其行为的规范，才是可行的方式。例如，民法可能为人的行为能力制定一个几十年、甚至上百年不变的标准，譬如完全行为能力人的年龄标准；公司法可能为某种类型的公司的设立规定几年，甚至十几年不变的条件。而这些精确的、长期不变的规范，对电子商务法来说，不一定都适合，尤其在交易形式方面。本书认为，电子商务交易形式既是人们交易习惯的体现，又是交易手段技术的反映。“摩尔”定理指出，每 18 个月计算机的性能将增长一倍，而其价格将减少一半。同样，电子商务法也是随着通信计算技术和电子商务业务的发展而不断更新的规范，与那些“刚性法”相比，应当是“柔性”的。

此外，从法社会学和法理学的基本理论来看，电子商务是新兴商事活动，无论是其交易手段、平台或交易实质都产生了一定的变化，尤其是交易手段发生了与传统贸易截然不同的变化，因此，电子商务要想继续发展下去，必须考虑实际商事主体——电子商务交易主体的现实需要，对于已经适用且有一定效率和安全的商事手段及结果予以法制确认，是解决目前电子商务立法尴尬现状的最有效途径。所以，电子商务立法主体应该有选择地承认目前国内或国际已有的商事惯例，一是可以有效地解决司法资源的浪费；二是能够更好地适应现有的商事活动，不需要对其进行大量的试行和修改；三是符合电子商务立法的国际惯例，使不同国家的电子商务法能够有机地统一起来，不会产生法律的国别阻碍，能更好地促进电子商务法在全球的发展。当然，在电子商务立法中，并不能将电子商务的行业规则作为唯一的规范渊源，国内的立法机构，还应当予以审查，使之可以与现行法律制度相融合，同时增加一些诸如保护消费者等方面的社会责任。

2. 具有跨越国界、地域、传统时空观念的全球化天然特性

电子商务是一个以国际互联网络为纽带[①]，全球商事主体共同参与其中的商事活动，其本身已经明显超越了一国的商事管辖范围，而且由于网络的快捷性，无论是国内贸易抑或是国际贸易，电子商务所具有的全球性特点，为企业创造了更多的贸易机会。互联网跨越国界、地域，无论身处何地，无论白天与黑夜，只要利用浏览器轻点鼠标，就可以随心所欲地登录任何国家、地域的网站，与想交流的人“面对面”地直接沟通，另外，大量的电子自动交易系统使得电子商务贸易没有了传统的时间观念。

就电子商务法的全球化特征来看，没有任何一个法律领域的调整对象似电子商务这样，是“天马行空”任意驰骋的，许多对电子商务所设置的人为的疆域，都是徒劳无益的。因此，电子商务法也就必须要顺应这种特性而制定。换言之，对电子商务的规范，必须以全球性的解决方案，为其发展铺平道路。某一国家、某一地区所制定的电子商务法，都只能算作是“局域网”，而理想的“因特网”式的电子商务法，则有待于全球化的标准出台，如电子商务法上的“TCP/IP”式的法律制度的形成与推广，联合国的《示范法》等，正是向着这一方向努力的尝试。

（二）法律特征

电子商务法作为商事法律的一个新兴的领域，除了具有上述特质之外，与其他商事法律制度相比较，还存在着一些具体的法律特征，大致有以下几方面。

1. 商法性

1）行为法为主、兼有组织法

商法是规范商事行为运作和商事主体的法律规范。行为法主要实行自由主义，其规定原

① 本书采纳传统学界观点，认为讨论的电子商务网络主要指因特网，即 Internet。

则上属于任意性规范，而组织法则实行严格主义，其规定原则上属于强行性规范。[①] 电子商务法规范主要属于行为法，如数据电文制度、电子签名及其认证制度、电子合同制度、电子信息交易制度、电子支付制度等。但是，电子商务法也含有组织法的内容，如认证机构的设立条件、管理、责任等，就具有组织法的特点。

有学者认为，电子商务法首先要解决交易形式或交易平台的法律效力，这是有一定理由的。本书认为，电子商务法首先是交易形式法，它是实体法中的程序性规范，主要解决交易的形式问题，一般不直接涉及交易的具体内容。电子交易的形式，是指当事人所使用的具体的电子通信手段；而交易的内容，则是交易当事人所享有的利益，表现为一定的权利义务。在电子商务中以数据信息作为交易内容（即标的）的法律问题复杂多样，需要由许多不同的专门法律规范予以调整，而不是单一的电子商务法所能胜任的。如数据信息在电子商务交易中，既可能表示货币，又可能代表享有著作权的作品，还可能是所提供的咨询信息。一条电子信息是否构成要约或承诺，应以合同法的标准去判断；能否构成电子货币，应依照金融法衡量；是否构成对名誉的损害，要以侵权法来界定。这些问题均可以被现行法律所调整，而交易形式则没有统一的法定标准，故何家弘教授曾客观地指出电子商务法首先是一部证据法，换言之，从其社会意义和司法意义来说，能被现行法律所接纳的电子商务交易形式首先要成为合法的证据，所以说，电子商务法是商事交易上的程序法，它所调整的是当事人之间因交易形式的使用而引起的权利义务关系，即有关数据电信是否有效、是否归属于某人，电子签名是否有效，是否与交易的性质相适应，认证机构的资格如何，它在证书的颁发与管理中应承担何等责任等问题。这些规范的主要作用，都是给电子商务的开展提供一个交易形式上的“平台”，将传统纸面环境下形成的法律价值，移植于电子商务中。如联合国《示范法》和新加坡的《电子交易法》均以规定电子商务条件下的交易形式为其主要内容。从民商法角度看，这些电子商务法规范所解决的都是商事意思表达程序方面的问题，并没有直接涉及交易的实体权利义务。至于其交易内容如何，电子商务法不可能对其进行全面规范，而应由相应的现行法律予以调整。

2）财产法与变动性特征

电子商务法属于商法，而商法是民法的特别法，所以电子商务法也是民法的特别法。民法是一般法，电子商务法规范并非是所有民法规范的细化，它主要具有财产法的性质，即主要调整财产关系和因人身关系所引发的财产纠纷关系。此外，由于电子商务法是以数据电文为手段进行的商事活动的法律规范，而电子技术及相关规范则在飞速地发展着，因此电子商务法比民法更具有变动性[②]。

2. 技术性

在电子商务法中，许多法律规范都是直接或间接地由技术规范演变而成的。如一些国家

---

① 王保树. 中国商事法. 北京：人民法院出版社，2001.

② 在“以商人的行业惯例为其规范标准”已经说明了电子商务立法要和电子商务技术的发展及电子商务交易模式的变化紧密结合，随其发展而发展，故不再赘述。

将运用公开密钥体系生成的数字签名规定为安全的电子签名，如新加坡的《电子交易法》等。这样就将有关公开密钥的技术规范转化成了法律要求，对当事人之间的交易形式和权利义务的行使，都有极其重要的影响。另外，由于电子商务的全球性特点，导致全球电子商务主体必须遵守统一的技术标准，如网络协议的技术标准，当事人若不遵守，就不可能在开放环境下进行电子商务交易。所以，技术性特点是电子商务法的重要特点之一。技术规范的强制力，源于其客观规律性，它是当代自然法的主要渊源，理想化的实证法只能接受，以增加其社会适应性。

3. 开放和兼容性

Internet是多种技术集成的成果，它容纳了各国的信息资源，遍布世界各个角落，因此，电子商务立法必须考虑网络的这种特性，坚持开放与兼容的原则，实现法律与网络的有机配合，为电子商务创造良好的发展空间。所谓开放性，是指电子商务法要对世界各地区、各种技术网络开放；所谓兼容性，是指电子商务法应适应多种技术手段、多种传输媒介的对接与融合。只有坚持这一原则，才能实现世界网络信息资源的共享，保证各种先进技术在电子商务中及时应用，更好地促使一个国家融入到世界电子商务的大潮中。

从民商法原理上讲，电子商务法是关于以数据电信进行意思表示的法律制度，而数据电信在形式上是多样化的，并且还在不断发展之中。因此，必须以开放的态度对待任何技术手段与信息媒介，设立开放性的规范，让所有有利于电子商务发展的设想和技术，都能容纳进来。目前，国际组织及各国在电子商务立法中，大量使用开放性条款和功能等价性条款，其目的就是为了开拓社会各方面的资源，以促进科学技术及其社会应用的广泛发展。它具体表现在：电子商务法基本定义的开放、基本制度的开放，以及电子商务法律结构的开放这三个方面。比如，在“电子签名”这个核心问题上，大多遵循“技术中立”原则，只规定具备手写签名基本功能的电子签名即为法律上承认的签名，或者在法律承认采用某种技术及其标准的签名（如数字签名）的同时，并不排斥其他现代技术生成签名的法律效力。

学界认为，电子商务法的法律特征还有程序性、复合性、国际性等特点，都是从不同角度和价值观下提出的，本书认为其中国际性、复合性是值得继续探讨的。

当前，各国的国情不同且经济发展尤其是电子商务发展并不一致，甚至有着很大的差距，考虑到法的本质和各国国内法的现实状况，要求各国统一电子商务立法是不现实的，即便统一基本的电子商务交易手段也是勉为其难的。电子商务固有的开放性、兼容性和跨国性要求全球范围内的电子商务规则应该是协调和基本一致的。互联网技术、标准及域名的全球性和互联网接口的统一性，必然决定并要求电子商务的全球化、国际化。换言之，电子商务法应当而且可以通过各国的共同努力予以发展。联合国《示范法》为这种协调性奠定了基础。从目前各国相关立法看，大多以示范法为蓝本或深受其影响，其立法原则和司法规则包括建立的相关法律及行政制度，在很大程度上是协调一致的。此外，在一些联邦制国家的内部，也力求确保电子商务法律制度的国内统一。美国联邦政府为防止一些州因制定各自的、所谓适应本州特点的电子商务规则而影响电子商务法的统一性，往往采取限制各州电子商务立法自主性的做法，要求各州制定协调一致的电子商务法。因此，电子商务法按其用途的要求具备国际一致性。

而复合性，主要是指电子商务行为需要大量的“外力”介入，即第三方的技术及交易平台服务等。首先，其技术手段上的复杂性，需要第三方的技术服务。其次，其交易关系的复合性，即当事人必须在第三方的协助下，完成交易活动。比如在合同订立中，需要有网络服务商提供接入服务，需要有认证机构提供数字证书等。即便在非网络化的、点到点的电信商务环境下，交易人也需要通过电话、电报等传输服务来完成交易。此外，在线合同的履行，需要第三方加入协助履行。如在线支付，往往需要银行的网络化服务。这就使得电子交易形式具有复杂化的特点。实际上，每一笔电子商务交易的进行，都必须以多重法律关系的存在为前提，这是传统口头或纸面条件下所没有的。一般说来，相比较传统交易手段而言，在线交易应有银行等金融机构、电子认证机构、符合法律规定的交易平台或网络服务提供商①，货物配送机构等服务提供者，交易的复合性极强。

第二节 电子商务法的性质与地位

一、电子商务法的性质

（一）电子商务法是私法

在实行法治的国家中，区分公法和私法是具有重要意义的。前者调整非平等主体之间的社会关系，即国家和个人的关系，以确认公权并使其服从于法律规制为其根本任务；后者调整平等主体（包括自然人、法人及其他组织）之间的社会关系，以确认私权并保证实现为己任。②电子商务法主要是调整以数据电文为交易手段而形成的商事关系的规范体系。也就是说，电子商务法调整的对象是一种私法上的关系。从总体上应属于私法范畴。具体来说，包含以下几重意思。

1. 参与主体为私法主体

作为电子商务法对象的自然人、法人或其他组织，都是私法的主体，因而电子商务法的对象即是私法对象的有机组成部分。

2. 调整对象为财产关系③

电子商务法调整的电子商务法律关系是发生在商事活动中的个人之间的关系。缔结这一关系的个人不仅包括自然人，也包括法人，还有其他组织，因而都是平等的主体。并且这一关系是围绕电子商务发生的财产关系。所以，电子商务法所调整的电子商务法律关系实

---

① 此处的网络服务提供商指的是广义的网络服务提供商，即指内容提供商和管道提供商。

② 王保树. 中国商事法. 北京：人民法院出版社，2001.

③ 本书认为，这也包括部分人身关系和因人身关系所引发的财产纠纷关系。

质上是发生在电子商务活动中的平等主体之间的财产关系，即私法调整对象的必要组成部分。

3. 意思自治贯穿始终

电子商务法规定的权利是主体从事电子商务活动的权利，而电子商务究其本质是非传统形式的商务活动，商事主体实现其权利必须确保主体的意思自治，国家一般不予干预，这是私法和公法的本质区别。

（二）电子商务法是一个渗透着公法因素的私法领域

19 世纪末 20 世纪初，世界经济发展中出现了一些非同以往的因素。其中，一些发达资本主义国家社会经济生活中的垄断、不正当竞争和侵害消费者利益的行为尤其引人注意。一方面，商事主体依照民商法规定的意思自治、契约自由等原则实施的商事行为，如果出于不当的动机，有时也可能走向民商法所维护的竞争秩序的反面；另一方面，商事主体在商事活动中的自我调节机制是有局限性的，需要国家以社会的名义进行整体调节。因此，政府对于私法关系逐渐改变以往的放任主义态度，而采取积极干预的方式，这就是所谓的“私法公法化”。现在，各国的商事法“虽以私法规定为其中心，但为保障其私法规定之实现，颇多属于公法性质的条款，其与行政法、刑法等有不可分离之关系，却已形成‘商事法之公法化’。”[①]

电子商务法是一个非常庞大的法律体系，涉及诸多领域。既包括传统的民法领域，又有新的领域，如电子签名法、电子认证法等。这些法律规范以私法规范为基础，同时有诸多公法规范。这些公法规范主要体现在一些具有行政管理性质的规范，如认证机构的许可与监管、对违法电子商务行为进行行政处罚或刑事处罚的规定、电子商务法中的有关行政机关审批、登记的规定等。可以这样理解，传统商法已经有了公法的“影子”，如《公司法》中的强制主义规范；新兴电子商务规范本身就夹杂着大量的行政规范，有着强烈的公法因素，所以，电子商务法是一个渗透着公法因素的私法领域。

二、电子商务法的地位

（一）电子商务法的法律属性

电子商务是广泛采用新型信息技术或网络技术并将这些技术应用于商业领域后的结果，电子商务形成的社会关系虽交叉存在于虚拟社会和实体社会之间，但仍具体反映在实际社会关系中，原则上与传统法律调整的对象没有明显区别。因此，商业行为在电子商务环境下形成的独立的调整对象仍然可以部分适用现行法律制度。

（1）传统民商法及民事程序法仍然可以适用于虚拟环境中的商务活动，但是，在许多方

① 张国键. 商事法论. 台北：三民书局，1980.

面需要作适当的调整或需要确立新的规范，突出表现在合同电子化所带来的一系列问题和诉讼管辖、证据认定等司法救济规则方面，传统法律不能完全适应以网络为载体的全新的信息交流方式。

（2）面对电子商务环境下的商业行为，建立完善的规范体系来确保这种特殊环境和手段下的商务运行安全有序，成为一个崭新的研究领域。因此，建立数据电文法律制度、电子签名及其认证制度、完善电子合同和电子支付的运作程序成为电子商务法的主要内容。

本书认为，电子商务法的基础是新兴的电子商事活动，就其本质而言，电子商务首先是一种商事活动，属于商事行为范畴，应当遵循传统商法的一般规则。其次，电子商务已经逐步从单一的 B 2 B 模式发展到 B 2 B 和 B 2 C 并存，消费者已经成为电子商务法律关系中的重要主体，因此涉及消费者权益的法律法规也可以成为电子商务活动的行为准则，如《消费者权益保护法》、《产品质量法》和《合同法》等民事法律法规也可以适用，而出于目前保护消费者对电子商务安全的信心的考虑，部分学者将涉及消费者人身权益的法律法规也包含进来，如隐私权、名誉权的保护，本书认为这也是可行的。最后，电子商务活动之所以要产生一个新的法律调整，主要是由于传统商务活动移植到网络中进行，导致交易手段和交易环境发生了重大的变化，传统商法难以解决这种新的变化，如数据电文法律效力、电子签名、电子认证、电子合同、电子信息交易及电子支付等一系列商事行为的法律问题。

各国、国际组织的立法实践证明了电子商务法是不同于传统法律的新兴法律领域。近年来世界上已有许多国家和国际组织，制定了很多调整电子商务活动的法律规范，形成了许多电子商务法律文件，电子商务法正逐渐地形成了一门独立的法律学科。

（二）电子商务法是商法

商法规范的是平等商事主体的商事行为。电子商务法规范的是平等参与者的电子商务活动，它具有商法的性质和特征，因而电子商务法属于商法的范畴。同时，商法的基本理论和原则同样适用于电子商务活动。尽管目前商法对于电子商务活动的调整有实际困难，但只要进行部分“形式”条款的修改使之不会妨碍电子商务的发展就可以满足目前的需要，如电子合同主要适用合同法，但是传统合同的若干规定可能对电子商务的发展造成障碍，如传统书面形式的法律要求和证据要求。当然，对于电子商务这种新的交易形式，有诸多问题在传统商法中是没有相关规定的，这就需要制定新的法律，如数据电文、电子签名、电子认证等问题。

（三）电子商务法是民法的特别法

民法是对私人法律关系作出的一般规定，我国是民商合一的国家，传统学界观点认为商法是民法的特别法，而电子商务法是对电子商务法律关系作出规定的特别法，是商法的特别法，故民法与电子商务法之间应为一般法和特别法的关系。在法律适用上，应遵循以下原则。

（1）民法的一般适用和补充适用。在电子商务法律关系的调整中，民法的一般适用是一个重要的原则。如权利能力、行为能力、诚实信用原则和契约自由原则等，都毫无例外地适用于电子商务活动。同时，凡电子商务法对某些电子商务事项未设规定者，民法的规定均可补充适用。

（2）电子商务法的适用优先于民法。电子商务法是民法的特别法。依照一般法与特别法的关系，特别法的适用应当优先于一般法。凡有关电子商务的事项，应首先适用电子商务法。如电子商务法未予规定者，则依照前述的民法补充适用原则，适用民法的有关规定。

第三节 电子商务法的调整对象、体系和基本原则

一、电子商务法的调整对象

任何法律部门或法律领域存在的价值都体现在以一定的社会关系为其调整对象，且这种调整的社会关系是其他社会规范和法律规范所难以调整或无暇涉及的。电子商务法作为新兴的商事法律制度，主要是调整电子商务活动或行为的法律规范。但是，电子商务法有广义的电子商务法和狭义的电子商务法之分。对于电子商务存在着不同的理解，就会使电子商务法调整范围显得难以把握。

根据狭义电子商务法的定义，电子商务作为一种商务活动，属于商事行为范畴，应当由传统商法来进行调整。而之所以要产生一个新的法律调整电子商务，是由于主要基于纸、笔、语言及面对面行为等为信息交流介质的传统民商事法律规范由于其历史局限，不能完全适应电子商务较之传统商业活动在形式和方法方面的巨大差异所出现的新情况，从而产生了对现行法律规范进行调整或制定新的法律规范的现实需要。简言之，是因为这些商务活动移至网上进行，其传导介质、交易手段和交易环境发生了重大变化，导致传统的商法难以解决因采用电子商务方式而引起的相关问题。

本书采用介于广义和狭义电子商务法中的定义，既注重形式方面的规范，又注重电子交易内容规范，也就是说，电子商务法不仅调整交易形式，而且调整交易本身及交易引起的特殊法律问题，如电子合同、电子信息交易、电子支付等及由此而引起的法律问题。据此，本书认为，电子商务法的调整对象为以下两个方面。

（一）电子商务交易形式

调整电子商务交易形式的规范，就是狭义的电子商务法。狭义的电子商务法的任务是，在电子通信技术的商业化应用上，建立一个使之顺畅运行的法律平台，也即是从法律上打造

一个使各种通信技术都能畅通无阻地应用于其中的商事交易活动的环境。[①]狭义的电子商务法，是商法在计算机通信环境下的发展，必须以商事关系为其调整对象，但是该种商事关系又有着以下一些新的特点。

（1）它是以数据电文为交易手段的商事关系。换言之，凡是以口头或传统的书面形式所进行的商事关系，都不属于电子商务法的调整范围。

（2）该商事关系是由于交易手段的使用而引起的，一般不直接涉及交易方式的实质条款。因为交易手段只是交易行为构成中的表意方式部分，而并非法律行为中的意思本身，亦不充当交易标的物，即只考虑表意人意思表示的外部表现形式，而对其意思表示一般不予实质调整。

（3）该商事关系之所以产生纠纷，并不是直接因交易的标的的权属内容而产生纠纷，而是以交易的形式的纠纷为其调整原因，即因交易形式的应用而引起的权利义务纠纷，如对电子签名的承认、对私用密钥的保管责任等，均属此类。[②]

（二）电子商务交易内容

电子商务交易内容规范，涉及当事人在电子商务中的权利义务关系，主要是指电子合同或电子交易的履行方式，如电子支付、电子认证等，和电子商务交易标的及内容。

1. 新兴信息产品及服务（电子商务交易标的及内容）

电子商务中交易的对象有有形货物，但也有无形的信息产品。有形货物的交付仍然可以沿用传统合同法的基本原理。而信息产品的交付则具有不同于有形货物交付的特征，对于其权利移转、退货、交付的完成乃至标的的检验和价值等均需要作详细的探讨。有学者认为，以数据电文方式订立和履行合同，给商事交易带来了巨大的便利，同时，也为原有的合同制度与理论形成了新课题。如数据电文、电子签名、电子认证等法律问题，这些制度并不直接涉及交易的实体权利义务，而只解决合同形式方面的问题，而关于电子合同成立与履行中的一些具体问题，则是由合同法的基本原理进行调整，故不宜对电子商务交易内容或其标的进行调整，本书认为，这是不严密的。诚然，新的交付方式和手段固然难以调整，需要新的法律来规范，但电子商务法首先应考虑交易标的的法律本质。交易标的是一种权利或财产，但法律对于这种权属的界定首先是考虑是否是合法的在先权利，其次考虑其实际价值，即使用价值和社会价值。有学者认为，电子商务法不调整实体关系，盖因逻辑上犯了错误，对电子商务交易内容认识不清。如前文所指出的电子商务法定义一样，首先要考虑其是否为合法“在先权利”，即法律承认其为一种合法的权利，并对在先持有人进行保护；其次，考虑权利属性，

---

① 有学者认为，应该用法源性文件或内部行政文件来定义或认可这种平台，这是不可取的。本书认为这种做法首先违背了电子商务法的本质和特征，电子商务法既要起到法律的评价作用，更要起到法律的指引作用，即宽泛地来讲，主要是制定合法平台的法律价值标准，而非单一界定什么是合法的交易平台和交易形式。其次，电子商务法特有的法律特征导致法的不稳定性和社会实践滞后性，而要解决这个问题，必须对电子商务法进行抽象而概括的客观定义，以维持法的既有价值。

② 张楚. 电子商务法. 北京：中国人民大学出版社，2001.

即某种对持有人具有实际价值的能力。在世界民法的发展史上，权利的保护是多种的，有道德规范、宗教规范等，而法律认可的在先权利是由法律来调整的，其手段之强、形式严密都是上述规范所不能比拟的，如域名权、虚拟财产等，如法律不能为其“正名”，则面临尴尬的司法保护现状，同时更会极大打击电子商务交易主体的交易积极性，威胁电子商务交易安全。从电子商务发展的现状及本质上看，这种对电子商务交易实体的疏忽所产生的巨大危害是显而易见的。[①]

2. 电子合同或电子交易的履行方式

电子支付不同于传统的支付，它是通过电子技术手段完成的，最常见的是网上支付。网上支付通过信用卡制和虚拟银行的电子资金划拨来完成。而实现这一过程涉及网络银行与网络交易客户之间的协议、网络银行与网站之间的合作协议及安全保障问题。因此，需要制定相应的法律，明确电子支付的当事人（包括付款人、收款人和银行）之间的法律关系，制定相关的电子支付制度，认可电子签字的合法性。

电子认证也是一类主要的调整对象，盖因电子商务交易形式的特殊性，导致电子商务交易必须回归传统交易的本源——交易主体身份确定和证据法的要求，故确定交易主体身份真实有效，能够承担法律责任是电子商务法要解决的重要问题。

除此之外，在电子商务交易中要考虑其他辅助主体的权利义务，这里尤其指出的是其具体行为所导致的权利义务的变更，尽管通过双方的合同能够确定具体的权利义务，但私法实质注定无法调整诸如格式条款、霸王条款和免责条款所带来的负面影响，故需要电子商务法对其按照电子商务特有的交易形式并考量法的基本价值对其调整。

二、电子商务法的体系

本书关于电子商务法的体系，包括以下方面：数据电文法律制度、电子签名法律制度、电子认证法律制度、电子合同法律制度、电子信息交易法律制度、电子支付法律制度等。本书参考王利民教授的学术观点，将其分为三个阶段：

（一）数据电文法律制度

数据电文法律制度是电子商务交易的基本制度，抑或是一个完全意义上的证据制度，它构成了整个电子商务法的基石。要对数据电文的概念、效力、收发时间及地点、完整性和可靠性等进行界定，目前主要见于《合同法》的司法解释和其他法源性文件中。

---

① 有学者认为，把交易标的列为调整对象可能导致调整对象认识不清，继而混淆电子商务法的立法范畴，从而导致电子商务法丧失公信力。本书认为，如同民法中的隐私权和采光权一样，有价值的权利不一定都能立刻得到法律的认可并加以保护，它们的发展是一个循序渐进的过程，是随着社会的进步而不断扩大乃至最终提上法治的保护范畴，且目前有些权利的内涵和外延也并未从立法和实践中予以明确界定，但这丝毫没有导致其公信力的丧失，反而使民众对于此种权利更加热情，进而通过司法实践不断推进其发展。同时，可以采用实质立法，散见于各类法源性文件中，如司法解释。

（二）电子签名及认证法律制度

首先要对电子签名的概念、适用范围、归属、实际使用与效果进行界定，如《中华人民共和国电子签名法》。其次，对电子签名认证要建立整套的法律体系，如电子认证的概念和性质、认证机构的设立与管理、证书业务范围，认证各方的法律关系及认证机构的风险分配和责任等。如《中华人民共和国电子认证服务管理办法》等。

（三）相关配套法律制度

相关配套法律制度主要是指配合电子商务交易形式所建立的法律规范，主要有电子合同法律制度、电子商务主体法律制度、电子支付法律制度、电子商务中的知识产权及市场规制、电子商务纠纷的管辖和证据等法律制度。

三、电子商务法的基本原则

电子商务立法是一个新兴的法律领域，除了遵循法律的一般原则外，还需要符合网络环境的新的法律原则。从国际和各国电子商务立法和司法实践来看，这些新的电子商务立法原则主要表现在以下几个方面。①

（一）中立原则

电子商务法的基本目标，归结起来就是要在电子商务活动中，建立公平的交易规则，这是商法的交易安全原则在电子商务法上的必然反映。电子商务既是一种新的交易手段，同时又是一个新兴产业，因而无论是国家、企业或是个人都想参与其中谋取利益。其中，作为立法主体的国家要想达到各方利益的平衡、维护和发展，必须坚持中立原则，具体来说有以下三个方面。

1. 技术中立

技术中立是指对电子商务使用的各种交易技术实施中立，法治实践中对先进技术无特殊待遇，如电子商务法对传统的口令法与非对称性公开密钥加密法，以及生物鉴别法等，都不可厚此薄彼，产生任何歧视性要求；同时，还要给未来技术的发展留下法律空间，而不能停滞于现状，以至阻碍未来技术进入电子商务领域。譬如，电子计算机的问世、新一代高速网络的出现等，都将考验电子商务法的中立性。简言之，即现有技术不歧视，未来技术留空间。当然，该原则在具体实施时，会遇到许多困难，如国家的政策性引导和扶持，考虑电子商务安全的大环境而对某种技术进行严格限制乃至取消等，这不能一概而论，应具体对待。

2. 媒介中立

媒介中立与技术中立紧密联系，一定的传输技术，与相应的媒介之间是互为前提的，二

---

① 张楚. 电子商务法. 北京：中国人民大学出版社，2001.

者都具有较强的客观性。媒介中立是指在对待各种通信媒体的发展上要中立。所不同的是，技术中立侧重于信息的控制和利用手段：而媒介中立则着重于信息依赖的载体。后者更接近于使用何种平台或材料，如网络、电视、电话等。从传统的通信行业划分来看，不同的媒体可能分属于不同的产业部门，如无线通信、有线通信、电视、广播、增值网络等。而电子商务法，则应以中立的原则来对待这些媒介，允许各种媒介根据技术和市场的发展规律而相互融合，互相促进。只有这样，才能使各种资源得到充分的利用，从而避免人为的行业垄断或技术垄断。

3. 实施中立

实施中立是指在电子商务法与其他相关法律的实施上，不可偏废；在本国电子商务活动与跨国际性电子商务活动的法律待遇上，应一视同仁。特别是不能将传统书面环境下的法律规范（如书面、签名、原件等法律要求）的效力，放置于电子商务法之上，而应中立对待，根据具体环境特征的需求来决定法律的实施。技术中立和媒介中立，反映了电子商务法对技术方案和媒介方式的客观规范，而实施中立则更偏重于主观性，强调国家机关在具体实施中要对各种电子商务技术均平等对待，不因其技术及载体的不同、本国发展需要的不同而对其有失偏颇，同样，电子商务交易主体当事人也应遵守此原则，不单纯因其技术和媒介而否认其法律效力。

（二）自治原则

允许当事人以协议方式订立其间的交易规则，是私法的基本属性。因而，在电子商务法的立法与司法过程中，都要以自治原则为指导，为当事人全面表达与实现自己的意愿预留充分的空间，并提供确实的保障。例如，《示范法》中就指出当事人可以自由约定使用的交易技术及手段，并因此而放弃对其法定性否认的起诉权，盖因其形式而非实质不符合本国的法律要求。如第四条就规定了当事人可以协议变更的条款。其内在含义是：除了强制性的法律规范外，其余条款均可由当事人自行协商制定。其实，《示范法》中的强行规范不仅数量上很少，仅有四条，而且其目的也仅在于消除传统法律给电子商务发展所造成的障碍，为当事人在电子商务领域里充分行使其意思自治而创造条件。换言之，《示范法》的任意性条款，从正面确定权利，以鼓励其意思自治，而强制性条款，则从反面摧毁传统法律羁绊，使法律适应电子商务活动的特征，更好地保障其自治意思的实现。

（三）安全原则

安全是电子商务的命脉，是电子商务存在的根基，离开了安全，电子商务就失去了存在的价值，因此，电子商务法要把维护电子商务的安全放在重要位置。本书认为，安全所蕴含的法律价值主要是树立和维护电子商务交易主体的信心，电子交易安全是电子商务主体决定选择利用网络进行电子商务的最重要的因素，只有电子商务被法律证明是一种安全且有效率的交易形式，从法的指引、强制及惩罚等价值角度对该交易形式进行有效的认可，才能得到市场主体的承认，在这里，事前与事中监督远比事后保护要更有效率，更能给相关市场主体以安全感。同时，维护网络安全，既需要严密的安全法律规范支持，更需要先进的安全技术，对技术进行法律甄别再加以实际利用往往是一国电子商务立法的主要任务。目前，安全原则在电子商务立法中具体体现为电子合同、电子签名、电子认证、电子支付等制度，世界各国的电子商务法都把保证电子商务安全作为最基本的原则。

本章小结

电子商务法是根据电子商务的特殊性所建立的特殊商法规范，广义上包括所有调整以数据电文方式进行的商事活动的法律规范，狭义的电子商务法指调整以数据电文为交易手段而形成的因交易形式所产生的商事关系的规范体系。一般情况下，电子商务法的调整对象既包括电子商务交易形式，又包括新兴电子商务财产权益。

电子商务法的特征表现在：有一般商事习惯的特征，同时又有商法性，即行为法为主、兼有组织法、财产法与变动性特征，技术性、开放性和兼容性等法律特征。电子商务法是私法，又渗透着公法因素。电子商务法是独立的法律科学，属于商法，是民法的特别法。电子商务法是调整电子商务形式和内容两个方面的规范的总和。

电子商务法的体系包括以下方面：数据电文法律制度、电子签名法律制度、电子认证法律制度、电子合同法律制度、电子信息交易法律制度、电子支付法律制度等。电子商务法的基本原则是中立原则、自治原则、安全原则。

课后练习

一、复习思考题

（一）什么是电子商务法？

（二）电子商务法有哪些特征？

（三）如何理解电子商务法的法律性质和地位？

（四）简述电子商务法的调整对象？

（五）电子商务法的基本原则有哪些？如何理解？

二、案例分析

储户刘某将 240 万元存款转入银行新账户 9 个月后，发现账户内只剩下 3 000 余元钱，巨额存款通过“被开通”的网银丢失了。2010 年 7 月 20 日，刘某在某银行迎泽大街分行开了账户，当天便将自己在其他银行的 240 万元存款转到了新账户内。2011 年 9 月 5 日，刘某急需用钱到银行查看账户时，却发现账户上只剩下 3 000 余元钱。刘某通过银行调查发现，这笔钱是通过网上银行转走的，银行认为是刘某自己转走了钱，可刘某提出自己在开账户时并未开通网上银行，自己更没有从网上划走存款。双方多次协商无果后，刘某将银行起诉到迎泽区法院。

庭审期间，银行认为是刘某自己通过网银转账，但却始终拿不出刘某开通网上银行的证据。

分析：法院认为，根据相关法规，网上银行业务在客户开立基本存款账户时是默认不开通的，只有在客户主动申请该业务并在银行工作人员指导下填写申请表、核对身份信息并领取网银密码信封、U 盾及签字确认后，该项业务才可以开通。银行无法提供刘某开通网上银行的申请手续、领取网银密码签字等证据，所以银行的主张不予认可。鉴于银行未尽到保障刘某存款安全这一法定及约定义务，法院判决由银行赔偿刘某存款本金及利息。

第三章

电子商务立法概况

【学习目标】通过本章的学习，要求学生掌握国际电子商务法律环境，我国电子商务法律环境，明确电子商务立法的主要内容，了解我国电子商务立法完善方面的有关问题。

【关键概念】电子商务法律环境；电子商务立法现状

【引导案例】

自1998年起，澳大利亚在立法改革中，比较注意使英联邦过长的传统立法形式趋向简化。例如，其传统版权法中所列的排他权有十多项，拟议中的版权法修订案则仅仅归纳为“复制权”与“传播权”两项。该国的电子商务立法正是在这种大环境下起草的，因此比较简明，适合一向立法行文偏简的我国借鉴。

1999年12月，澳大利亚议会颁布了“电子交易法”。该法不仅是澳大利亚全国性的调整电子商务的基本法律文件，而且为各州及其他属地的电子商务立法提供了基础和框架。澳大利亚的“电子交易法”和新加坡的“电子商务法”一样，受到1996年联合国电子商务示范法的很大影响，立法目的也是为了消除阻碍电子商务发展的法律障碍，保障交易的安全和可预见性。

第一节　国际电子商务法律环境

一、国际电子商务立法状况

以计算机网络为核心的信息技术的迅猛发展和因特网的迅速普及，极大地改变了人类数千年的传统生活方式。电子商务作为全球经济一体化背景下的一种全新的商业机制应运而生。它以高效率、无疆界、无时限和低成本等特点，受到全球各国政府和企业界广泛重视，并获得迅速发展。但同时也给现行国际法律体系带来了新的挑战。从电子商务发展的角度，尽快在全球范围内营造良好的电子商务法律环境已成为国际社会的共识，为此国际社会制定了一系列法律法规。

（一）国际经济合作与发展组织（OECD）有关电子商务的立法

电子商务的立法准备工作起始于20世纪80年代初。国际经济合作与发展组织1980年提出了《保护个人隐私和跨国界个人数据流指导原则》；1985 年发表了《跨国界数据流宣言》；1992 年制定了《信息系统安全指导方针》；1997 年发表了《电子商务：税务政策框架条件》、《电子商务：政府的机遇与挑战》等报告，通过了《全球信息基础结构/全球住处社会（GII/GSI）》和《电信和信息基础结构在推进电子商务方面的作用》的报告，提出许多有关电子商务的建议，制定了《加密政策指导方针》并发表了题为《加密技术管制大全》的背景报告；1998 年发表了《电子商务：因特网上提出的数字化产品的贸易政策问题》与《测度电子商务：软件的国际贸易》等报告；1998 年公布了《OECD 电子商务行动计划》、《有关国际组织和地区组织的报告：电子商务的活动和计划》、《工商界全球行动计划》、《在全球网络上保护个人隐私宣言》、《关于在电子商务条件下保护消费者的宣言》、《关于电子商务身份认证的宣言》及《电子商务：税务政策框架条件》报告。

OECD 于 1999 年 12 月 9 日制定了《电子商务消费者保护准则》，提出保护消费者三大原则：

（1）确保消费者网上购物所受到的保护不低于日常其他购物方式；

（2）排除消费者网上交易的不确定性；

（3）在不妨碍电子商务发展的前提下，建立和发展网上消费者保护机制。

OECD 在这一准则中提出了保护消费者的目标：

（1）广告宣传、市场经营和交易信守公平、诚实信用原则；

（2）保障消费者网上交易的知情权；

（3）网上交易应有必要的认证；

（4）网上经营者应使消费者知晓付款的安全保障；

（5）应有对纠纷行之有效的解决和救济途径及方法；

（6）保护消费者的隐私；

（7）向消费者普及和宣传电子商务和保护消费者的法律常识。

2000 年，OECD 公布了一项关于电子商务经营场所所在地的适用解释，规定将来通过网上进行的电子商务，由该公司经营场所实际所在地的政府征税。

（二）联合国国际贸易法委员会（UNCITRAL）有关电子商务立法

1982 年 UNCITRAL 编写《电子资金划拨法律指南》，提出以电子手段划拨资金而引发的法律问题，讨论了解决这些问题的方法，1986 年获得大会批准，1997 年正式公布。1985 年，通过了《计算机记录的法律价值报告》，建议各国政府能够确定以计算机记录作为诉讼证据的法律规则，并为法院提供评价这些记录可靠性的适当办法。1990 年 3 月，联合国推出 UN/EDIFACTb 标准，被 ISO 作为国际标准（ISO 9735），标志着国际电子商务的开始。1993 年 UNCITRAL 电子交换工作组第 26 次会议审议了《电子数据交换及贸易数据通信有关手段法律方面的统一规则草案》。1996 年 12 月 16 日，UNCITRAL 提出的《电子商务示范法》在联合国第 51 次大会获得通过，这为各国电子商务立法打下基础。1999 年在通过的《电子签章统一规则》中提出，除了建立公钥加密技术之上的强化电子签章外，还有其他更多各种各样的设备，使得“电子签章”方式的概念更加广泛。2001 年通过《电子签章示范法》，也重新对电子签章下定义：“电子签章系指在数据电文中，以电子形式所含、所附或在逻辑上与数据电文有联系的数据，它可用于鉴别与数据电文有关的签字人和表明此人认可数据电文所含信息。”①

（三）世界贸易组织（WTO）有关电子商务的立法

1995 年 WTO《服务贸易总协定》（GATS）为所有的金融服务贸易（包括电子贸易在内）提供了一个基本法律框架，在 GATS 的第 14 条中明确规定，在确保不构成歧视性或隐蔽性贸易壁垒的前提下，允许各成员采取必要措施，在处理和传递个人数据时保护个人隐私、个人记录和账户的秘密。1996 年通过《信息技术协议》。电子商务首次被纳入了多边贸易体制。该协议规定缔约方在 2000 年 1 月 1 日取消包括计算机、电信设备、半导体、半导体设备、软件和科学仪器等六大类约 200 种信息技术产品的关税，允许个别国家和地区就少数特定产品弹性延后五年取消关税。1997 年 10 月通过的《第二阶段信息技术协议》中将消费类电子产品也纳入了零关税清单中。1997 年 2 月，WTO 成员达成了《基础电信协议》，1997 年 12 月 12 日 WTO 达成了《开放全球金融服务市场协议》。WTO 在一年时间内通过了三个协议，为电子商务和信息技术的发展建立了新的法律基础。1998 年 5 月 20 日，132 个世界贸易组织成员的部长们达成一致，签署了《关于全球电子商务的宣言》，提议制定一项 WTO 的工作计划来研究电子商务的所有有关问题。同年 9 月 25 日，WTO 理事会通过了《电子商务工作计划》，涵盖了服务贸易、货物贸易、知识产权保护、强化发展中国家的参与问题。

（四）世界知识产权组织（WIPO）有关电子商务的立法

1996 年 12 月 20 日，WIPO 通过的《世界知识产权组织著作权条约》和《世界知识产权组织表演和录音制品条约》，被称为“网络环境下的”著作权条约，为解决电子商务所涉及的知识产权保护问题奠定了基础。1998 年公布了 WIPO 有关域名问题的阶段性报告，经过广泛征求意见和修改，于 1999 年公布了有关域名问题的最终报告《互联网名称和地址管理及其知识产权问题》，针对互联网上由域名而引发的问题，包括域名与现有知识产权的冲突，提出建议，主要有：对域名登记注册程序的规范，如注册申请采用签订协议的形式，要求注册申请人提供可靠准确的联系方法信息并在限定范围内公布，域名生效须缴纳注册费，定期办理续展手续等，规定了争议的解决程序（主要针对滥用域名注册程序和恶意的注册和使用行为，不包括善意发生的权利冲突，而且仅适用于与商标权冲突的情况），并对驰名商标的认定条件和特殊保护的排他机制作了规定。1998 年 10 月成立的“国际互联网名址分配公司”（ICANN）于 1999 年 3 月 4 日公布了“关于委任域名注册机构规则的声明”，1999 年 8 月 26 日公布了《统一域名争议解决政策实施细则》。根据规定，WIPO 于 1999 年底开始受理有关 ICANN 委

① 杨坚争，高富平，方有明. 电子商务法教程. 北京：高等教育出版社，2001.

任的域名注册组织注册的域名纠纷的处理。WIPO 其后公布了《统一域名争议解决政策补充规则》。1999 年 9 月 14 日至 16 日，世界知识产权组织在日内瓦召开了国际电子商务和知识产权问题首次会议，重点讨论了电子商务技术发展趋势、电子商务的潜力、发展中国家与电子商务、电子商务的法律问题及有关电子商务的政策问题，并涉及网上销售出版物、音乐、电影和软件，域名和商标问题，电子著作权管理，网络空间监控，网上纠纷解决，在线服务商的可靠性，安全与加密，电子图书馆及博物馆，以及专利和商标数据库等议题。

（五）国际商会（ICC）有关电子商务立法

1990 年 4 月，国际商会公布的《1990 年国际贸易术语解释通则》（INCOTERMS）中，反映了电子数据交换（EDI）技术发展的要求，确认了电子单据的法律效力。1994 年，ICC 组建了世界商务网，在互联网上交流商业信息，用以促进中小企业间的电子商务的发展。1997 年通过了《国际数字保证商务规则》。1998 年颁布《因特网广告准则》。1999 年，ICC 为推动电子商务的发展，制定了“标准电子销售合同”、“电子商务用语库”、“非物质化贸易最佳规章框架”，提出了《电子商务及 2000 年问题争端解决方案》，建立了对“公钥加密技术”增加信任的服务，配合开展数字签章的注册和认证服务。

（六）各国有关电子商务立法简介

1. 美国

在电子商务这场革命中，美国无疑走在世界各国的前面。1998 年，美国因特网上交易总额高达 3 000 亿美元。2010 年，美国在全球电子商务中占有 18.6%的份额。早在 1991 年 9 月 1 日，美国参议院即已通过了《高性能计算机法规网络案》，其宗旨是建设信息高速公路。而这条“公路”为美国的电子商务发展奠定了关键基础。1997 年 7 月，克林顿总统发表了《全球电子商务纲要》，其中的重要内容之一，就是表示要制定相关的电子商务法。克林顿称，联合国的《示范法》为国际间的电子商务活动树立了法则，美国支持这个法案。必须指出的是，在美国，通常情况下，商法的制定权属于各州。

但由于电子商务经常是跨州、甚至是跨国进行的，为了避免各州之间出现电子商务法的立法冲突，1999 年 7 月，全美通用州立法委员会（NCCUSL）草拟了“计算机及信息交易统一法”（UCITA，Uniform Computer and Information Transaction Act），推荐给各州进行表决以决定是否在本州适用。

2. 欧洲联盟

目前，欧洲电子商务发展仅次于美国；而从长远来看，欧洲将有可能超过美国。

欧盟已充分意识到电子商务所带来的极大影响。为改善电子商务的环境，欧盟已于 1999 年 12 月 7 日通过统一法令，明确规定了某一成员国签订的电子商务合同，其效力在其他任何一个成员国都应被承认等重要问题。此外，在 2000 年 3 月底于里斯本举行的欧盟首脑特别会议上，欧盟通过了 2000 年电子贸易的法律框架，并决定于本年度通过正在制定中的电子商务法。在欧盟诸国中，英国的因特网发展要快于其他大多数国家。据英国政府宣称：1999 年英国通过电子商务完成的交易总额高达 30 亿英镑；而且，预计这个数字还将增长 10 倍，2002 年达到占其 GDP4%的规模。1998 年 12 月，英国政府提出了“到 2002 年在英国将形成世界上最适合于电子商务发展的环境”的目标；在达沃斯世界经济论坛 2000 年年会上，布莱尔再次重申了这一目标。1999 年 7 月，英国政府公布了《电子通信法案》的草案。该草案包括加密服务提供商、便利化的电子商务和数据存储、对被保护的电子数据的调查及附录等四章。该草案规定了自愿的许可登记制、电子签名的有效性、电子签名的证据力、取消其他法律中对以电子媒介替代纸张的限制等内容。

据英国电子零售商的行业组织互动媒体零售集团（IMRG）及凯捷咨询公司（Capgemini）汇总的最新电子零售销售指数显示，英国电子商务业务持续增长。2011 年 3 月，英国电子商务销售量增长 14%，与传统零售业务的下滑形成鲜明对比。英国消费者网购总支出为 51 亿英镑，人均支出 82 英镑，较 2010 年同期增长 14%。

3. 新加坡

在亚太国家中，新加坡的电子商务发展速度是比较快的。1999 年，该国电子商务的收入比 1998 年增长了 34%。据称，新加坡 95%的贸易已通过 EDI 实现，是世界上第一个在国际贸易中实现 EDI 全面管理的国家——废除了所有书面贸易文件。新加坡非常重视政府在电子商务中的作用，并认为没有一套贸易规则，电子商务的发展将是危险的。

早在 20 世纪 90 年代初，新加坡政府就着手制定一整套详细的法律和技术框架。在其指定的电子商务策略的六个指导原则中，首当其冲的就是“政府将通过实施法律来保证电子商务的确定性和可预见性”。正是在这种思想指导下，1998 年，新加坡颁布了《1998 电子交易法令》（以下称“交易法令”）。据新加坡贸易和工业部长说，新加坡是第一个搞电子商务立法的东南亚国家，电子交易法将有助于使新加坡成为一个可信的电了商务地区。

新加坡《交易法令》是一部内容比较全面和完善的专门立法。它采纳了绝大部分联合国贸法会《示范法》的绝大部分条文；但它较《示范法》更为复杂和完备，因为它还规定了许多后者并未涉及的内容。这部法律的有关内容在下文中还将提及。

4. 日本

日本早就把电子商务作为国家经济发展的战略，日本各省也制定了相关的电子商务法律。日本法务省拟订了《数字签名法》。1996 年，日本成立了“电子商务促进委员会（ECOM）”。此后，在诸如电子授权认证、电子付款、ECOM 等领域，该组织制定了一些规则和协议。

5. 韩国

目前，韩国贸易业的 40%采用 EDI 方式处理，韩国已经意识到：以往依靠手工操作及纸张往来的方式已不再适应新的交易模式，只有积极适应这种变化的贸易伙伴才能生存。1998 年 5 月 26 日，韩国工商能源部提出了一整套电子商务立法的指导原则，它涉及数字化贸易环境中的关税、税收、知识产权保护、隐私权保护等内容。该部拟于 1999 年颁布“电子商务基本法”，以便与全球因特网贸易标准接轨。此外，该部还拟颁布一部数字签名合法化的法案。根据这项法案，经认证的数字签名的所有数字式商务文档均与日常使用的硬拷贝具有相同的法律效力。

二、国际电子商务立法主要内容

当前的国际电子商务立法主要涉及以下几方面的内容。

（一）市场准入

市场准入是电子商务跨国界发展的必要条件。WTO 通过的有关电信及信息技术的各项协议均贯穿着贸易自由化的要求。例如，《全球基础电信协议》要求成员国开放电信市场，《信息技术协议》要求参加方在 2000 年以前涉及的绝大部分产品实现贸易自由化。

（二）税收

由于电子商务交易方式的特点，给税收管辖权的确定带来困难，因而引起了改革传统税收法律制度、维护国家财政税收利益的课题。1997 年的美国《全球电子商务纲要》主张对网上交易免征一切关税和新税种，即建立一个网上自由贸易区。1998 年 5 月 20 日，WTO 第二届部长会议通过的《关于全球电子商务的宣言》，规定至少一年内免征因特网上所有贸易活动关税，并就全球电子商务问题建立一个专门工作组。网络贸易税收问题将成为新一轮贸易谈判的重点之一。

（三）电子商务合同的成立

电子商务方式是由买卖双方通过电子数据传递实现的，其合同的订立与传统商务合同的订立有许多不同之处，因而需要对电子商务合同的成立作出相应的法律调整。联合国贸法会 1996 年通过的《电子商务示范法》对涉及电子商务合同的订立作了规定。《示范法》承认自动订立的合同中要约和承诺的效力，肯定数据电文的可接受性和证据力，对数据电文的发生和收到的时间及数据电文的收发地点等一系列问题均作了示范规定，为电子商务的正常进行提供了法律依据。

（四）安全与保密

在电子数据传输的过程中，安全和保密是电子商务发展的一项基本要求。目前，一些国际组织已先后制定了一些规定，以保障网络传输的安全可靠性。1997 年国际商会制定了《电传交换贸易数据统一行为的守则》。联合国贸法会 1996 年《电子商务示范法》也对电子数据的可靠性、完整性及电子签名、电子认证等作了规定。OECD、欧盟、美国及其他发达国家都先后制定了网络交易安全与保密方面的规则。

（五）知识产权

全球电子商务的迅速普及，使现行知识产权保护制度面临新的更加复杂的挑战，对版权、专利、商标、域名等知识产权的保护成为国际贸易与知识产权法的突出问题。1996 年世界知识产权组织（WITO）通过《WITO 版权条约》（WCT）和《WITO 表演与录音制品条约》（WPPT），这两项条约被称为“因特网”条约。WIPO 于 1998 年 10 月又宣布，将成立专门的指导委员会，加强与各地区成员国的协商，在 1999 年 9 月召开全球电子商务的国际会议。联合国贸法会《1996 年电子商务示范法》则在“数据电文的归属”一条中对数据电文的所有权作了规定。在新一轮 WTO 谈判中，网络贸易中的知识产权保护也将成为电子商务谈判的一个重要内容，从而构成新的全球电子商务协定的组成部分。

（六）隐私权保护

满足消费者在保护个人资料和隐私方面的愿望是构建全球电子商务框架必须考虑的问题。OECD 的《保护隐私和跨界个人资料指南》、世界互联网大会通过了保护隐私技术、欧盟的《欧盟隐私保护指令》等均对网上贸易涉及的敏感性资料及个人数据给予法律保护，对违规行为追究责任，体现了隐私权保护的法律要求。

（七）电子支付

利用电子商务进行交易必然会涉及支付。电子支付是目前电子商务发展的一个重点。电子支付的产生使货币有形流动转变为无形的信用信息在网上流动，因而将对国际商务活动与银行业产生深远的影响。目前国际上正在对电子支付的安全性、数字签名、加密及数字时间签章进行法律规定，努力制定电子商务及电子支付的一系列指导性交易规则。

三、国际电子商务立法的特点

由于信息技术的发展具有以往几次科技革命所不具备的特点，因而由信息技术革命所引起的电子商务的国际立法在一定程度上也具有以往的国际经济贸易立法所不具备的特点。国际电子商务立法主要具有以下特点。

（一）电子商务的国际立法先于各国国内法的制定

以往的国际经济贸易立法通常是先由各国制定国内法律，然后由一些国家或国际组织针对各国国内法的差异和冲突进行协调，从而形成统一的国际经贸法律。20 世纪 90 年代以来，由于信息技术发展的跨越性和电子商务发展的迅猛性，在短短的几年时间里，即已形成电子商务在全球普及的特点，因而使各国未能来得及制定系统的电子商务的国内法规。同时，由于电子商务的全球性、无边界的特点，任何国家单独制定的国内法规都难以适用于跨国界的电子交易，因而电子商务的立法一开始便是通过制定国际法规而推广到各国的（如联合国贸法会1996年《电子商务示范法》)。

(二)电子商务国际立法具有边制定边完善的特点

由于电子商务发展迅猛，且目前仍在高速发展过程中，电子商务遇到的法律问题还将在网络交易发展过程中不断出现，因而目前要使国际电子商务法律体系一气呵成是不可能的，只能就目前已成熟或已达成共识的法律问题制定相应的法规，并在电子商务发展过程中加以不断完善和修改。典型法规为联合国贸法会《电子商务示范法》，该法规为一开口法律，第一部分为“电子商务总则”；第二部分为“电子商务的特定领域”，目前只制定了第一章“货物运输”，该部分其余章节则有待内容成熟后再逐章增加。该法于1996年通过后不久其第一部分内容即于1998年6月由联合国国际贸易法委员会作了补充。联合国《电子商务示范法》的这一特点是以往国际经贸立法中所罕见的，也是与国际电子商务发展的特点相适应的。

(三)电子商务的贸易自由化程度较高

由于电子商务具有全球性的特点，如施加不当限制，将会阻碍其发展速度，因而要求电子商务实施高度贸易自由化。1997年7月美国发布的《全球电子商务纲要》要求建立一个可预见的、干预最少的、一致的、简明的电子商务法律环境。1998年5月，美国总统克林顿亲临WTO部长级会议，敦促各国支持美国关于电子商务永久免税的建议。当年5月20日，WTO 132个成员通过《关于全球电子商务的宣言》，规定至少1年内免征因特网上所有贸易活动的关税，从而形成电子商务“全球自由贸易区”，其永久免税的问题也将成为新一轮贸易谈判的重要议题。可见，电子商务贸易自由化程度将高于其他贸易方式。

(四)电子商务国际立法重点在于使过去制定的法律具有适用性

电子商务的发展带来了许多新的法律问题，但电子商务本身并非同过去的交易方式相对立，而只是国际经贸往来新的延伸，因此，电子商务国际立法的重点在于对过去制定的国际经贸法规加以补充、修改，使之适用于新的贸易方式。例如，1980年通过的《联合国国际货物销售合同公约》在制定时并未预见到电子商务的发展，因而其合同订立等条款并不完全适用于电子商务合同，联合国贸法会1996年《电子商务示范法》在合同订立方面的规定实质上是对《联合国国际货物销售合同公约》的补充和完善，而并非推倒重来。又如，国际商会2000年1月1日生效的《2000年国际贸易术语解释通则》，在使用电子方式通信方面，基本沿用了1990年修订本的表述方式，而未作推倒重来式的修订。

(五)发达国家在电子商务国际立法中居主导地位

由于发达国家具有资金、人才、技术优势，因而其电子商务程度远远高于发展中国家。发展中国家电子商务尚处于起步阶段甚至尚未开展，因而在电子商务立法方面，发达国家尤其是美国处于主导地位。目前有关电子商务立法的各种构想也大多是发达国家，主要是美国和欧盟提出的，而发展中国家处于被动地位，即使此种立法对本国造成不利，也只能被迫接受。如 1990 年美国向 WTO 提出电子商务免税的建议，虽然一些发展中国家存在种种担心和疑虑，但最后只得同意，即是典型案例。

（六）工商垄断企业在电子商务技术标准和制定上起主要作用

由于因特网技术日新月异，政府立法步伐难免滞后于技术进步，可能妨碍技术更新。因此，美国等发达国家政府主张，电子商务涉及的技术标准由市场而不是由政府来制定。由于 IBM、HP 等工商大企业具有资金、技术优势，因而目前电子商务涉及的技术标准实质上是由发达国家工商垄断企业制定的。例如，安全电子交易（Secure Electronic Transaction，SET）标准即是由 VISA 和 MasterCard 两大集团于 1997 年 5 月 31 日共同制定，并得到 IBM、Microsoft、Netscape、CTE 等公司的支持。

第二节　我国电子商务法律环境

为了保障电子商务的快速、健康和有序发展，政府部门应当发挥主导作用，创造一个适应电子商务发展的法律、法规环境。我国政府高度重视电子商务的立法工作。1998 年 11 月 18 日，时任国家主席江泽民在吉隆坡举行的亚太经合组织领导人非正式会议上指出，电子商务代表着未来贸易方式的发展方向，其应用推广将给各成员带来更多的贸易机会。在发展电子商务方面，不仅要重视私营、工商部门的推动作用，同时也应加强政府部门对发展电子商务的宏观规划和指导，并为电子商务的发展提供良好的法律、法规环境。以下介绍我国中央与地方主要电子商务相关法律法规中的主要内容与特点。

一、计算机和网络管制立法

我国的计算机立法工作开始于 20 世纪 80 年代。1981 年公安部开始成立计算机安全监察机构并着手制定有关计算机安全方面的法律、法规和规章制度。1986 年 4 月，开始草拟《中华人民共和国计算机信息系统安全保护条例》征求意见稿。1991 年 5 月 24 日，国务院第 83 次常委会议通过了《计算机软件保护条例》。1994 年 2 月 18 日，国务院令第 147 号发布了《中华人民共和国计算机信息系统安全保护条例》，为保护计算机信息系统的安全，促进计算机的应用和发展，保障经济建设的顺利进行提供了法律保障。针对互联网的迅速普及，为保障国际计算机信息交流的健康发展，1996 年 2 月 1 日，国务院发布了《中华人民共和国计算机信息网络国际联网管理暂行规定》，提出了对国际联网实行统筹规划、统一标准、分级管理、促进发展的基本原则。1997 年 5 月 20 日，国务院对这一规定进行了修改，设立了国际互联网的主管部门，增加了经营许可证制度。1997 年 6 月 3 日，国务院信息化工作领导小组在北京主持召开“中国互联网络信息中心成立暨《中国互联网络域名注册暂行管理办法》发布大会，宣布“中国互联网络信息中心”（CNNIC）成立，并发布了《中国互联网络域名注册暂行管理办法》和《中国互联网络域名注册实施细则》。1997 年 12 月 8 日，国务院信息化工作领导小组根据《中华人民共和国计算机信息网络国际联网管理暂行规定》制定了《中华人民共和国计算机信息网络国际联网管理暂行规定实施办法》，详细规定国际互联网管理的具体办法。与此同时，信息产业部也出台了《国际互联网出入信道管理办法》。1997 年 10 月 1 日，我国实行的新刑法第一次增加了计算机犯罪的罪名，包括非法侵入计算机系统罪，破坏计算机系统功能罪，破坏计算机系统数据、程序罪，制作、传播计算机破坏程序罪等。这表明我国计算机法制管理正在步入一个新阶段并开始和世界接轨，计算机法的时代已经到来。2000 年 9 月国务院审议并通过了《中华人民共和国电信条例草案》和《互联网内容服务管理办法草案》，规范电信市场秩序，加强对互联网内容服务的监督管理，维护国家安全、社会稳定和公共秩序。

二、合同法

1999 年 3 月我国颁布了新的《合同法》，其中，涉及电子商务合同的有三点：第一，将传统的书面合同形式扩大到数据电文形式。第十一条规定：“书面形式是指合同书、信件及数据电文（包括电报、电传、传真、电子数据交换和电子邮件）等可以有形地表现所载内容的形式。”也就是说，不管合同采用什么载体，只要可以有形地表现所载内容，即视为符合法律对“书面”的要求。这些规定符合国际贸易委员会建议采用的“同等功能法”。第二，确定电子商务合同的到达时间。《合同法》第十六条规定：“采用数据电文形式订立合同，收件人指定特定系统接收数据电文的，该数据电文进入该特定系统的时间，视为到达时间；未指定特定系统的，该数据电文进入收件人的任何系统的首次时间，视为到达时间。”第三，确定电子商务合同的成立地点。《合同法》第三十四条规定：“采用数据电文形式订立合同的，收件人的主营业地为合同成立的地点；没有主营业地的，其经常居住地为合同成立的地点。”

三、电子签名法

《电子签名法》于 2005 年 4 月 1 日正式施行。作为我国第一部“真正意义上的信息化法律”，它赋予了电子签名与传统的手写签名或盖章以同等的法律效力，使网上通行有了“身份证”。电子签名是指数据电文中以电子形式所含、所附用于识别签名人身份并表明签名人认可其中内容的数据，也就是说电子签名是通过密码技术对电子文档的电子形式的签名，并非书面签名的数据图像化，它类似于手写签名或印章。实现电子签名的技术手段有很多种，但目前比较成熟的，世界先进国家普遍使用的电子签名技术还是“数字签名”技术。目前，电子签名法中提到的签名就是指“数字签名”。《电子签名法》的出台和实施使我国电子商务立法迈出实质性一步，这看似简单的一小步，将推动我国电子商务的跨越式发展。

四、知识产权立法

（一）著作权

2000 年 11 月 11 日，最高人民法院审判委员会第 1144 次会议通过，于 12 月 21 日施行的《最高人民法院关于审理涉及计算机网络著作纠纷案件适用法律若干问题解释》，其中第 2 条第 1 款规定，在网络环境下无法归于著作权法第 3 条列举的作品范围，但在文学、艺术和科学领域内具有独创性并能以某种有形形式复制的其他智力创造成果，人民法院应当予以保护。第 2 款规定，著作权法第 10 条对著作权各项权利的规定均适用于数字化作品的著作权。将作品通过网络向公众传播，属于著作权法规定的使用作品的方式，著作权人享有以该种方式使用或许可他人使用作品，并由此获得报酬的权利。第 8 条第 1 款规定，网络服务提供者经著作权人提出确有证据的警告而采取移除被控侵权内容等措施，被控侵权人要求网络服务提供者承担违约责任的，人民法院不予支持。第 10 条第 2 款规定，被侵权人损失额不能确定的，人民法院依被侵害人的请求，可以根据侵害情节在人民币 500 元以上 30 万元以下确定赔偿数额，最多不得超过人民币 50 万元。

（二）域名与商标

2002 年 12 月 12 日，CNNIC 发布了《关于 CN 二级域名注册实施方案的通告》规定，在我国国家顶级域名 CN 下可以直接申请注册二级域名。

2002 年 8 月 1 日，信息产业部公布《中国互联网网络域名管理办法》，第 10 条规定，在中华人民共和国境内设置域名服务器，设立域名注册管理机构和域名服务器运行机构须经信息产业部授权。第 11 条规定，在中华人民共和国境内设立域名注册服务机构须向信息产业部备案，未经备案，任何组织或个人不得从事域名注册服务活动。第 16 条规定，域名注册服务遵循“先申请先注册”原则。依第 17 条规定，原则上，域名注册管理机构和注册服务机构不得预留或变相预留域名。

2002 年 9 月 25 日，CNNIC 发布了《中国互联网信息中心域名注册实施细则》，自 12 月 1 日施行。同日，还发布了《中国互联网信息中心域名争议解决办法》。

2001 年 7 月 17 日，最高人民法院公告发布了《关于审理涉及计算机网络域名民事纠纷案件适用法律若干问题的解释》，自 2001 年 7 月 24 日施行。其中，规定人民法院审理域名纠纷案件，对被告对该域名的注册、使用具有恶意，应当认定其注册、使用域名等行为构成侵权或不正当竞争。人民法院认定域名注册、使用等行为构成侵权或不正当竞争的，可以判令被告停止侵权、注销域名，或者依原告的请求判令由原告注册使用该域名；给权利人造成实际损害的，可以判令被告赔偿损失。

第三节　我国电子商务法立法建议

我国在电子商务的立法上起步较晚，还有大量的实际问题和法律技术问题需要解决，有很多的国际规则需要研究消化，要及时研究跟踪国际电子商务立法的发展进程及特点，掌握国际电子商务立法的发展趋势，促进国内电子商务立法。

一、我国电子商务法存在的问题及需解决的问题

（一）我国电子商务立法存在的问题

首先，综观我国电子商务立法情况，发现这些法律法规主要围绕着电子商务发展中的一些边缘化的法律问题作出了规定，如基础设施的问题、信息服务的问题、行政管理的问题、信息安全的问题等，而对于电子商务运行中最为核心的问题，如电子交易、电子签章、电子合同、数据与隐私权保护、消费者保护等涉及交易环节的有效性、安全性和相关方权益保护的问题，却基本没有涉及或涉及的过少。

其次，我国电子商务法律体系的系统性很差，还没有形成统一、稳定的法律原则，规定之间缺乏必要的呼应和协调，甚至存在着一些冲突和不一致的地方。所立之法的位阶较低，绝大多数属于管理性行政规章，很多不仅与以前所立之位阶较高的法律相冲突，且与司法解释相互不协调，造成管理与司法的冲突，致使无法发挥其应有的作用。

再者，立法指导思想存在偏差，多为限制性和管理性立法；同时，没有国家高度的统一立法指导，行政部门多头立法，导致政出多门，管理混乱；另外，信用化程度不高，没有完善的信用体制，也是我国电子商务法发展的一个瓶颈。

（二）我国电子商务立法应解决的几个基本问题

1. 合法性问题

承认以数据电文为表现形式的电子记录的法律地位，承认以数据电文为主要形式的电子合同的合法性，是电子商务法需要解决的首要问题。我国《合同法》虽将数据电文纳入书面合同的范畴，对数据电文具有与纸介质书面形式文件同等功能的效力作了规定，但是对于电子形式信息的发送，对信息接收的承认及其发送和接收的时间、地点的认定等问题还需要作进一步的规范。基于纸介质书面文件的民商事领域的其他法律对数据电文没有涉及，如在《保险法》、《票据法》等法律建立的相应制度中，数据电文的合法性仍然是不确定的。这就是说，数据电文的合法性最终有待于电子商务法确定，需要通过立法解决的数据电文的合法性问题有以下几个方面。

（1）电子合同效力的确定。确定电子合同的效力必须明确电子合同具有书面形式的法律效力。法律规定以电子形式缔结的合同具有效力，目的在于扫除有关合同形式要件的现行法

律规范给电子商务发展造成的障碍，保证电子合同缔结的法律效力。目前，我国对电子合同尚未作出明确的法律定义。电子合同因其载体和操作过程不同于传统书面合同，订立合同的双方或多方在网络上运作，互不见面；表示合同生效的传统签字盖章方式被数字签名（即电子签名）所代替；电子合同的生效地点为收件人的主营业地，没有主营业地，其经常居住地为合同成立的地点；电子合同所依赖的电子数据具有易消失性和易改动性。一般来说，承诺的生效时间为合同的成立时间。关于承诺的生效时间，有两种不同的做法，一是大陆法系和一些国际习惯采取的到达主义，二是英美法系采纳的是发信主义和送信主义。在我国《民法通则》上没有对承诺的生效时间作出规定，但司法实践中采取大陆法系的到达主义，《合同法》第26条对此也采取到达主义。如电子承诺的生效时间，考虑到双方当事人之间的意思表示，实际上与对话者之间的对话一样瞬间到达，故电子交易中承诺的生效问题只能采取到达主义。关于电子签名的效力与电子合同的成立，目前国际上普遍采用了送达生效原则，联合国贸易法委员会制定的《电子商业示范法》第15条对此也作了详细规定。随着电子签名确认技术问题的解决，需要从法律上给予其认可，确认其效力。在电子商务交易中，以何种技术生成的电子签名才是安全可靠的，才具有法律效力，这也是电子商务立法需要解决的问题。此外，网上交易大量采用格式许可合同的形式，格式许可合同的对方当事人只有在合同条款表示同意的情况下，才应受合同约束。我国《合同法》虽然有几条关于电子合同的规定，但过于简单、原则，难以适用，因此法律需要对这种合同的约束力作出专门的规定。

（2）电子代理人的合法身份。在电子合同的成立和效力方面，电子代理人的合法身份是一个非常重要的概念，这关系到法律承认网上自动订立的合同的有效性。合同可以通过双方电子代理人的交互作用而形成，也可以通过电子代理人与自然人之间的交互作用而形成。电子代理人的要约和承诺行为可以导致一个有约束力的合同产生。在自然人与电子代理人的缔结过程中，自然人应当以作出声明或行为的方式表示其同意缔结的真实意思。法律承认电子代理人的合法身份应有一定的条件限制，电子代理人首先应当能够显示其最终支配人的基本信息，该信息足以使相对人相信电子代理人行为的法律效力；其次，电子代理人应当具有在程序和技术上保证交易双方按照自己的意愿表达其缔约意思的功能，提供相对人以审查交易条款的充分权利；此外，电子代理人还必须能够对交易双方的交易信息实行保密，防止交易信息被截取、修改或破坏。从目前网上出现的销售和拍卖纠纷看，相当一部分是因电子代理人出了故障而引起的。由于我国缺少相应的法规，给处理这类纠纷案件造成困难，说明电子商务立法对电子代理人的规范显得十分必要。

（3）数据电文证据力的认定。数据电文证据力，即电子证据问题。我国民诉法第69条规定："人民法院对视听资料，应当辨别真伪，并结合本案的其他证据，审查确定能否作为认定事实的根据。"可见，视听资料不能单独、直接地证明待证事实，属间接证据的范畴。由于电子证据容易被伪造、篡改，加上易受人为的原因和技术条件的影响而出错，故将电子证据归入间接证据。按照证据理论，只有直接证据才能单独证明案件的主要事实，而间接证据必须和其他证据联系在一起才能证明案件的主要事实。由于我国目前尚无要求网络服务商对传输的电子文件储存记录或转存的制度，造成一旦发生争议，缺少第三方出具中立性的证据。现在只能向网络服务提供商进行调查和证据保全，查明对电子证据有无删改，再确定收发件网址与时间等。电子商务交易履行中发生纠纷后，法院是否能接受计算机存储数据记录作为证据，首先是确认数据电文的合法性问题，立法的任务就是认定电子合同证据的效力。电子证据应当是一种介于物证与书证之间的独立证据，立法时应将其单列作为证据的一种。联合国贸易法委员会制定的《电子商业示范法》第九条规定，任何方面不得以数据电文形式不是原件为由否定其作为证据的可接受性。当今世界有关国家的立法都倾向于明确数据电文的证据力，从而也就确认了数据电文的法律效力与可执行力，我国在电子商务立法中是值得借鉴的。

2. 安全性问题

电子商务的安全保障主要涉及消费者权益保护、电子认证机构的法律地位等问题。

（1）消费者合法权益保护。在电子商务活动中，与现实物理环境相比，电子商务中消费者权益保护要求更高，特别是格式合同在互联网上的应用中出现的新问题，消费者的权益靠《消费者权益保护法》等原有的法律保护已显乏力，在电子商务立法过程中应充分考虑到如何有效保护消费者的合法权益。我国公民享有通信自由和通信秘密权，电子邮件是一种利用先进技术进行的通信活动，任何利用网络技术的便利条件，私自拆封、泄露、篡改他人通信内容的，均属违法行为；另一方面，由于企业可以轻易获取消费者的个人资料，消费者的隐私权难以保障，因此，法律规范中应明确企业在收集资料时向消费者履行告知义务，取得消费者的认可，这样消费者才能真正享有选择权，以避免不必要的纠纷。只有当消费者充分相信进行电子商务交易与传统的购物同样方便有效，出现纠纷同样可以投诉、获得补偿，整个交易活动才能感到安全。

（2）确立电子认证机构的法律地位。认证机构是对电子签名及其签署者的真实性进行验证的服务机构。电子商务发展的核心和关键问题是交易的安全性问题，如何保证信息的秘密性、交易者身份的确定性、交易业务的不可否认和不可修改性等，已成为电子商务推进过程中的重点和难点问题。我国应尽快建立国家级的电子商务认证中心（以下简称CA中心），以便在全国范围内成立一个既有权威性又具有独立性的非政府性认证机构。CA 中心可以在全国各地设立分支机构，以形成一个集中领导、分级管理的认证体系，也可以同现有的地方级认证中心相互联系。认证的安全性主要是通过建立一个公共钥匙系统得以实现。CA 中心作为交易的第三方机构，不仅对交易双方负责，还负责整个交易秩序的管理。只有确定数据电文的合法性问题，明确 CA 中心的责任范围和权力是重要环节，才能使其提供的诸如数字证书的申请、签发、制作、认证和管理，网上身份认证、数字签名、证书目录查询、电子公证、安全电子邮件等服务具有法律效力。目前在开放性网络中被广泛使用的电子签名以数字签名为主，认证机构也主要是对数字签名的真实有效性进行确认。如果说电子签名着重解决身份辨别与文件归属问题，那么电子认证解决的则是密钥及其持有人的可信度问题。目前我国电子商务网站在身份认证上还存在很大漏洞，一旦被别有用心者利用，就会给信任交易平台的买家造成很大损失，极大地损害网上消费的信心。在这种情况下，交易平台应承担相应的法律责任，如果缺乏一套行之有效的身份认证机制，或者说缺乏一套能真正锁定交易者真实物理身份的机制，交易平台的风险就会很大。电子商务立法就是要在认证机构的设立与管理上，通过法律授权政府相关机构对认证机构进行管理，规定成立认证机构必须具备的条件，并在法律上推定经认证机构核证的电子签名的证据力。随着法律的健全和条件的成熟，也可以通过市场培育，发展社会中介性认证服务机构。

3. 构建诚信体系问题

诚实守信是电子商务制度规范得以确立和运作的基础，也是有效防范电子商务运营风险的重要条件。目前，以电子数据交换（EDI）和互联网为依托、国际信用为支撑的诚信体系已贯穿整个全球一体化的市场经济。诚实守信是维系电子商务企业与用户之间信用关系的基础，也是电子商务企业竞争制胜的根本途径。我国电信市场信用失信较严重，已成为制约行业成长的一大“瓶颈”，究其根本，还在于我国尚未建立健全社会信用体系。由于网络的虚拟性及信息的不对称，网络交易的消费者相对于传统商业的消费者处于弱势地位。面对我国电子商务交易活动中出现的种种问题，当前迫切需要建设以诚信为基础的社会信用体系，大力倡导诚信经商，加强网上交易消费者权益的保护，努力营造良好的电子商务市场氛围。

一是加快信用服务体系建设。建立科学、合理、权威、公正的信用服务机构；建立健全相关部门信用信息资源的共享机制；建设在线信用信息服务平台，实现信用数据的动态采集、处理、交换；严格信用监督和失信惩戒机制，逐步形成既符合中国国情又与国际接轨的信用服务体系。

二是建立并完善电子商务国家标准规范体系。提高标准化意识，充分调动各方面积极性，抓紧研究制定电子商务的标准规范体系；在互联互通方面，积极采用国际标准；鼓励企业为主体，联合高校和其他科研机构研究制定电子商务关键标准和规范，参与国际标准制定，大力推进电子商务标准化进程。

三是加快建立统一的电子商务信用体系平台。建立社会信用制度和电子商务市场信用体系平台，规范诚信信息的采集、披露和使用。当前，失信行为给国家和企业造成的损失日益突出，加快信用立法，为商业化的社会征信机构开展电子商务企业和个人信用信息的搜集、保存、服务等业务提供基本的法律依据，通过立法使信用行为上升为企业的法定义务。依靠先进的信息技术，逐步收集、处理分散在工商、税务、银行、电信等不同的企业和个人信息及其他经营行为记录，建立覆盖全国的电子商务征信体系，从而在全社会形成守信践诺的激励机制。

四是大力发挥社会中介组织和行业自律的作用，逐步健全电子商务的社会信用体系。在信用体系建设中，要大力发展以行业协会为主体和会员单位为基础的自律维权同业信用体系、以企业风险管理为基础的自我内控信用体系、以信用中介为主体和市场运行为基础的社会商务信用体系。加强电子商务行业自律，促进诚信经营，遵守行业公约，恪守职业道德，形成有效的诚信风险防控机制。

4. 知识产权保护问题

随着互联网的迅速发展和国民经济及社会信息化的大力推进，网络信息传播和电子商务交易方式及途径已成为主流，同时也对传统的知识产权保护制度提出挑战。电子商务活动在互联网中的知识产权保护问题开始显现，域名抢注和商标侵权成为某些商人谋取不正当利益的方式；网上大量无授权软件下载，使用未经授权的他人作品、链接他人网站、网页、网络原创作品下载和转载等侵权行为和纠纷大量存在。电子商务立法当务之急是强化全社会网络知识产权保护的法律意识，建立和完善包括电子商务立法在内的知识产权法律体系，采取有力措施促进互联网的健康发展。

我国知识产权司法保护的对象包括对著作权（版权）、专利、商标、邻接权及防止不正当竞争权等涉及人类智力成果的一切无形资产的财产权和人身权的保护。域名抢注与保护是电子商务知识产权立法的重要内容。域名作为一个公司的标志和形象，既是网上的重要标识，也是用于互联网上识别和定位计算机的地址结构。域名是一种与企业名称、商标有着密切联系的资源，自然也成为网络环境下知识产权保护的客体。目前域名争议层出不穷，各类侵权纠纷案件甚多，主要侵权表现在域名抢注侵犯他人商标权或构成不正当竞争行为等。由于网络域名具有唯一性、排他性和无地域性，因此一旦某一域名被某自然人或公司抢先注册享有，任何其他后来者将无法获得该同一域名。随着电子商务的迅速发展，域名所具有的巨大商机和无形资产引起人们的高度重视，域名抢注便成为某些商人谋取不正当利益的方式。一些投机商想方设法抢注有价值的域名再高价出售，其中被抢注最多的就是各类知名企业的字号、商标等知识产权，这些知名企业不得不支付数目巨大的费用购回同自己企业字号、商标相同的域名。现在的域名注册缺乏强有力的规范约束，域名注册机构众多，既没有国际互联网域名管理组织的授权，又没有国家标准，这就使得一些恶意商人有机可乘，域名管理存在诸多问题。要从根本上解决这一问题，必须在电子商务立法中予以规范。

电子商务知识产权的范围较广泛，除域名抢注与保护外，还涉及商标权、专利权、著作权、商业秘密与专有技术在网上的使用和保护等问题。在立法中应当充分考虑网络环境的特殊性，对网络经济的优点、弊端、趋势作深入细致的调研，制定出适合电子商务发展需要的法律规范。网络信息传播快捷、交易方便、覆盖面大，法律保护的目的是鼓励传播，繁荣经济，保护和促进网络业和电子商务的健康发展。国家通过立法赋予民事主体对网络知识财产和相关的精神利益享有著作权，明确侵权范围、行为种类、赔偿标准及侵权主体承担的法律责任，这是当前电子商务网络健康发展迫切需要解决的问题。没有网络知识产权的立法，就没有知识财产的法权形态，也就没有知识产权权利人的法律地位，电子商务运营正常秩序将受到破坏。因此，建立和完善包括网络知识产权立法在内的电子商务法律保护体系是当务之急。

5. 法律适用问题

目前全国还没有统一的电子商务法律制度，这给发展中的电子商务法律规范的适用带来困难。电子商务法律程序中的问题适用于其他法律程序的问题，这主要涉及两个方面。一是以数据电文形式缔结合同，其发送、传输和接收相对于传统函电形式具有明显的特征，现行合同法规难以完全覆盖。二是电子商务中与履行合同相关的问题，尤其是实体法上的问题，比如合同标的合法性，应当适用何种法律，都需要明确。这些适用其他法律的问题可以通过电子商务立法进行合理划分和予以明确。

传统法律中对管辖权的划分在网络空间的诸多领域中受到挑战，如电子合同的管辖权问题、设立网站进行网上广告的管辖权问题、网络侵权行为的管辖权问题等，与司法管辖权问题相关的是电子商务中的适用法律冲突问题，在适用上消除现有法律法规方面的障碍，既要考虑到适用联合国国际贸易法理事会制定的《电子商务示范法》，也同时考虑到将有的法律规范上升为国际公约由各国接受认可的问题。

6. 权利救济与争议解决制度问题

没有救济的权利只能是书面的权利。电子商务立法中规定相应的侵权救济途径、处理方式和防范措施等当属必要。电子商务是一项系统性工程，涉及工商、税务、银行、海关、认证管理等诸多部门，各部门的管理职能往往又融合在一起，如何确定各部门相互之间的关系，使商务交易者在发生争议后能合法、合理和公平地解决问题，这是电子商务立法必须研究解决的问题。解决这一问题应当通过立法程序对主体进行合理的定位。一是行政管理主体；二是行政执法主体；三是行政救济主体；四是行政诉讼主体。根据电子商务的发展特征，需要有一个统领全局的主管部门来协调各部门的工作，以实现主管和分管的职能。明确政府管什么、怎么管，正确运用法律手段来保证电子商务的有序发展。

立法要追究在发展电子商务过程中违法、犯罪行为的民事、行政和刑事法律责任。一旦出现纠纷争议，原来通过数据电文形式订立的合同将可通过法律诉讼或仲裁得以强制执行。在这个问题上，我国包括《合同法》在内的民商事法律都是空白。针对电子商务中消费纠纷争议的特殊性，立法应明确为消费者提供方便与成本低的救济渠道。一是建立权威的在线投诉网站，目前可由全国消费者协会出面设立，在各省、市消费者协会处设立分支机构；二是建立网上仲裁机构，并要求经营者提供格式合同中预先包含有效的仲裁条款，一旦发生争议，可提交双方认可的网上仲裁机构进行在线仲裁；三是采取传统的救济途径，提请消费者协会调解或向法院提起诉讼，如针对电子商务活动中出现的侵权行为，权利人可根据实际情况采用不同法律的保护方法，适用传统法律的问题需要通过立法进行合理划分和予以明确。要更好地解决电子商务消费纠纷，应在立法中对电子证据的效力问题予以确认，同时考虑到电子商务中大量信息的原始记录保存在经营者、认证机构、银行等的服务器系统中，消费者难以获得，因此在电子商务争议中应采取过错推定责任原则，举证责任倒置，由消费者对方证明其无过错，否则应承担相应的赔偿责任。

二、对我国电子商务立法的几点建议

（一）立法的模式及必要性

根据电子商务立法的特性及我国特殊国情，我国电子商务立法可采用综合立法的模式，可以保证电子商务法体系的统一，杜绝在电子商务立法中从地方和部门利益出发，取利弃责，条块分割，制造新的权利冲突，但应突出重点，对一些非重点问题可在其他相关部门法中加以修改和完善或进行配套立法即可，无需在电子商务法中面面俱到，区别于大而全的法典式立法。

当前世界的各个国家、地区为了在新经济的大潮中取得领先的优势地位，纷纷采取各种强有力的立法措施，努力促进电子商务的发展，以争取在未来的经济发展中拥有领先的地位。从世界范围来看，各国在电子商务立法上几乎近于同一起跑线上，我国应抓住机遇，尽快制定和出台既符合我国国情，又与国际电子商务发展适应的电子商务法律体系，赶上时代列车，并争取影响国际电子商务规则的制定。

（二）电子商务立法应遵循的原则

1. 中立原则

电子商务法的基本目标是建立公平的交易规则。要达到各方利益的平衡，实现公平的目标，应做到如下几点。

（1）技术中立，即电子商务法对传统的口令法与非对称性公开密钥加密法，以及生物鉴别法等，都不可厚此薄彼，产生任何歧视性要求。

（2）媒介中立，即允许各种媒介根据技术和市场的发展规律而相互融合，相互促进；使各种资源得到充分的利用，避免人为的行业垄断或媒介垄断。

（3）实施中立，是指在法律的实施上，不可偏废；特别是不能将传统书面环境下的法律规范的效力，放置于电子商务法之上，而应中立对待。

2. 自治原则

允许当事人以协议方式订立其间的交易规则，是交易法的基本属性。在电子商务法的立法与司法过程中，都应以自治原则为指导，为当事人全面表达与实现自己的意愿，预留充分的空间，并提供确实的保障。

3. 开放与兼容原则

所谓开放，是指对各地区、各种网络都应开放；兼容性，则是指各种技术手段、各种传输媒介的相互对接与融合。电子商务的开放性、兼容性、互操作性，是其技术先进性的表现。舍弃了开放、兼容的特质，网络的资源共享与高效运作等优越性也就不复存在了。任何封闭的疆界、垄断的措施，都不利于电子商务的全球化发展。

4. 安全原则

电子商务以其高效、快捷的特性，在各种商事交易形式中脱颖而出，具有强大的生命力。而这种高效、快捷的交易工具，必须以安全为其前提。它不仅需要技术上的安全措施，同时，也离不开法律上的安全规范。

（三）组织权威高效的立法机构

电子商务立法工作有两个特点，一是其涉及的利益广泛，牵扯到各个部门、行业及各种当事人的利益。二是其中的技术性较强，有鉴于此，需要由国家立法机关组织相关专家共同参与、相互配合，既要照顾社会各方面的利益需求，又要考虑到电子商务的技术性特点。具体而言，应改变以往由立法机关授权某一个行政部门组织立法的状况，立法机构应在体现电子商务法技术性特点的前提下，尽量反映各方面的利益与要求，以便充分顺应电子商务活动的规律，使之真正成为电子商务的促进法。

总之，电子商务立法既要注重国情，又要注意与世界接轨，不能过于片面，走极端。无论是偏向哪一方都不利于我国社会主义经济的发展，所以，应权衡利弊，平衡立法。电子商务立法应以鼓励性规范为主，通过保护某种行为的合法性，体现鼓励电子商务的发展，尽量减少限制性规范，对于那些必要的限制，也不宜过于具体，坚持“重视安全”与“促进发展”并举的方针。制定电子商务法时，要注意全面清理阻碍电子商务发展的现行法规。既有的商事交易制度，大都是纸面环境下制定的，有些已经成为电子商务发展的羁绊，清除这些法律障碍，使电子商务活动更加顺畅快捷地进行，同样是电子商务立法不可缺少的部分。具体来讲，当前的电子商务立法工作应体现在“破与立”两个方面。既要按照电子商务活动的特点，制定与之相适应的法律制度，又要消除原有的法律体系中不适应电子商务运行的规范。

本章小结

本章主要对国际与国内的电子商务立法状况进行了情况介绍与技术梳理。介绍的有关主体包括国际经济合作与发展组织、世界贸易组织等国际组织和美国日本等发达国家。同时，本章对国际电子商务立法主要内容进行了总结归纳。对照国际立法，我国目前的电子商务立法还有不小距离，本章针对性提出了有关立法建议。

课后练习

一、名词解释

1. 电子签名
2. 电子合同

二、论述题

试述国际电子商务立法的特点。

三、思考题

思考我国电子商务立法应该解决的主要问题。

第四章
数据电文法律制度

【学习目标】通过本章的学习，要求学生掌握数据电文的概念、特征，与传统的书面形式的异同，了解数据电文的法律功能及其法律效力，知晓数据电文的通信和保存规则。

【关键概念】数据电文；书面形式；法律效力；通信规则；保存规则

【引导案例】

1996 年北京大学电子邮件案

1996 年 4 月 9 日，北京大学研究生薛燕戈收到美国密执安大学发给她的关于提供奖学金的电子邮件，但她久等不见正式通知，后来得知有人以她的名义发了一封拒绝的电子邮件给密执安大学，使她丧失了深造的机会。她怀疑是同寝室的张某从中搞鬼，于是收集了以下电子证据：① 4 月 12 日上午 10:12 分从记号为“204”的计算机上发出的电子邮件，发件人署名“Nannan”，收件人是美国密苏里—哥伦比亚大学的刘某；② 同一台计算机上 4 分钟后发出的另一封电子邮件，发件人署名是薛燕戈，收件人是密执安大学；③ 北京大学计算机中心的证明表明上述两封电子邮件是在前后相距 4 分钟的时间内从同一台计算机上发出的，当时张某正在使用这台计算机；④ 技术试验结果，表明张某使用这台计算机时别人没有时间盗用。薛燕戈根据上述电子证据起诉到北京市海淀区法院，状告张某以她的名义伪造电子邮件，使她失去出国深造的机会，并要求其赔礼道歉，赔偿经济损失。此案经北京市海淀区法院调解，最终被告以书面形式向原告作出道歉并赔偿人民币 1.2 万元。

虽然该案并不是直接针对电子商务，但由于电子证据在本案的审理中起到了关键性的作用，对日后类似的电子交易案例产生了积极的影响。

思考题：本案中电子证据的效力如何？应当如何认定？

第一节　数据电文概述

一、数据电文的概念

数据电文是电子商务交易中的重要媒介，电子商务离不开数据电文。我国在《合同法》中也将数据电文列为合同形式之一，这是适应社会发展的一种必然。什么是数据电文？对于这种电子数据信息如何从法律上予以界定？这是研究电子商务立法的基础。美国 1999 年《统一电子交易法》、新加坡 1998 年《电子交易法》及我国香港地区 2000 年《电子交易条例》均采用“electronic record”的概念（可译为“电子记录”）；韩国 1999 年《电子商业基本法》则采用“electronic message”的概念（可译为“电子信息”）；澳大利亚 1999 年《电子交易法条例》采用“electronic communication”的概念（可译为“电子通信”）；当然，最具推广性的要属联合国贸易法委员会在 1996 年通过的《电子商务示范法》，该法中对这一新兴的信息类型使用了 Data　Message 的概念，可翻译为“数据电文”、“数据电信”或“数据信息”；我国《合同法》将 Data Message 译为“数据电文”（有学者认为该译文含义过于狭窄、呆滞，特别是“电文”二字的使用，明显带有电报文书的痕迹，没有完全摆脱书面形式要求的影响，因而主张应译为“数据电信”，认为这样才能体现出电子商务信息的动态性与多样性的特点）。本书认为在我国电子商务立法中使用“数据电文”这一概念较为合适。一方面“数据电文”一词在汉语中含义丰富，结合了数据的发送和存储两方面的意义，不必非要为了区分它与传统书面文件的形式不同而在概念上加以限制；另一方面，该词已经在我国《合同法》中使用，在社会公众中得到了一定程度的认同，继续在电子商务立法中使用，也有利于我国法律体系中法律术语一致性。2004 年 4 月 1 日实施的《中华人民共和国电子签名法》（以下称《电子签名法》）中第 2 条规定：“本法所称数据电文，是指以电子、光学、磁或类似手段生成、发送、接收或储存的信息。”因此本书在以下论述中均使用了“数据电文”一词。

根据《电子商务示范法》第 2 条的规定，数据电文是指经由电子（electronic）手段、光学（optical）手段或类似（similar）手段生成（generated）、发送（sent）、接收（received）或储存（stored）的信息，这些手段包括但不限于电子数据交换（EDT）、电子邮件（electronic mail）、电报（telegram）、电传（etlex）或传真（telecopy）。为了解释这一定义，联合国贸易法委员会在其《电子商务示范法实施指南》中，以三个自然段的篇幅，对数据电文作了详细的解释，其内容如下。

（1）“‘数据电文’的概念并不仅限于通信，它还意在包括计算机生成的、准备用于通信的记录。因此，它涵盖了‘记录’这一概念。然而，与第 6 条‘书面’因素特征相联系的‘记录’之定义，在那些认为有必要的法域里可以增加进去。”

（2）“条文中‘类似手段’一词，旨在反映《电子商务示范法》并不仅仅应用于现存通信技术环境的事实，它还为可预见的技术发展提供保障。‘数据电文’的目的是，包括所有类型的、本质上是以无纸化形式生成、存储或通信的信息。为此，所有信息的通信与存储方式，只要可用于实现与定义内所列举的方式的相同功能，都应当包括在“类似手段”中，尽管严格来讲，‘电子的’和‘光学的’通信方式，可能并不相同。在《电子商务示范法》的意义上讲，‘相类似’是指‘功能上的类似’。”

（3）“数据电文定义，还意在包括其废除或修改的情况。某种暂时认为是具有确定信息内容的数据电文，但它可能被其他的数据电文所废除或改进。”

二、数据电文的性质

从《电子商务示范法》关于数据电文的定义及其注释可以看出：① 从数据电文本身的归类上看，它是一种信息；② 从数据电文的产生与运用方式讲，它是指以电子手段、光学手段或类似手段生成、发送、接收或储存的信息；③ 从数据电文的具体表现形式看，包括但不限于数据交换（EDI）、电子邮件、电报、电传或传真。一方面，《电子商务示范法》对数据电文的外延并未作详尽列举，而是使用了“类似手段”这一不确定的概念，其主要目的是为了反映出该法不仅仅适用于既存通信技术手段，而且给未来科技发展留存了余地；另一方面，《电子商务示范法》对数据电文的外延在尽量包容了现代化的通信技术，如电子邮件、EDI，同时，还意在使其能适用于不太先进的通信技术环境，如电报。因为会有这样的情况存在：数字化的信息最初以标准化的 EDI 形式发出，在发出人与收件人之间的通信环节的某一点，以计算机生成的电传形式或以计算机打印出的电报而提交。数据电文可能以口头通信起始，并以 EDI 形式终结。电子商务的特点是：它包含了程序化的信息，该种计算机程序与传统纸面文件之间有着本质不同。基于用户对各种通信技术的调整规则的兼容性、一致性的需求，这些情况都被考虑在《电子商务示范法》中。更概括地看，还应注意，作为一项原则，由于需要对未来出现的技术提供规范，任何通信技术都不应被排除在《电子商务示范法》之外。数据电文并非天然物，而是由交易当事人使用一定的信息系统，所生成的表达商事意思的信息，其产生与传输离不开一定的条件，即当事人、信息系统等。因此，确定这些概念的含义，对于完全了解数据电文的运行的关系，有着重要的意义。

综上可知，数据电文从本质上看是一种传达法律主体的内在意思的无纸化信息，它可分别处于信息的传递和存储过程中；从其动态形式看，它可能是传输于信息（无论是有线还是无线的）中的电磁波或比特；而其静态，则可能是硬盘、软盘或磁带上的电磁记录。其动态与静态方式的运用，需要不同的技术标准与法律制度予以规范，前者如电子签名，后者如数据电文的保存等。需要注意的是，这里应将数据电文的形式与形态相区别。其具体形式多种多样，如电话、电报、电传、传真、电子邮件、电子数据交换等，均在之内；而其形态只有两种，即静态的存储与动态的传输。从严格意义上来讲，电报、电传、传真与电子邮件和电子数据交换中的数据电文是不同的。因为电子数据交换的最大特点就是以数据电文取代一系列的纸面交易文件，实现了交易的“无纸化”，它是计算机应用程序—计算机应用程序的通信，有严格的格式要求且可以自动处理数据；而电报、电传及传真虽然也都是使用电子化方式传送信息的，但它们通常总是产生一份书面的东西，即它们的最终表现结果都是被设计成纸张的书面材料，从某种意义上说，它们只是纸面文件的传输方式不同，是人—人的通信，有自由的格式，基本上不参与处理数据。也正因此，电报、电传、传真这些早就应用于商业中的通信技术，并未对传统的法律规则构成大的冲击。本书所指的数据电文（电子数据信息）主要是指以电子数据交换、电子邮件进行电子交易而产生的电子数码信息流。这应是排除了电报、电传、传真的。据此，对本书中的数据电文这一概念，从法律意义上可表述为：在以电子数据交换、电子邮件进行的电子交易中所产生的不能直接为人们感知的表达民商事主体的内在意思表示的无纸化的电子信息。

三、数据电文的特征

应用EDI等现代信息技术手段的无纸贸易在信息的传输方面利用了更快捷、更经济和更安全的手段，取代了传统的用纸张的方式传递商业文件的做法，即以电子文件代替了纸面文件。电子文件是一种由数字信号来记录信息的，能够为计算机操作、传输与处理的文件，它是一种虚拟文件，其内容是以字节来表示的，这些字节在没有与数据处理系统及硬件、软件相结合时，它是无法显示出来的，是非实际的事物，因而具有虚拟性。这些虚拟性的电子文件的内容在形式上即表现为数据电文。由于电子合同的虚拟性，作为合同载体的数据电文也具有许多独特的特点，具体表现在以下几方面。

（一）高科技性

数据电文的高科技性至少反映在三个方面：第一，数据电文本身是高科技的产物。数据电文是借助磁性介质利用科技生产和处理的信息，其生产、储存和传输，都必须借助于磁信息处理技术，离开了科技含量高的技术和设备，数据电文就无法生成，更不用说保存和传输；第二，其广泛使用必须借助于现代科技。这不仅指数据电文的保存、传递和识别需要借助科学技术，更指数据电文的安全使用需要高科技保障；第三，科学技术是确认数据电文效力的关键。当事人在电子交易中出现纠纷，能够证明其交易行为、内容的往往是一些电子数据，但如果缺乏可靠的认证体系，则这些数据的真实性就很难认定，而一个公正、高效的认证体系的建立更需要设计上的科学性和技术上的可靠性作保障。

（二）无形性

数据电文所记载、传递的通常是数字化的信息。这些信息因其数字化的表现形式而使得用户在识别时较之传统纸面文件有很大差异。以计算机数据为例，信息在进行存储、传输和处理的过程中，必须用特定的二进制编码表示，计算机通过把二进制编码转换为一系列的电脉冲来实现某种功能。这种信息与传统的纸质信息相比，其原始形态往往不是人肉眼可识别的文字、图形、符号，而是不可视的编码信息。因此，数据电文的初始信息具有无形性的特点。

（三）复合性

数据信息经磁性载体反映到数据显示设备上可呈现多种多样的形式，它也可输出到外部设备上，如打印到纸张上或制成微缩胶卷，等等，与传统信息载体相结合同样也可形成有形的可视信息，尤其是多媒体技术的出现，更使数据电文综合了文本、图形、图像、动画、音频及视频等多种媒体信息，这种以多媒体形式存在的数据电文几乎涵盖了所有传统证据类型。

这些也都显示了它复合性的特点。

（四）易破坏性

由于数据电文通常是以数字信号的方式存在，而数字信号是非连续性的，因此如果有人故意或因为差错截收、监听、窃听、删节，从技术上讲一般是无法查清的，而由于网络或电路故障，操作人员的不当操作或使用及技术的不稳定都可能破坏数据内容，从而使数据电文无法反映案件的真实情况。另外，由于数据电文多以电磁形式储存，记录与删改可不留痕迹，不易察觉。这些反映了数据电文的易破坏性。

（五）超文本性

当信息记载于纸介质上时，它是以文本形式存在的，其内容都是完整和终局性的。而以数据电文为载体的电子合同中的很多内容并没有被完整地记录在合同的电子数据中，而只是在电子合同中被提及，这就是电子合同与纸介质的文本合同不同的所谓的数据电文的“超文本性”。需要注意的是，数据电文的“超文本性”给现行的以纸面环境为基础制定的法律体系带来了冲击，这表现在：这些被提及但没有直接在“电文”中出现的内容是否构成“电文”内容，是否与明示的内容具有同等的效力；如果数据电文作为诉讼证据，该隐性的内容是否也可作为数据电文的内容来证明案件事实等。在电子通信中，大量的数据电文被迅速交换，而每份数据电文一般只包含简短的信息，对其他数据电文的提及和引证是很普遍的。电子商务的经营者已经习惯于使用电子文本以外的数据库、文件列表、索引、代码或其他引证。如果法律不承认电子合同的超文本性，电子商务的经营者就不得不将分散在不同数据电文中的信息复制在同一个电子文本上，但是这样做不仅降低交易效率，增加交易成本，而且在某些情况下根本行不通。因此，法律应当正视数据电文的这种“超文本性”，认可并支持这种特性，否则会使许多电子合同的效力受到影响。但是，在审查判断该“隐性”内容时应慎重，应当结合访问这些条款的难易程度，访问所需费用，保持其信息完整性的程序，以及有无日后修订这些条款等因素进行综合判断。因此，联合国《电子商务示范法》在 1998 年的修订中增加了一条，特别规定“信息并不仅仅因为没有被包括在数据电文中，而且是被数据电文所提及，就被剥夺了在数据电文中本来具有的法律效果、有效性或可强制执行性。”当然，法律承认超文本性的前提条件是，数据电文提及的条款能够被插入该数据电文的相应位置，并且应当真正为合同当事人所知晓和接受。

除有上述特点之外，数据电文还具有收集迅速、易于保存、占用空间少，传递和运输方便，可以反复重现、易于使用、审查、核实、便于操作等诸多特点，同时由于它常常利用了多种技术复合，因而可以更生动、更连贯、更清晰地记载当事人之间的法律行为。因此，对这种极富特色的“数据电文”进行深入而系统的研究无疑具有重要的理论和实践的意义。

第二节　数据电文与传统书面形式的矛盾及其解决

法律规范对某些重要的交易行为的书面形式要求，与现实的交易手段之间的冲突问题，并不是由于因特网的商业应用才提出来的。只不过在因特网环境下，该问题显得更加突出罢了。早在电报、电话、电传、传真等电子通信手段被广泛应用于商事交易时，书面形式要求问题就曾引起过各国法律界的争论，并且产生过许多相应的判例，甚至出现了一些国家为适应新的交易环境而修订相关法律的情况。尽管电子商务环境下的书面形式要求问题，已经在EDI 电子交易时期得到了部分的解决，而且在国际范围内，基本上形成了较为统一的认识。但是，由于我国电子化应用程度较低，电子商务的推广才刚刚起步，法律规范上的书面形式要求，基本上还停留在纸面交易媒介的基础上。所以，这一问题无论是从理论上，还是从实践上看，都有认真研究的必要。

一、传统书面形式概述

（一）书面形式释义

“书面”一词，由两个词素构成：书者，书写；面者，表面。至于所书写的内容是什么，书写在什么样的物质表面，在这个词里找不到直接答案。从该词的用法来讲，“书面”是个修饰词，很少单独使用，常用的搭配有：书面材料、书面通知、书面语言等。书面是以固体物质为介质，而作用于人的视觉器官的；口头则是以声波为介质，而作用于人的听觉器官的。这便是书面与口头二者在客观方面的区别。从静态的词义解释来看，书面的含义一清二楚。然而，在实践中这一看似明白的问题，却并不那么简单。因为书面一词本身存在着模糊性。首先，书面上所载的文字多种多样，并且有许多演化物。如此一来，何为文字就成了问题。其次，用作文字载体的物质之表面也并不确定，人类曾在金属上铸字、竹简上刻字，随着书写手段和材料科学的发展，书写文字的物质载体，会越来越多样化。所以，书面的确切含义，往往要在具体的语境中予以确定，方能避免歧义。由于纸张是现代社会最常见的书写材料，因而书面的引申意，有时又可指作为书写文字载体的纸张。当人们提到书面时，往往是指书写于纸面。从书面中所表现的文字与纸张的关系看，该词定然是造纸业发达时期的产物。

（二）书面形式的法律意义

在法律文件中，书面常常与形式搭配使用，称为“书面形式”。其基本含义同日常所说的书面，没有太大变化。书面形式在法律文件中，也是与口头形式相对应而使用的。现代社会的法律文件，必定是书面形式的。只有这样才能符合法律的公开、确定等特征。而法律文件中所规定的法律行为的形式，目前主要有两大类，即口头形式与书面形式。如果要继续划分，口头和书面形式下面还会出现一些更细的类别。形式是依赖于内容而存在的。民商法上的书面形式的内容，就是以文字所表达的，当事人设立、变更、消灭民事权利义务关系的意思。简言之，书面形式的内容就是意思表示。而书面——即所谓文字之表达，则是民商事意思的表现形式。在民商事法律关系理论中，书面形式属于法律事实部分，是法律行为的一种形式因素，是意思表示的外在躯壳。一定的法律事实的发生，之所以能产生一定的法律后果，是以法律规范事先有规定为前提的。同理，书面形式的采用与否，之所以对当事人的权利义务有相应的影响，是因为法律的强制性规定而造成的。法律意义上的书面形式概念，与日常用语中的书面一词一样，都存在着含义模糊的问题。特别是新兴电子通信技术的广泛应用，使得书面形式的传统概念，在电子通信环境下已经显得无能为力了。因为在计算机网络通信条件下，文字表达的具体方式已经发生了根本性变化。

二、传统书面形式制度的范围与内涵

商事法律关系的确定，当事人之间权利义务的享有与履行，往往与记载、传递具有法律意义的文件的形式，有极其密切的关系。这些文件是口头形式的，还是书面形式的，抑或是其他形式的，不仅影响着当事人的民商事权利，甚至还在某种情况下，决定了当事人的权利状态。譬如，英美法系国家有所谓的“防欺诈法”，它要求某些合同若要有效，必须以书面签名为证据。大陆法系国家，包括中国，都无一例外的有许多这样的规定，有的甚至还将书面形式的有无，作为法律行为生效的前提条件。

对商事交易的书面形式要求，是现行各国国内立法，乃至国际条约与国际惯例的一项常见的契约要求。其主要原因在于，这些立法大都是纸面交易时代的产物。电子商务的特点之一，就是以电子计算机通信记录，取代了一系列的纸面交易文件，实现了交易的“无纸化”。所以，如何使传统立法中的书面形式要求，与电子商务交易中的无纸特征相容纳、相协调，就是在因特网上进行商事交易首先遇到的法律困难。其核心问题是电子网络通信记录所缔结的合同能否有效的问题。

值得指出的是，书面形式法律要求，并非仅仅是对意思表达媒体的强行规定那么简单，它是一整套与纸面交易环境相适应的交易形式制度的总称（或简称），其中包含着许多具体的规范构成，如纸面的手书签名、书面原件的提交等。

为了较全面地说明传统书面形式的法律要求问题，以下拟从其广度和深度方面，即书面形式适用的空间和事项范围方面，以及该制度中所包括的具体应用性规范来论述这一问题。

（一）两大法系关于书面形式的一般要求

传统法律对书面形式的要求，是与社会生产力发展水平相适应的，具有明显的时代性。从纸张成为法律行为的表示工具以来，世界上大多数国家，都将书面形式列为重要的交易方式。

1. 大陆法系关于书面形式的要求

大陆法系一般以德国法和法国法为代表。德国在合同形式上，一般以不要式为原则，德国民法典规定，必须以书面形式为有效要件的合同，仅仅是一种例外，仅限于赠与合同、保证合同、土地买卖、遗产买卖等少数几种。至于其他大多数合同，都可依当事人的意见而决定订约的形式，如货物买卖合同不论标的大小，一律不要求书面形式。此外，德国商法典（HGB）采用“商人本位原则”，对商人所进行的一些法律行为，又给予一些特别的形式方面的自由。例如，该法典第350条对于“商事担保”规定了“形式自由原则”。所以说，依德国法，通过电子交易方式缔结的商事合同，在书面要求方面没有明显的法律障碍。

在书面形式问题上，德国视之为合同有效的基本要件，而法国强调其作为合同存在及其内容的证据价值。法国以书面形式为有效要件的合同，仅限于赠与、夫妻财产、协议抵押等少数几种。但关于证据意义上的书面形式要求，在法国则适用广泛。《法国民法典》1341条规定，“一切物件超过50新法郎者，……均须在公证人面前做成证书，或双方签名做成私证书，证书做成后，当事人不得就与证书内容不同或超出证书所记载的事项以证人证明之……。”不过这一规定与国际贸易合同却无甚关碍，因为该条第2款接着规定，“前项决定不妨碍有关商业法律所作的规定”，而《法国商法典》第109条则规定，对商人来说，“商事法律行为得采用一切证据方式来证明。”即使50法郎以上的交易，也可用口头或其他非书面方式证明。显然，这主要是为了适应商事交易快捷的频繁的特点。与此同时，根据《法国民法典》及判例，还存在着对第1341条的一些其他例外。如允许当事人在缔约或争议发生时，放弃“禁止使用证言”的规则，而不提出缺乏书面合同的抗辩。据此，电子商务交易贸易伙伴之间，就可以通过通信协议等形式，事先约定放弃法律对书面形式的要求。如此看来，法国应用电子商务交易时，书面方式方面的法律障碍并不明显。

2. 英美法系关于书面形式的要求

英美合同法理论，将合同分为两大类，即签字蜡封合同（Contract Under Seal）和简式合同（Simple Contract）。对于前者，法律要求其订立必须遵守特定的形式，主要是必须以书面形式作出，有当事人签名，加盖印戳并将文书交给对方当事人。这类合同即使没有对价（Consideration）的支持，也为有效。不过目前这种合同已大大减少，国际贸易中的合同也多非此类。

商事贸易中的合同大多是简式合同。英美法对于简式合同一般不要求用特定的形式。但是对于特定的简式合同，法律却有书面形式要求。这种有书面形式要求的简式合同，按其法律意义的不同，又可分为两类：一类以书面形式作为合同有效成立的要件，非此则合同无效；另一类则以书面作为合同证据，否则不能为法庭所接受，也不能对之申请强制执行。例如，在英国，其汇票、本票、海上保险合同等，就必须以书面形式作为合同有效成立要件。后者主要源于英国历史上形成的“防欺诈法”。其基本原理是，为了防止欺诈，对一部分合同，必须用书面形式作成，并由承担义务一方签名，才可构成证据，进而方能请求法院强制执行。目前，英美法国家的这一类合同主要限于担保合同、不动产合同、订约后一年内不能履行完的合同等。

1988年联合国《国际货物买卖合同公约》（CISG）于美国生效。它适用于营业地不在同一国家，且当事人之间又都参加了该公约，所签订的国际货物买卖合同。它将取代各方当事人国内法的适用，除非当事人同意排除公约在其合同中的适用。公约是20世纪50年代以来努力统一协调买卖法的结果。在某些主要方面，它仿效了民法系法域的做法，而非普通法系的做法。就“防欺诈法”而言，该公约采取了大多数欧洲法律体系，并不要求以书面订立合同。其第11条规定，合同不需要以书面订立或以书面为证据，也不受制于任何定约形式的要求。它可以任何方式，包括证人来证明。其29条规定合同仅以当事人的协议就可修改或终止；但是当事人自己也可以规定，合同的修改或终止必须以书面形式为之。

对于一般的货物买卖合同，英美法通常并没有书面形式的要求。例如，英国《1893年货物买卖法》（1973年修订）第3条规定：“根据本法及其他有关成文法的规定，一项买卖合同的订立，可以采用书面（不论有无签字），也可采用口头方式，或部分书面部分口头，也可由双方当事人的行为中推定。”但是也有些例外，如美国《统一商法典》UCC2-201（1）条就规定，“……价款达到或超过500美元的货物买卖合同，如果缺乏充足的书面材料表明当事人已达成买卖合同，且合同被要求强制执行的当事方或其授权代理人或经理人签名，合同即不得通过诉讼或抗辩强制执行。”同时，该法典关于信用证的规定也要求：“信用证必须是书面的，且必须开证人签名。”

（二）书面形式法律要求的内涵

世界各国法律中的书面形式要求，并非是单一的规范，而是同时由许多相互有着紧密联系的规范，共同构成了书面形式的法律体系。各国之所以将书面记载作为重要的民商事法律行为的形式要求，其原因主要在于证据方面，因为书面形式具有长久保存的优点。另外，如果再加上手书签名的认证，以及原件等要求的配合，使之符合了理想的法庭证据要求，从而可据以确定纷争之民商事事实。换言之，书面要求的更深层的原因，应当在于证据法上的价值，而不仅仅在于实体法上的要求。

具体地说，书面形式要求是一个相对完整的规范体系，其内涵包括了与书面紧密联系的手书签名，以及原件的保存与提交等内容。这是书面形式制度的目的所决定的。单纯的书面形式，并不能起到证明法律事实的作用。只有将当事人的签名，以及书面原件等规范合并在一起，才能较完整地达到法律规范的具体适用者——法官的要求。这就是说，书面要求是有其体系规范和层次性要求的。一般的书面形式，即不附加签名或原件要求的，充其量只能起到对文件内容长期保存的作用。如果要求当事人对书面内容承认时，则需要以其签名附加于上，这时书面要求的层次就不同了。因为它将文件的内容与特定的当事人联系在一起，既表明了文件的来源，又确定了签名者对文件内容的承认。当书面形式不仅以纸面与签名条件，而且还要求原件时，其真实性、完整性要求的层次，就又提高了一步。因此，要将某一法律行为与特定的当事人相联系，仅仅有单纯的书面形式，是远远不足的。所以，一般情况下，这三项规范性要求是同时并举，相辅相成的。总而言之，现代法律的书面要求中一般是包含了签名与原件要求在内的。在研究书面问题时，不可只见表面，而忽略了其间紧密联系的规范体系及其根源。

三、书面形式的演变——渐进中的方法

在电子商事交易中采用不要式合同，似乎并不存在问题。但是，要式合同能否接纳电子商事交易形式，即电子交易信息构成的合同，是否属于书面合同，则取决于对“书面”二字的理解。从英美有关立法与判例来看，一般来说，它们对“书面”都倾向于作广义的理解。在英美法中关于书面的两个常用词是 Writing 和 Document，中文通常都译作“书面文件”，美国《统一商法典》则将 Writing or Written 定义为“包括印刷、打字或任何其他有意作出的有形形式”。但在英国法的解释中，Writing 和 Document 并不完全相同。根据英国《1978 年解释法》，Writing 包括打字、印刷、手版印刷、照片及其他可见形式（visible form）表示或复制字词的方法；而 Document 则被解释为“以有形形式（tangible form）传达信息的任何东西，包括磁带、胶片和照片。”至于“可见形式”与“有形形式”的具体界定，则多体现于判例之中。事实上，大量的判例表明，电报、电传因为都向收件人提交纸面文件，所以通常都被归入“书面”范畴。美国《统一商法典》关于信用证形式的规定则明确指出：“电报可构成已经签名的书面文件……”对于传真，虽然极少有判例直接明确其属于书面，但在美国的几起判例表明，传真机打印出的文件视为书面并不成问题。

关于电子商务交易究竟能否算作“书面”的一种，是否能满足“防欺诈法”的书面要求？目前的判例尚没有形成定论。但一些学者认为，根据前述成文法的解释，电子数据通过其传输及存储载体，也可以满足“可视”与“有形”的要求，因而完全可以纳入“书面”之列。尽管如此，电子商务交易算不算“书面形式”，在英美法中还并非处于完全确定状态。还有些学者探讨了一些绕过“书面”形式要求的途径，能使电子商务交易的应用，在事实上与法律上，获得更大的可能性与自由度。例如，美国《统一商法典》规定，如果卖方已经在实质上开始生产专为买方制造的，不宜售给其他买主的商品，则该合同虽未采取书面形式，仍具有拘束力；而在合同已经履行的情况下，即使没有书面合同，对已履行部分仍有强制执行力。与此同时，英美法上“禁止反悔”（Proissory Estoppel）原则，有时也可使根据欺诈法不能作为合同强制执行的某些承诺得以强制执行。例如，美国《合同法诠释（第 2 版）》第 139（1）条规定，“在允诺人应当合理的期望，诱使受诺人或第三人作出某种行为或放弃某种作为，而且确实引起了这种行为或克制的情况下，如果只有通过强制执行，该允诺才能避免不公平，则即使与欺诈法的要求不符，该允诺仍可强制执行。”诚然，这里就需要法官根据具体情况作出“公平”的判断。

此外，关于纯电子记录，在法律上属何种形式，其地位与效力如何，它是否符合“防欺诈法”的要求，同样存在不确定因素。所谓纯电子记录，是指尚未转化为人可以感官直接感知的形式的电子记录，如磁盘上的磁记录等。通过打印输出，或屏幕显示等形式反映的电子记录，已经具有了可感知的性质，与书面形式很相近，因而作为书面形式对待，已不成问题。虽然，交易人通过一些方法可避开书面要求对电子记录有效性的障碍。譬如当事人可以事先

采用交易伙伴协议，规定其交易中的电子记录，具有同书面形式一样的作用与效力。但这只不过是权宜之计，只能在具有长期贸易关系的企业之间进行。每对交易伙伴在生意开始之前，都要就其交易协议的条款，经过一番马拉松式的谈判，很显然增加了交易成本。从实践上看，书面要求所导致的不确定性，虽然并没有完全阻挠电子商务的发展，但它至少给当事人的交易造成了许多困难。

英美法系的立法者早就坚持交易必须以书面形式和签名方为有效。这一1677年产生于英国，并流行于美国的范例，就是适用于合同的“防欺诈法”。要求书面与签名的法规，并不是最完善的方法。其含义常常是有争议的，许多法院即使在应明确适用时，也故意背离这一僵化的规定。这种缺陷在电子交易中就更加明显。例如，许多电子交易用户在订立电子合同时，买方可通过发送电子交易采购订单来购买货物。如果卖方以电子交易购销单回应，承认接受其订单，合同就形成了。这两个电子交易信息就构成了合同。但是电子信息是否属于书面与签名，在以往的法律里却不很确定。

多年来，无论是商事交易当事人，还是法学家，也无论是法官，还是立法者，都在试图从传统书面形式要求的桎梏中解脱出来。上述的一些措施，虽然在今天看来只是微小的改良，但在当时，却是聪明的创造。传统书面形式的规定，并不是铁板一块。在科技应用力的推动下，它正在逐渐地被熔化。

四、关于书面形式问题的解决方案

电子商务应用所面临的书面形式障碍问题，20世纪80年代就引起了联合国贸法会的高度重视。该会除了于1985年提出“计算机记录的法律价值”报告之外，还成立了国际支付工作组（现名为EDI工作组）对书面问题进行了深入的研究。在此基础上，于1992年提交的研究报告总结道：许多国家的法律都要求，某些交易必须以书面形式订立合同，有的是作为合同有效性的文件，有的是作为证据。对于书面形式的法律要求，可能出于不同的需要：一是使合同的存在及其内容有切实的证据，以减少争端；二是使当事人理解订立合同的法律后果，以及双方的权利义务；三是使当事人对书面合同或单证产生信赖；四是基于行政管理，如税收、会计、审计等的需要。据此，报告指出，要在法律上完全取消书面形式要求是不大可能的，比较可行的解决方案应是设法使EDI电子被视同“书面形式”。为此，报告提出了两条具体的解决途径，即合同途径与法律解释途径。

但是随着计算机网络的迅速发展，电子商务业务的广泛开展，以及对电子交易规范必要性与可行性认识的深化，上述两种解决方案显得捉襟见肘。于是，国际组织和各国积极寻求合理的解决方案。1996年联合国贸法会的《电子商务示范法》为各国提供了一个示范模式：“功能等同法”的解决方案。下面介绍这三种数据电文书面形式的解决方案。

（一）解决方案之一：合同解决途径

合同解决途径，是指由当事人在协议中约定，将电子信息及其记录视为“书面”。其方法大致有两种。

（1）当事人协议约定数据电文即为书面文件。如国际海事委员会《电子提单规则》规定，电子商务交易所载信息，包括货物清单、收货日期和地点、装货时间和地点及运输条件的规定，“应视同这些信息被载入书面提单具有同样的效力与效果”。《美国律师协会协议》明确规定，“按照本协议适当传递的任何（信息）应被视同‘书面’。”这种方法被称为“定义法”。

（2）由当事人在协议中作出声明，放弃根据应适用的法律对数据电文的有效性和强制执行力提出异议的权利。《贸易电子数据交换系统（TEDIS）协议》（草案）第 10 条第 1 款规定：“各方当事人明确表示，他们以 EDI 进行交易时，将放弃以缺乏书面形式为由主张该项交易无效的任何权利。”《加拿大电子数据交换理事会协议》第 6 条也规定：“各方当事人明确表示，他们在任何关于一项合同或涉及合同的法律诉讼中，都将放弃以缺乏书面形式为由而提出的任何抗辩。”这种方法被称为“弃权法”。

（二）解决方案之二：法律解释途径

法律解释途径，是指在法律中将“书面”作扩大解释，将数据电文纳入书面范畴。这种方法在立法中是比较常见的。如《联合国国际货物销售合同公约》“书面”形式的定义已经扩及电报与电传。贸易法委员会的《国际商事仲裁示范法》则把书面的概念进一步扩展到包括电话、电传或提供仲裁协议记录的其他电信手段。

我国《合同法》第 10 条规定：“当事人订立合同，有书面形式、口头形式和其他形式。”该法第 11 条规定：“书面形式是指合同书、信件和数据电文（包括电报、电传、传真、电子数据交换和电子邮件）等可以有形地表现所载内容的形式。”

可见，我国合同法是采取对书面形式作扩大解释的方式，基于数据电文的可读性特征直接将数据电文纳入书面形式。

（三）解决方案之三：“功能等同法”

通过前述对于书面问题的解决方案的分析，可以发现，以书面形式这一传统的概念来囊括所有的新的通信技术的商业化应用，只是一种权宜之计，而决非完善的解决方案。在书面形式之下，不断纳入新的由计算通信技术而形成的新的交易方式，使传统书面概念变得越来越抽象、概括。如记录的方式，从电磁脉冲到声、光，均有纳入之趋势，以至于使之在包罗万象中失去了自身的特征。当书面概念泛化到失去自身特征之时，新的交易类型——数据电文，就应运而生了。联合国贸法会的《电子商务示范法》利用“功能等同”原则确立数据电文制度，这为各国提供了一个模式。下面介绍《电子商务示范法》的功能等同原则。

五、数据电文的功能等同原则

关于数据电文的书面形式问题，贸法会电子商务工作组创造性地提出了“功能等同法”的解决方案。所谓功能等同原则，是指只要数据电文符合书面形式的功能，即符合法律规定的书面形式要求，而不管它是“纸面的”还是“电子的”。《电子商务示范法》只是挑出书面形式要求中的基本作用，以其作为标准，一旦数据电文达到这些标准，即可同起着相同作用的相应书面文件一样，享受同等程度的法律认可。

《电子商务示范法》上所运用的“功能等同”法，是一种将数据电文的效用与纸面形式的功能进行类比的方法。其目的是摆脱传统书面这一单一媒介条件下产生的僵硬规范的束缚，为电子商务创造一个富于弹性的、开放的规范体系，以利于多媒体、多元化技术方案的应用。其具体操作是将传统书面规范体系分层剖析，从中抽象出功能标准，再从电子商务交易形式中找出具有相应效果的手段，以确定其效力。它既适应了电子商务灵活多变的特性，又满足了商法价值的平衡，是功能转换与价值保留的枢纽。应当指出的是，功能等同原则的适用并不限于解决数据电文的书面形式问题，它还被《电子商务示范法》用来解决“签名”和数据电文的“原件”问题。这样，“功能等同法”不仅消除了“书面形式”要求的障碍，还为解决与书面形式要求相关的“原件”要求提供了依据。同时，也为后面将要论述的电子签名的有效性奠定了基础。

六、数据电文制度产生的必然性

（一）书面形式的极限

多年来，各国关于法律文件的书面形式制度，一直明显妨碍着电子商务的全面应用。其原因是这些规范都产生于传统书面条件下，已不能适应现代通信计算技术应用的需要。书面形式固然存在其价值，但其空间毕竟有极限，不能容纳形式多样的数据电信及其记录。这也正是一些国际组织和国家采取相应法律措施的原因所在。

通过前述对于书面问题的解决方案的分析，可以察觉到：以书面形式这一传统的概念，来囊括所有的新的通信技术的商业化应用，只是一种权宜之计，而决非完善的解决方案。在书面形式之下，不断纳入新的由计算通信而形成的新的交易方式，使传统书面概念变得越来越抽象，越概括。

如前所述，书面形式规范的演变，是一个渐进过程。它走过了首先个案解决，即在个别案例中扩大书面概念的方法；再到各类纳入，即通过解释将某一种通信记录列入其中；最后到制定开放性条款作概括性规定，以囊括所有现行与未来之新技术。其实这是一个由量变到质变的过程。当书面概念泛化到失去自身特征之时，新的交易类型——数据电信，就将应运而生了。在电子签名技术的应用上，情况亦如此，先是技术特定化电子签名方案率先出台，而后再扩大到所有功能类似的技术标准。实质上，它是由个别到一般，由封闭到开放的过程。

从全球范围来看，目前关于书面形式要求的条文与规则，正处于变化之中，大有重新解释、重新定位，使之符合电子交易需要的趋势。当今的立法者与法学家们，已建立了一种信念：电子记录从许多目的来看，是书面形式的。法律界已普遍认为，全面承认电子商务的合法性是有益的，而不应让无意义的法律技术阻止其使用。此外，在商事主体的权利保障与救济制度方面，如公证、诉讼等程序的进行，都必须以书面材料的提交为基本条件。这些规范性的要求，都与电子商务所构成的交易环境是不相容的。有必要全面清理，以便电子商务法律环境的配套。当然，在某些领域，如消费借贷交易，法律将正确选择是坚持要求书面形式，还是以其他方式调整电子商务形式。但是，无论如何，书面形式的规定，必须服从、让位于商业交易的需要，而不应使电子商务中的生动的交易关系，为适应僵化的规范而削足适履。

（二）书面形式问题的全面解决方案——数据电文制度的确立

以适合新的电子交易形式的法律制度，即数据电文制度，来调整数据电文交易手段所引起的商事关系，是必然趋势。无论从数据电文的自身特征，及其在商事交易中所占的重要地位来讲，都有必要独立于口头、传统书面形式之外，而成为一种新的独立的法律行为的形式。从近年来关于商事交易形式的立法趋势来看，数据电文制度在联合国贸法会及一些电子商务应用较早的国家内，已基本形成。然而，法律关于书面形式的要求，在电子商务环境中适用问题的解决，必须同所有相关的法律相结合，仅仅通过修改某一部法律，并不能从根本上消除传统法律对电子商务所构成的障碍。因为在诸如诉讼法、证据法、消费者保护法，以及其他一些法律之中，都包含着一些传统的书面形式要求。数据电文制度与书面制度一样，同样也应具有体系化的结构，以适应电子商务交易的多重需求。只有对现行的书面制度规范全面清理，重新确定其效力，或保留，或取消，或修改，才能为数据电文制度的建立奠定基础。

第三节　数据电文法律功能与效力

一、数据电文的法律功能

（一）数据电文的书面形式功能

1. 电子商务环境中书面形式的基本标准

《电子商务示范法》第 6 条规定："（1）如法律要求信息须采用书面形式，则假若一项数据电文所含信息可以调取以备日后查用，即满足了该项要求。"该条的目的是要确定一项电文可以被视为满足了书面形式要求的基本标准，亦即法律上关于应以"书面"形式保留或提交信息。为了使数据电文信息达到"书面形式"保存或提交的法律要求，该条界定了电子商务环境中"书面"的基本标准，即"可以调取以备日后查用"。"可以调取"意指计算机数据形式的信息应当是可读和可解释的，应当保存读取此类信息所必需的软件。"以备"一词并非仅指人的使用，还包括计算机的处理。而"日后查用"概念，它指的是"耐久性"或"不可更改性"。过分强调"耐久性"或"不可更改性"等会确立过分严厉的标准，过分强调"可读性"

或“可理解性”等会构成过于主观的标准。

2. 确定书面形式基本标准的意义

强调数据电文“可以调取以备日后查用”具有重要的意义。一方面，书面形式的书证性质决定了数据电文的内容应当是相对固定的，换言之，数据电文必须能够在一定时限内稳定存续，否则，当事人很难对其书面功能进行举证。另一方面，电子信息的易修改性决定了必须采取一定的措施有效保存数据电文，从而保证数据电文真正能够同其他书面形式一样既可以用来记载和确定双方的权利义务关系，也可以作为证据使用。

3. 书面形式功能的界定

目前对以书面形式提出数据电文的要求常常是在书面形式要求之上再加上其他不同于“书面形式”的概念，如签字和原件。因此，采取功能方法时，应注意到这样的事实：对于书面文件有多种层次的形式要求，各个层次提供不同程度的可靠性、可查核性和不可更改性，“书面形式”要求应视为其中的最低层次。关于数据应以书面形式提出的要求不应混同于更为严格的一些要求，如“经签署的文件”、“经签署的原件”或“经核证的法律文件”。

值得注意的是，我国《电子签名法》对数据电文的书面形式问题作出了规定：能够有形地表现所载内容，并在必要时可以调取查阅的数据电文，视为书面形式。可见，我国法律也基本上采纳了《电子商务示范法》的规定，认定数据电文具有书面形式功能的标准是：① 能够有形地表现所载内容；② 可以调取查阅。

（二）数据电文的原件功能

1. 数据电文中“原件”的界定

在某些情况下，要求文件以原件提交或保存，是纸面环境下对交易形式的又一法律要求。“原件”概念是从证据法规则中产生的。按照最佳证据规则，当事人必须出示原件；除非不可能取得原件，方可接受诸如复制件、记录或证词等传来证据。数据电文则完全是另外一种情况，它是通过计算机处理系统输入、生成、传输和储存的，输出的总是“副本”，不可能有什么原件。这就给数据电文的可接受性和证据力带来了障碍。为解决这一问题，贸法会同样采用了“功能等同法”，即从“原件”概念中抽象出基本要求，然后确立数据电文必须符合这一要求的标准，再明确规定凡符合此标准的数据电文即可视为原件。

2. 数据电文的原件功能

以《电子商务示范法》的规定为例，对数据电文的原件功能加以说明。该法第 8 条对此作出了规定。适用该条时，应注意以下几点。

（1）该条规定了一项数据电文的最低限度可接受的形式要求，达到了这个要求才能被认可为功能上等同于原件。凡针对书面文件提出原件要求的现有规定，如果被视为强制性，则第 8 条的规定也应同样视作是强制性规定。

（2）强调了作为其原样的信息的完整性的重要性，规定了评定信息完整性时应予考虑的标准，其中提及对信息作出系统记录，确保信息的记录不发生脱漏，保护数据不被改动。它把原件概念与核证方法相联系，为达到原件要求，重点是放在核证方法之上。它侧重于下列要求：关于数据“完整性”的简单标准；阐明评估完整性时应考虑的要素；灵活性要素，亦即提及根据具体情况。

（3）关于《电子商务示范法》“首次以其最终形式生成”这些文字，应当指出，这项规定的原意包括信息最初是制成书面文件，后来才输入计算机的情况。在这种情况下，应理解为要求确保信息自制成书面文件时起，而不是自它转成电子形式时起，就保持完整和未予改动。但是，如果制作和储存了几份草稿之后才制成最后电文，则不应误解为要求确保这些草稿的完整性。评估完整性的标准时，注意应把对原始的数据电文所作的必要添加，如背书、证明、公证等，同其他改动区分开来。只要一份数据电文的内容保持完整和未予改动，对该数据电文的必要添加将不影响它的“原件性质”。如果在一份数据电文“原件”的末尾添加一份电子证书来证明该数据电文的“原件性质”，或者由计算机系统在数据电文前后自动添加数据以便进行传递，这种添加将视为等同于对书面“原件”的一纸补充，或者等同于用来寄发书面“原件”的信封和邮票。

3. 我国的现状

值得注意的是，我国《电子签名法》对数据电文的原件问题作出了规定，符合下列条件的数据电文，视为满足法律、法规规定的原件形式要求。

（一）能够有效地表现所载内容并可供随时调取查用；

（二）能够可靠地保证自最终形成时起，内容保持完整、未被更改。但是，在数据电文上增加背书及数据交换、储存和显示过程中发生的形式变化不影响数据电文的完整性。

二、数据电文的效力

（一）数据电文的一般效力

数据电文的效力问题，是电子商务法中最为关键性的问题之一。法律设定数据电文的一般效力，主要目的是在法律上承认数据电文，为数据电文确定一个公平的法律地位。联合国国际贸易法委员会的《电子商务示范法》承认了数据电文的一般效力。该《电子商务示范法》的第5条规定：“不得仅仅以某项信息采用数据电文形式为理由而否定其法律效力、有效性或可执行性。”即对数据电文与纸面文件，不得有任何不公平的对待，其旨在适用于任何成文法对“书面”与原件的要求。该条的规定实质上是在法律上为数据电文争取与纸介形式同等地位作出了原则性规定。该原则具有广泛的适用性，其范围不应仅限于《电子商务示范法》所规定的证据，或该法第二部分规定的货物运输方面。

我国《合同法》中也承认了数据电文的一般效力。《合同法》第11条规定：“书面形式是指合同书、信件和数据电文（包括电报、电传、传真、电子数据交换和电子邮件）等可以有形地表现所载内容的形式。”

（二）数据电文在订立合同时的效力

数据电文以一种方便快捷的方式订立合同，因而被广泛应用，从而得到长足发展，并大有取代纸面合同之趋势。因此，承认数据电文在合同订立中的效力是至关重要的。《电子商务示范法》第 11 条规定："就合同的订立而言，除非当事各方另有协议，一项要约及对要约的承诺均可通过数据电文的手段表示。如使用了一项数据电文来订立合同，则不得仅仅以使用了数据电文为理由而否定该合同的有效性或可执行性。"该条确定了当事人在订立合同时可以通过数据电文的方式进行要约和承诺，从而确定了数据电文在订立合同时的效力。该条规定了要约与承诺可以以数据电文表达，但对于合同订立，重复了对当事人自治的承认，其作用在于阐明《电子商务示范法》并不强求依赖纸面通信的当事人使用电子通信方式。因此，该条不应解释为以任何方式，限制任何当事人不使用电子通信的意思自治。我国《合同法》中也有关于数据电文在合同订立时的效力的规定，该法第 16 条规定："要约到达受要约人时生效。采用数据电文形式订立合同，收件人指定特定系统接收数据电文的，该数据电文进入该特定系统的时间，视为到达时间；未指定特定系统的，该数据电文进入收件人的任何系统的首次时间，视为到达时间。"第 26 条进而规定："承诺通知到达要约人时生效。承诺不需要通知的，根据交易习惯或要约的要求作出承诺的行为时生效。采用数据电文形式订立合同的，承诺到达的时间适用本法第 16 条第 2 款的规定。"从上述规定可以看出，我国在法律上承认了数据电文在订立合同时的效力，而且对在订立合同时数据电文的发送和到达及其时间作出了界定。

（三）数据电文的证据效力

数据电文的证据效力问题是在有关电子商务的法律实务中又一亟须解决的问题。对于数据电文的可接受性和证据价值，《电子商务示范法》第 9 条规定："（1）在任何法律诉讼中，证据规则的适用在任何方面均不得以下述理由否定一项数据电文作为证据的可接受性：（a）仅仅以它是一项数据电文为由；（b）如果它是举证人按合理预期所能得到的最佳证据，以它并不是原样为由。（2）对于以数据电文为形式的信息，应给予应有的证据力。在评估一项数据电文的证据力时，应考虑到生成、储存或传递该数据电文的办法的可靠性，保护信息完整性的办法的可靠性，用以鉴别发端人的办法，以及任何其他相关因素。"我国《电子签名法》第 7 条规定："数据电文不得仅因为其是以电子、光学、磁或类似手段生成、发送、接收或储存的而被拒绝作为证据使用。"第 8 条规定："审查数据电文作为证据的真实性，应当考虑以下因素：（一）生成、储存或传递数据电文方法的可靠性；（二）保持内容完整性方法的可靠性；（三）用以鉴别发件人方法的可靠性；（四）其他相关因素。

第四节　数据电文的通信和保存规则

一、数据电文的通信规则

（一）数据电文的发送与接收

数据电文自身的特殊性决定了数据电文的发送和接收及时间、地点很难确定，但是，这是在运用电子商务手段进行交易时所必须确定的问题。

1. 收到告知规则

收到告知，就是指在收到某些信息后告诉对方已经收到该信息的通知。在交易过程中，信息的传递是否为接收人所收悉，乃是决定有关的许多事实与法律问题的关键。例如，一项要约，如根本未为拟议中的受要约人所收悉，则要约的法律效力无以生效，要约人欲成立的合同关系事实上也无以成立。尽管收到告知问题不全是合同法上的问题，但是，由于当事人之间传递的主要是与合同有关的信息，所以它无疑主要是合同法上的问题。数据电文之所以需要特别的收到告知法律规则，是因为数据电文是以无纸化形式生成、储存或通信的信息。从技术的角度来看，收到告知是一种告知发送人信息收讫的程序。收到告知适用于数据电文的发送人发送一项数据电文之时或之前，或通过该数据电文要求或与接收人商定该数据电文需告知收到的情况。对于收到告知的方式，《电子商务示范法》第 14 条第 2 款规定："如发端人未与收件人商定以某种特定形式或某种特定方法确认收讫，可通过足以向发端人表明该数据电文已经收到的：（a）收件人任何自动化传递或其他方式的传递；（b）收件人的任何行为来确认收讫。"《电子商务示范法实施指南》又对这一规定作了进一步解释，指出功能性告知的使用，应由电子商务用户依商业原则决定，收到告知的使用并不是强制的，收到告知程序的应用由发送人自行规定。除了确定数据电文的收到外，《电子商务示范法》并不处理由发送收到告知而产生的法律后果。例如，当发送人以数据电文的形式向对方发出附条件要约，指出在收到告知时该要约才生效，如果一方作出收到告知，该收到告知仅仅证明要约已被收到，至于其产生的法律后果，应当由合同法来规范。《电子商务示范法》第 14 条第 5 款规定："如发端人收到收件人的收讫确认，即推定有关数据电文已由收件人收到。这种推断并不含有该数据电文与所收电文相符的意思。"由此可见，收到告知的法律后果，仅局限于数据电文的通信方面，不应将收到告知理解为对任何数据电文内容的承认。

另外，《电子商务示范法》还对收到告知的技术问题作了规定："如所收到的收讫确认指出有关数据电文符合商定的或在适用标准中规定的技术要求时，即可推定这些要求业已满足。"《电子商务示范法》的这些规定，无疑为数据电文收到告知规则奠定了法律的基础，既有利于数据电文的推广运用，也有利于当事人法律关系的稳定与可预见。不过，按照《电子商务示范法》上述规定是可以由当事人协议变更的，因而通信协议不仅仍是可资援用的途径，而且是优于示范法的解决途径。当然，最后的法律解决仍有赖于各国有关立法的相应调整。

2. 数据电文的发送

数据电文的发送就是发送人将数据电文以电子方式发送给接收人。数据电文的发送人是指由其或代表其发送或生成该数据电文，或许还将数据电文予以储存的人，但不包括作为中间人来处理该数据电文的人。数据电文的发送主要有以下两种方式。

1）附收到告知条件的发送

附收到告知条件的发送即发送人在发送数据电文时附有收到告知的条件，只有在发送人收到接收人收到该数据电文的通知，该发送才发生法律效力。《电子商务示范法》第 14 条第 3 款规定："如发端人已声明数据电文须以收到该项确认为条件，则在收到确认之前，数据电文可视为从未发送。"在发送人要求数据电文以收到告知为条件的情况下，在收到告知之前，该发送没有任何法律上的效力，无论发送人在数据电文中是否规定一定的时间限制。

2）没有附收到告知条件的发送

没有附收到告知条件的发送即发送人在发送数据电文时没有附收到告知的条件，接收人在收到该数据电文后不需作出收到告知。在这种情况下，如果经过一定的合理期间没有收到任何接收人收到该数据电文的信息或任何接收人对该数据电文的答复，一般应推定为发送人未发送该数据电文。《电子商务示范法》第 14 条第 4 款规定："如发端人并未声明数据电文须以收到该项确认为条件，而且在规定或商定时间内，或在未规定商定时间的情况下，在一段合理时间内，发端人并未收到此项确认时：（a）可向收件人发出通知，说明未收到其收讫确认，并定出必须收到该项确认的合理时限；（b）如在（a）项所规定的时限内仍未收到该项确认，发端人可在通知收件人之后，将数据电文视为未发送，或行使其所拥有的其他权利。"这一规定适用于发送人未声明数据电文须以收到告知为条件的情况。该条并没有强加给发送人任何义务，而只是规定了发送人确定发送是否生效的方式。

3. 数据电文的接收

数据电文的接收，就是接收人接收发送人的数据电文。数据电文的接收人是指发送人意欲由其接收数据电文的人，但不包括作为中间人来处理数据电文的人。数据电文的接收也有两种与发送相对应的方式。

1）附收到告知条件的接收

在发送人发送数据电文时附有收到告知条件的情况下，接收人只有在向发送人发出收到告知而且发送人收到该告知时，接收才正式生效，即接收人收到了该数据电文，并可以基于此作出实体上的处理。当发送人未与接收人商定必须以某种特定形式告知收到时，可通过通信，或依据接收人的行为判定告知是否生效（如发货行为是购买要约的收到告知）。

2）没有附收到告知条件的接收

在发送人发送数据电文时没有附收到告知条件的情况下，接收人在收到该数据电文后不必作出收到告知，但应在合理的期间内向发送人发出告知或就数据电文的内容做出答复。否则，发送人可以视为接收人没有收到该数据电文。当然，发送人也可以再次向接收人发出通知，说明未收到其收到告知，并明确规定收到告知的期限；如发送人在所规定的期限内仍未收到该项告知，发送人可在通知接收人之后，将数据电文视为未发送，或行使其所拥有的其他权利。换言之，在这种情况下，接收人有充分的自由，他可以发出收到告知或答复该数据电文，也可以不对此做出任何行为。

（二）数据电文发送与接收的时间

数据电文发送与接收的时间，在确定数据电文的法律效力及时效方面极其重要，直接影响着发送人和接收人的权利义务和法律责任。对于数据电文发送和接收的时间，《电子商务示范法》第 15 条前 3 款作了规定："（1）除非发端人与收件人另有协议，一项数据电文的发出时间以它进入发端人或代表发端人发送数据电文的人控制范围之外的某一信息系统的时间为准。（2）除非发端人与收件人另有协议，数据电文的收到时间按下述办法确定：（a）如收件人为接收数据电文而指定了某一信息系统：（i）以数据电文进入该指定信息系统的时间为收到时间；（ii）如数据电文发给了收件人的一个信息系统但不是指定的信息系统，则是以收件人检索到该数据电文的时间为收到时间；（b）如收件人并未指定某一信息系统，则以数据电文进入收件人的任一信息系统的时间为收到时间。（c）即使设置信息系统的地点不同于根据第 4 款规定所视为的收到数据电文的地点，第 2 款的规定仍然适用。"在第 1 款中，规定了数据电文发出的时间，即在数据电文进入发送人控制范围之外的某一信息系统的时间为准，它既可以是接收人的，也可以是中间人的信息系统。第 2 款规定了如何确定数据电文收到的时间。该条中规定的"进入某一信息系统"的时间，是指数据电文可以在该信息系统中进行处理的时间，它不仅适用于数据电文的发出，而且适用于数据电文的收到。

综上所述，《电子商务示范法》中所规定的确定数据电文发送与接收时间的标准，是以信息系统作为判断基础的。参照上述规定，我国《合同法》也对数据电文的发送和接收时间作出了类似规定。《合同法》第 16 条规定："要约到达受要约人时生效。采用数据电文形式订立合同，接收人指定特定系统接收数据电文的，该数据电文进入该特定系统的时间，视为到达时间；未指定特定系统的，该数据电文进入收件人的任何系统的首次时间，视为到达时间。"第 26 条规定："采用数据电文形式订立合同的，承诺到达的时间适用本法第十六条第二款的规定。"这些规定明确了数据电文发送和接收的时间问题。

我国《电子签名法》第 11 条规定："数据电文进入发件人控制之外的某个信息系统的时间，视为该数据电文的发送时间。收件人指定特定系统接收数据电文的，数据电文进入该特定系统的时间，视为该数据电文的接收时间；未指定特定系统的，数据电文进入收件人的任何系统的首次时间，视为该数据电文的接收时间。当事人对数据电文的发送时间、接收时间另有约定的，从其约定。"

（三）数据电文发送与接收的地点

数据电文发送与接收的地点，在法律实践中确定数据电文的法律事实方面尤为重要，特别是在诉讼管辖的确定方面，直接影响着纠纷管辖地的确定。对于数据电文发送与接收的地点，《电子商务示范法》第 15 条第 4 款的规定是："除非发端人与收件人另有协议，数据电文应以发端人设有营业地的地点视为其发出地点，而以收件人设有营业地的地点视为其收到地点。就本款的目的而言：（a）如发端人或收件人有一个以上的营业地，应以对基础交易具有最密切关系的营业地为准，又如果并无任何基础交易，则以其主要的营业地为准；（b）如发端人或收件人没有营业地，则以其惯常居住地为准。"该条中规定的"基础交易"、"营业地"、"主营业地"、"惯常居住地"等词，主要是参照了一些国际惯例和公约的规定，其具体含义应根据国际惯例进行解释。我国《电子签名法》第 12 条规定："发件人的主营业地为数据电文的发送地点，收件人的主营业地为数据电文的接收地点。没有主营业地的，其经常居住地为发送或接收地点。当事人对数据电文的发送地点、接收地点另有约定的，从其约定。"从以上规定可以看出，《电子商务示范法》和我国《电子签名法》在数据电文发送和接收的地点标准上，是以"营业地"为判断基础的。而在实践中，接收数据电文的接收人的信息系统，或数据电文检索的系统，往往位于接收人本身地址以外的法律管辖区内，因此，这一规定似乎值得商榷。

二、数据电文的归属与保存

（一）数据电文的归属

数据电文的归属问题，是如何将数据电文与其发出者联系起来的问题，它是确立电子商务交易当事人之间因数据电文而产生法律后果的先决条件。从法理上说，一项法律行为总是与一定的行为主体联系在一起的。不能明确法律行为做出者，显然就不能明确法律行为的责任承担者与权利享有者。因此，数据电文归属问题是确立数据电文的法律后果，包括法律权利与法律责任的先决条件问题。与此同时，由于计算机的普及化与发展，计算机信息形形色色，十分庞杂，要明确各种信息的归属是一项重要而不易的任务。考虑到这种重要性与复杂性，《电子商务示范法》第 13 条对数据电文的归属问题作了较为详细的规定。该条规定了确认数据电文归属的三种方法。

（1）如果数据电文系由发送人自己发送的，则该数据电文当然成为该发送人的数据电文。

（2）如果数据电文系由有权代表发送人行为的人发送或系由发送人设计程序或他人代为设计程序的一个自动运作的信息系统发送，则应"视为"发送人的数据电文。

（3）就发送人与接收人之间而言，只要满足了下述条件，则接收人还有权将一项数据电文视为发送人的数据电文，并按此推断行事："（a）为了确定该数据电文是否为发端人的数据电文，收件人正确地使用了一种事先经发端人同意的核对程序；或（b）收件人收到的数据电文是由某一人的行为而产生的，该人由于与发端人或与发端人之任何代理人的关系，得以动用本应由发端人用来鉴定数据电文确属源自其本人的某一方法。"

但是以上三种情形自下列时间起不适用："（a）自收件人收到发端人的通知，获悉有关数据电文并非发端人的数据电文起，但收件人要有合理的时间相应采取行动，或（b）如属第3款（b）项所述，自收件人只要适当加以注意或使用任何商定程序便知道或理应知道该数据电文并非发端人的数据电文的任何时间起。”

由此看来，《电子商务示范法》规定的三种方法几乎囊括了可以归属于发送人的数据电文的各种情形，使之不仅仅包括发送人自己或其代理人或自动程序发出的数据电文，还包括接收人可以“推断”得出此种归属的两种情形。这似乎体现了一种扩大归属面的倾向。但这种涵盖广泛的归属认定法对于确保法律关系的稳定与可预见性是很有必要的，况且《电子商务示范法》对这种归属界定并非毫无边际。上述“不适用”的附加规定就是为有效保护发送人利益，避免随意扩大发送人责任而设立的。我国《电子签名法》第9条规定：“数据电文有下列情形之一的，视为发件人发送：（一）经发件人授权发送的；（二）发件人的信息系统自动发送的；（三）收件人按照发件人认同的方法对数据电文进行验证后结果相符的。当事人对前款规定的事项另有约定的，从其约定。”

（二）数据电文的保存

数据电文保存，也即数据电文在计算机中的储存，是指将数据电文储存在计算机中，并且可以调取、查用、重现，或者可以据以查明来源、时间、目的地等相关信息。《电子商务示范法》第10条第1款规定：“如法律要求某些文件、记录或信息须予留存，则此种要求可通过留存数据电文的方式予以满足，但要符合下列条件：（a）其中所含信息可以调取，以备日后查用；（b）按其生成、发送或接收时的格式留存了该数据电文，或可以证明能使所生成、发送或接收的信息准确重现的格式留存了该数据电文；（c）如果有的话，留存可据以查明数据电文的来源和目的地及该电文被发送或接收的日期和时间的任何信息。”按照该款规定，在文件、记录或信息的保存义务中，不包括只是为了使数据电文能够发送或接收而使用的其他信息。所需要存储的信息，除了数据电文以外，还包括某些辨别数据电文的必要传输信息。我国《电子签名法》第6条规定：“符合下列条件的数据电文，视为满足法律、法规规定的文件保存要求：（一）能够有效地表现所载内容并可供随时调取查用；（二）数据电文的格式与其生成、发送或接收时的格式相同，或者格式不相同但是能够准确表现原来生成、发送或接收的内容；（三）能够识别数据电文的发件人、收件人及发送、接收的时间。”

本章小结

数据电文是随科学技术的进步、计算机的普及而日益发展起来的一种新兴的“书面合同”形式。数据电文使用中的规范化，以及与之配套的法律制度的建立，是当今社会必须解决的问题。通过本章的学习，要了解和掌握数据电文操作过程中应注意的事项，主要有数据电文的形式、效力、发送与接收、归属与保存。这有助于在电子商务中运用这些规则，以解决所面临的问题。

课后练习

一、简答题

（一）简述数据电文的概念及其特征。

（二）简述数据电文的归属与保存规则。

二、论述题

试述数据电文的功能等同原则。

第五章

电子签名法律制度

【学习目标】通过本章的学习，使学生熟悉电子签名和数字签名的基本概念，了解电子签名的立法模式，掌握电子签名的特征、电子签名与传统签名的异同、电子签名的法律效力。

【关键概念】电子签名；传统签名；数字签名

【引导案例】

2009年韩某相识了女孩朱某并确立了恋爱关系。2010年4月1日，韩某接到朱某的短信，声称自己急需5 000元应急，直接汇到卡里。因为自己刚做了眼部手术不能出门见人。韩某信以为真，将钱通过银行汇到朱某的银行卡里。同年7月1日，韩某又再次接到朱某的短信，希望韩某再借给她7 000元备用。韩某仍然按照朱某告诉他的银行卡账户将钱如数汇出。之后，韩某多次打电话约朱某出来，朱某总是以各种借口推脱；并且从未提及偿还借款一事。再后来，朱某就不再接听韩某的电话甚至连短信也不回了。韩某觉着事有蹊跷亲自找到朱某要求其归还借款12 000元，朱某却矢口否认，并要求韩某出具借款凭证。由于每次都是通过银行汇款的方式，因此韩某无法提供有力证据证明朱某曾向其借款。韩某无奈，于2010年8月1日将朱某告上法庭，索要借款12 000元。

韩某向法院提交什么样的证据即可获得法院的支持？为什么？

第一节　电子签名概述

何谓“签名”？据《辞海》解释，“签名是指在文件上亲笔署名或画押”。因此，签名行为有两个作用，一是证明作用，如在合同上签名可证明签名者已清楚合同的内容；二是约束作用，如在合同上签名就意味着签名者已默认合同中约定的权利和义务，签名者就应恰当地行使自己的权利和履行自己的义务，否则，给对方当事人造成损失的要承担相应的法律责任。当法律有规定或双方当事人有约定时，签名即可成为某种法律行为发生法律效力的决定性要素。

此外，“签名”要想在法律上发生效力，还必须满足以下三个条件：一是签名者事后不得否认该项事实；二是其他任何人不得代为签名，当然授权的除外；三是一旦双方对签名的效力产生争议，可通过公正的第三方对签名进行验证来确认其真伪。这也是签名须“亲笔”的必然要求。

例如，手签、印章、指印均是签名的具体表现，属于传统书面签名形式。传统的书面签名形式基本满足上述三个有效条件，当然，符合上述三个条件的电子技术手段，也可达到签名的效果，即电子签名。电子签名在本质上与传统书面签名相同，主要区别在于形式，例如，IT 领域所说的口令、密码、数字加密等电子签名形式，在形式上就有别于传统签名，在功能上还是保持了一致。那么，什么是电子签名？电子签名有什么特征？电子签名与传统签名还存在哪些区别？电子签名与数字签名有什么不同？电子签名有什么法律效力？以上问题都会在本章的内容中得到解答。

一、电子签名的概念

（一）电子签名的法律规定

1. 国际法规定

联合国第 56 届会议第 85 次全体会议于 2001 年 12 月正式通过的《联合国国际贸易法委员会电子签名示范法》规定，电子签名（electronic signature）是指以电子形式所含、所附或在逻辑上与数据电文有联系的数据，它可用于鉴别与数据电文相关的签名人和表明签名人认可的包含在数据电文中的信息。

2. 国外法规定

美国《统一电子交易法》规定，电子签名泛指与电子记录相联的或在逻辑上相联的电子声音、符号或程序，而该电子声音、符号或程序是某人为签署电子记录的目的而签订或采用的。欧盟的《电子签名共同框架指令》规定，电子签名是指与其他电子记录相连的或在逻辑上相连并以此作为认证方法的电子形式数据。澳大利亚的《电子交易法案》也有类似规定。由此可知，电子签名是现代认证技术的泛称。

3. 国内法规定

2005 年 4 月 1 日生效的《中华人民共和国电子签名法》（以下简称《电子签名法》）第 2 条规定："本法所称电子签名，是指数据电文中以电子形式所含、所附用于识别签名人身份并表明签名人认可其中内容的数据。"数据电文是指以电子、光学、磁或类似手段生成、发送、接收或储存的信息。根据《电子签名法》的规定，民事活动中的合同或其他文件、单证等文书，当事人可以约定使用或不使用电子签名、数据电文。当事人约定使用电子签名、数据电文的文书，不得仅因为其采用电子签名、数据电文的形式而否定其法律效力。

（二）电子签名的含义

从上述法律规定来看，凡是能在电子通信中，起到证明当事人的身份、证明当事人对文件内容的认可的电子技术手段，都可被称为电子签名。即只要符合下列条件就可认定为电子签名。

（1）须体现为电子形式；

（2）须依附于数据电文；

（3）须识别签名人的身份并表明签名人认可与电子签名相联系的数据电文内容。

（三）电子签名的适用范围

电子签名即现代认证技术的一般性概念，它是电子商务安全的重要保障手段。但在下列文书中不得使用电子签名。

（1）涉及婚姻、收养、继承等人身关系的；

（2）涉及土地、房屋等不动产权益转让的；

（3）涉及停止供水、供热、供气、供电等公用事业服务的；

（4）法律、行政法规规定的不适用电子文书的其他情形。

（四）电子签名的功能和实现

1. 电子签名的功能

签名的基本功能在于标示当事人的身份及其对文件内容的承认、同意。电子签名作为一种新型的签名形式，除了具有上述基本功能外，还具有传统签名所不具有的特殊功能。

（1）保密功能。经过电子签名的数据电文只有在接收方知道发送方的公钥时才能够对密文进行解密而得到该数据电文的内容。双方的通信内容高度保密，第三方在没有获取发送方的公钥时是无从知晓明文的。虽然，互联网遵循 TCP/IP 协议，是一个开放、公开的网络环境，其他人在网络上可能会截取该数据电文，但由于缺乏发送方设置的该数据电文的公钥也无法解密。由此可见，在数据电文上使用电子签名可以极大地增强其保密性和安全性。

（2）完整性。鉴于电子签名的保密性，数据电文的内容很难被其他人任意改动或篡改，对于保证数据电文内容的完整性有较强的作用。

（3）身份认证。在网络中，人们使用域名连接到特定的服务器从而成功完成交易。如果客户在连接服务器时发生了错误，就可能会面临被欺诈的风险，例如，在电子商务交易中，客户一旦连接到错误的服务器，当输入银行账户和密码时就可能被盗，给交易方造成重大的经济损失。那么，使用电子签名的服务器证书就能够证明客户访问的服务器确实是客户想要访问的服务器，从而有效避免被欺骗。

（4）证明性。数据电文的发送方一旦将附有电子签名的信息发出，就不能再否认，即不可抵赖或否认发送方曾实施过该行为。

（5）其他功能。例如，数字时间戳、VPN（虚拟专用网）证书、软件发行者证书等其他新增功能。

综上，就本章引入案例所设定的问题就可以得到解答了，只要韩某向法院提交他与朱某的短信息就可证明两人存在借钱行为，其主张便可得到法院的支持。

2. 电子签名的实现[①]

实现电子签名的技术手段具有多样性，目前，在世界先进国家和我国普遍使用的电子签名技术一般是基于PKI（Public Key Infrastructure）的数字签名技术。其过程（电子签名阶段和电子签名核查阶段）一般包括以下环节：

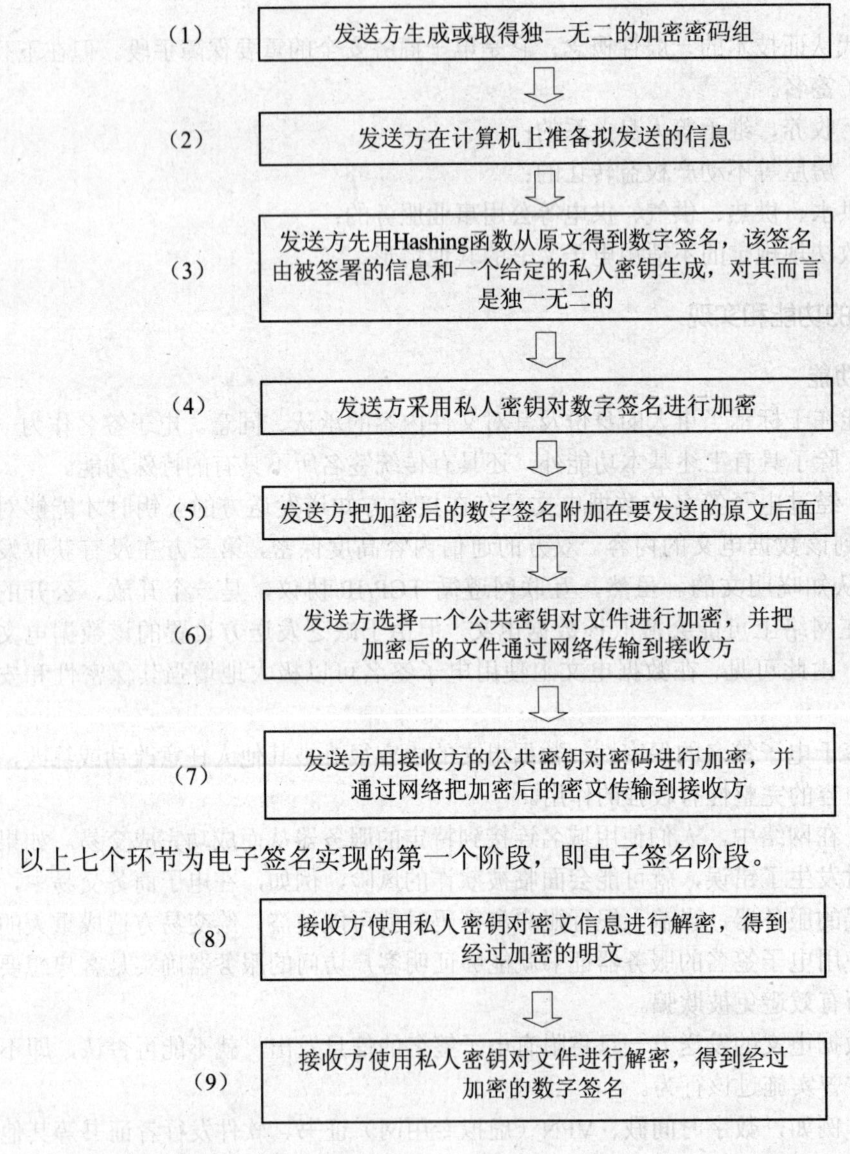

以上七个环节为电子签名实现的第一个阶段，即电子签名阶段。

① 张楚. 电子商务法. 北京：中国人民大学出版社，2011.

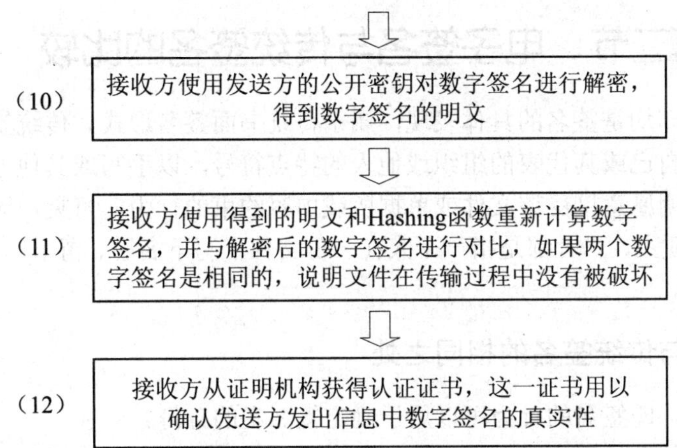

以上五个环节为电子签名实现的第二个阶段，即电子签名核查阶段。

二、电子签名的特征

（1）技术复杂性。技术问题复杂，但法律问题相对简单。因为商务活动的绝大多数法律问题在传统法律中已经解决，电子签名法只要解决因商务活动信息载体的变化所涉及的法律问题，而这些问题大多只要采用“功能等同”的办法作出相应规定。

（2）国际统一性。因为电子商务的显著优势，就在于利用不受国界限制的全球性互联网络方便地进行网上交易，这就必然要求电子签名法律制度应当是国际统一的。

（3）遵守“技术中立”的立法原则。即法律只规定作为安全可靠的电子签名所应达到的标准，至于采用何种技术手段来实现这一标准，法律不作规定。

三、电子签名的立法模式

（1）技术中立模式。这种模式以《联合国电子商务示范法》为代表，即规定只要符合一定的条件，电子签名就具有与传统签名同等的法律效力，而不限制达到规定条件的电子签名应该采用的技术。美国、澳大利亚、新西兰等国的电子签名法也采用了这种技术中立的立法模式。

（2）技术特定模式。即法律只明确采用某种特定技术的电子签名的法律效力，对采用其他技术的电子签名的法律效力未作规定。如韩国《电子署名法》只承认数字签名为合法的电子签名。此外，德国、丹麦、马来西亚、印度及我国香港地区等的电子签名法也都采用技术特定的立法模式。

（3）折中模式。这种模式承认所有安全电子签名都具有与手写签名同等效力，同时以目前国际上公认的成熟技术为基础，推荐一定的安全条件和标准。菲律宾电子商务法、新加坡、我国台湾地区的电子签章法等也都采用了这种折中式的立法模式。

第二节 电子签名与传统签名的比较

手签、印章、指印均是签名的具体表现，属于传统书面签名形式。传统签名是指特定人将能够表明或证明是自己或其代表的组织或他人的特点符号，以手写或其他方式签在特定的文件或单据上，以表明愿意接受该文件或单据所载内容约束的行为。可见，无论是电子签名还是传统签名，在本质上，二者都是指一个人在一份文件上写下名字、留下印记或特殊符号，以确定签名人的身份。

一、电子签名与传统签名的相同之处

（1）身份确定性，即签名的行为可以用于确定签名者的身份。

（2）证明性，即签名的行为可以证明签名者对所签署文件内容的了解和认同。

（3）认证性，即以签名行为表明文件的真实性、权威性、信誉性、可接受性。

（4）生效要件性，即法律往往只承认经过签名的文件具有法律效力。

二、电子签名与传统签名的区别[①]

（1）签名的载体不同，前者是数据电文，后者是书面纸质材料。

（2）形式不同，前者是电子形式，后者是书面形式。

（3）准确性强度不同，前者是经过计算机精确处理的产物，受主观影响比较小，准确性较高，后者是手写，容易受主观因素影响，准确性较低。

（4）技术性要求不同，前者属于高科技发展的产物，其使用也需应用高科技，后者的技术需求不高，更谈不上应用高科技手段。

（5）稳定性不同，前者易改动，稳定性不强，且改动时往往不会留下痕迹，后者的稳定性较强，改动时会留下痕迹。

（6）存在方式不同，前者是存储于电子磁盘等介质中的数字信号，以计算机存储为条件，是无形的，后者一般体现在纸质材料上，是有形的。

第三节 数字签名

一、数字签名的概念

数字签名（又称公钥数字签名、电子签章）是一种类似写在纸上的普通的物理签名，但是使用了公钥加密领域的技术实现，用于鉴别数字信息的方法。一套数字签名通常定义两种互补的运算，一个用于签名，另一个用于验证。

---

① 王冠宁，冯方友. 电子商务实务. 北京：中国水利水电出版社，2012.

简单地说，所谓数字签名，就是附加在数据单元上的一些数据，或是对数据单元所作的密码变换。这种数据或变换允许数据单元的接收者用以确认数据单元的来源和数据单元的完整性并保护数据，防止被人（如接收者）进行伪造。它是对电子形式的消息进行签名的一种方法，一个签名消息能在一个通信网络中传输。基于公钥密码体制和私钥密码体制都可以获得数字签名，目前主要是基于公钥密码体制的数字签名。包括普通数字签名和特殊数字签名。普通数字签名算法有 RSA、ElGamal、Fiat-Shamir、Guillou-Quisquarter、Schnorr、Ong-Schnorr-Shamir 数字签名算法、Des/DSA，椭圆曲线数字签名算法和有限自动机数字签名算法等。特殊数字签名有盲签名、代理签名、群签名、不可否认签名、公平盲签名、门限签名、具有消息恢复功能的签名等，它与具体应用环境密切相关。显然，数字签名的应用涉及法律问题，美国联邦政府基于有限域上的离散对数问题制定了自己的数字签名标准（DSS）。

数字签名技术是不对称加密算法的典型应用。数字签名的应用过程是数据源发送方使用自己的私钥对数据校验或其他与数据内容有关的变量进行加密处理，完成对数据的合法“签名”，数据接收方则利用对方的公钥来解读收到的“数字签名”，并将解读结果用于对数据完整性的检验，以确认签名的合法性。数字签名技术是在网络系统虚拟环境中确认身份的重要技术，完全可以代替现实过程中的“亲笔签字”，在技术和法律上有保证。在数字签名应用中，发送者的公钥可以很方便地得到，但他的私钥则需要严格保密。

二、数字签名的功能

数字签名技术是将摘要信息用发送者的私钥加密，与原文一起传送给接收者。接收者只有用发送的公钥才能解密被加密的摘要信息，然后用 Hashing 函数对收到的原文产生一个摘要信息，与解密的摘要信息对比。如果相同，则说明收到的信息是完整的，在传输过程中没有被修改，否则说明信息被修改过。因此，数字签名具有能够验证信息的完整性、保证信息传输的完整性、发送者的身份认证、防止交易中的抵赖发生等功能。

三、数字签名的实现

数字签名的实现主要靠数字签名算法，数字签名算法是依靠公钥加密技术来实现的。在公钥加密技术里，每一个使用者有一对密钥：一把公钥和一把私钥。公钥可以自由发布，但私钥则秘密保存；还有一个要求就是要让通过公钥推算出私钥的做法不可能实现。普通的数字签名算法包括三种算法：① 密码生成算法；② 标记算法；③ 验证算法。

第四节　电子签名的法律效力

一、电子签名的基本要求

我国《电子签名法》第 14 条规定“可靠的电子签名与手写签名或盖章具有同等的法律效

力。”因此，可靠的电子签名应满足以下四个条件：① 电子签名制作数据，属于电子签名人专有；② 签署时电子签名制作数据仅由电子签名人控制；③ 签署后对电子签名的任何改动能够被发现；④ 签署后对数据电文内容和形式的任何改动能够被发现。

二、电子签名的法律效力

（一）电子签名的认证和完整性

电子签名的认证，也即电子签名的归属推定，是在交易当事人对签署者身份发生争议时所应采用的规则。在开放性的网络环境下，电子签名的应用存在着诸多不确定的风险，例如，当事人就电子签名是否由称谓者所签署从而产生疑问是不可避免的。其风险可能来自于交易系统的错误、黑客的攻击、恶意串通等。即使有认证机构颁发电子签名认证书，网络交易存在的风险也是可能产生的。

电子签名的完整性主要是解决电子签名的数据电文在传输或存储中有无发生被非法修改的问题，即发送方所签署的数据电文是否能够以原件形式存在着。当然，在实际的网络交易环境下，接受方收到的永远是副本。其原因在于数据电文具有完全复制性，其原件与副本在内容上可以丝毫不差。

（二）电子签名使用的效力

1. 电子签名对签署者的效力

（1）签署者不可否认地认可自己是数据电文的发送者。

（2）签署者不可否认地认可或承认数据电文的内容，并且不能在事后以任何理由否认对数据电文内容的熟知、了解。

2. 电子签名对数据电文内容的证据效力[①]

《电子签名法》第 7 条规定：“数据电文不得仅因为其是以电子、光学、磁或类似手段生成、发送、接收或储存的而被拒绝作为证据使用。”如果数据电文具有法律效力的文件，经过当事人的电子签名后，不仅在当事人之间作为原件（完整性），还会符合证据法上原件的要求，作为原始证据向法庭提交。

3. 电子签名对法律行为的效力

《电子签名法》第 3 条第一款、第二款规定：“民事活动中的合同或其他文件、单证等文书，当事人可以约定使用或不使用电子签名、数据电文。”“当事人约定使用电子签名、数据电文的文书，不得仅因为其采用电子签名、数据电文的形式而否定其法律效力。”

电子签名的行为是否成立或生效，最终要以调整该法律行为的特别法衡量。例如，合同法对电子签名的要约、承诺的生效与否进行判断。当以电子签名的要约、承诺行为符合合同

---

① 梁露，李多. 电子商务网络建设与实践. 3 版. 北京：人民邮电出版社，2012.

法的基本规范时，对该要约或承诺的电子签名的签署，就决定着合同成立、生效的时间、地点等重要的法律因素。总之，电子签名对法律行为的成立、生效都起着至关重要的作用。

（三）未经授权使用的效力

所谓未经授权使用的电子签名，是指该电子签名既不是拥有者本人签署的，也不是其代表人签署的情形，也即缺乏合法授权的使用。当然，授权使用的电子签名具有法律效力，否则，未经授权使用的电子签名产生的法律效果不应由签名的拥有者承担责任。

本章小结

本章主要介绍了电子签名的基本内容：电子签名的含义、电子签名的立法模式、电子签名与传统签名的比较、数字签名的含义及电子签名的法律效力。电子签名作为一种新型的签名方式，是伴随着科技的发展而产生的，与传统签名相比，电子签名存在诸多的特点，在其法律效力的要件方面也与传统签名有所不同。但是电子签名在本质上仍然属于对文件内容的认可和承认。

课后练习

一、判断题

1. 电子签名与传统签名在本质上一样。（　　）
2. 电子签名就是数字签名，两者不存在任何差异。（　　）
3. 电子签名的实现需要以高科技为技术支撑。（　　）

二、名词解释

1. 电子签名
2. 数字签名

三、简答题

1. 电子签名与传统签名的区别。
2. 电子签名的立法模式。

第六章

电子认证法律制度

【学习目标】通过本章的学习，应当对于电子商务交易风险及认证的意义有一定的了解，了解认证的主要方法，掌握认证机构设立条件，理解认证机构和证书持有人、信赖人之间的法律关系，掌握认证机构和证书持有人、信赖人之间的义务，能够运用相关原理区分法律关系主体之间权利义务关系并且提供有效的救济途径。

【关键概念】电子认证；可信赖系统；法律关系

【引导案例】

随着网络技术的发展，某公司就用户因密码被盗等原因导致的“被捐款”事件频频发生。其相关负责人表示，经过与相关机构沟通决定，将全额退还此类非出自本人意愿的打款。同时，某公司方面梳理并发布了若干安全支付须知，其中包括合理使用数字证书、支付盾、口令等安全产品，呼吁用户提高安全意识。这次“被捐款”事件早在半年前就开始出现，一位网友曾发布截图称，他两个月没有使用过某公司支付工具，一次无意间登录发现其某公司账号曾在自己未登录时捐给了某绿化基金会一毛钱。随后不少有相似经历的网友跟帖响应，此类事件已发生多起，“被捐款”的数额从一角到几元、几十元不等。据了解，这类“捐款”疑是由木马、钓鱼网站等恶意攻击，导致账户密码泄露。支付盾与用户的某公司支付账户成对应绑定关系，申请使用后只有在计算机上插入与某公司支付账户相匹配的支付盾才能对资金进行支付、转账等操作，否则只能进行查询。支付盾内设置微型智能卡处理器，与用户身份认证、账户安全息息相关的数字证书便蕴含在其中。某公司“被捐款”事件被媒体踢爆后，业内人士普遍对电子支付系统中的电子签名认证安全现状表示忧虑。

本案涉及电子支付安全性的问题，以及发生此类事件之后如何承担责任的问题，这些事件如果引发司法救济如何处理？这正是本章要研究的内容。

数据电文的商业化应用，除了需要以电子签名作为认证手段之外，在开放的网络环境下，认证机构的服务也是必不可少的。与此同时，调整认证法律关系的规范，将成为电子商务法律制度，乃至普通商事法律中的基本内容之一。认证机构并不像在线当事人出售任何有形的商品，也不提供资金或劳动力资源。它所提供的服务成果，只是一种无形的信息，包括交易相对人的身份、公开密钥、信用状况等情报。虽然这些信息无法以具体的价格来衡量，它却是在开放型电子商务环境下进行交易所必需的前提性条件，并且是交易当事人很难自行获取的。与一般信息不同，认证机构所提供的是经过核实的、有关电子商务交易人所关心的基本信息，通常包括交易人是谁、在何处、以何种电子签名方式与之交易、其信用状况如何等。

因此，认证是一种专业化的信用服务，并非一般的实现某种商品使用价值的服务。认证机构对自己的用户，即利用数字证书进行交易的各方当事人，负有职业上的特殊义务。这种义务实际上是一种社会责任。认证机构对于信赖证书的交易人，应该承担公正信息发布义务，决不能因为未接受其服务报酬，而偏袒与之建立了服务合同关系的证书用户一方。任何一个认证机构都应该知道，证书信息的公正性是其业务存在的根本条件，否则，该认证机构就没有必要存在。另外从营业目的来看，认证机构属于公用事业，以向全社会提供电子商务交易信用为己任，并非单纯追求盈利的企业。其服务费用的收取，也只是以微利为原则，而不能受高额利润的引诱。作为一种特许的营业，认证机构的成功来自于规模化的经营业绩，而不能依靠向单个用户收取高额服务费来维持其经营。

第一节　电子认证概述

电子认证，是以特定的机构对电子签名及其签名人的真实性进行验证的具有法律意义的服务。它与电子签名关系密切，一些电子签名并不需要认证，如以生物识别技术生成的电子签名，可以直接根据签名人的生理特征就可以辨别电子签名的真伪。目前在各国电子商务或电子签名立法中确认的需要电子认证的电子签名一般是指数字签名。

作为第三方的数字签名认证机构通过给从事交易活动的各方主体颁发数字证书、提供证书验证服务等手段来保证交易过程中各方主体电子签名的真实性和可靠性。电子认证的日的是把电子签名和交易联系起来，确保对方得到的电子签名不是其他人假冒的。

一、电子认证的概念

电子签名的基本功能是将电子文件与其签署人紧密地联系在一起，较好地解决了身份辨别及文件归属问题，但是它并没有在陌生的商事主体之间建立起交易所需的起码的信用度。问题的解决方案是通过一个或几个值得信赖的第三方将被认定的签名或签名者的姓名与特定的公共密码联系起来。可信赖的第三方一般被称作为“认证机构”，在许多国家里，这样的认证机构按不同的层次构建起来，常被称作是公钥基础设施。

认证，是指特定认证机构对电子签名及其签署者的真实性所作的认证。认证机构通过向其用户提供可靠的在线证书状态查询，满足用户实时证书验证的要求，从而解决了可能被欺骗的问题。电子认证的最终目的就是为了在电子商务交易的当事人之间发生纠纷的情况下，提供有效的认证解决方法。信息发送人难以否认电子认证程序与规则，为交易当事人提供了大量的预防性的保护，避免一方当事人试图抵赖曾发送或收到某一数据信息而欺骗另一方当事人的行为发生。

当多个认证机构存在的时候，很难肯定公钥密码使用者所使用的认证证书是其信赖的认证机构所发放的认证证书。因此，为了获得该认证机构的公钥密码，该公钥使用者又需获得另一认证机构签发的证明该公钥密码的认证证书。通过这种方式，每一数字证书都与上一级的签名证书相关联，最终通过安全认证链，追溯到一个已知的可信赖的机构。

本书中所说的认证就是针对数字签名及其签署者的认证。但是，这绝不意味着本书所述的电子签名就是数字签名。在现实生活及未来发展中，电子签名所采用的技术手段和方案呈多样性特点，与之相应，电子认证所采用的技术手段和方案也是多样性的。正如电子签名不限于数字签名一样，电子认证也并非限于仅对数字签名进行认证。比如，电子签名既可采用数字技术生成数字签名，也可采用生物技术生成指纹签名，视网膜签名，还可采用其他电子技术生成诸如口令，识别标志等签名。那么，进行认证的方法就要求与被认证的对象严格对应，也完全可以采用相应的有关技术，手段和方法，如口令认证方法，基于智能卡的认证，生物特征检测法等。

二、电子认证的功能

电子认证是一种服务，其功能可表现在两个方面。

（一）担保功能

认证机构为用户颁发证书，必须证实以下情况：潜在用户与请求者与证书上所列的人是同一人；如果潜在用户是通过代理人行事，该用户适当地授权了代理人对其私钥享有监管权，并请求颁发相应的公开密钥证书；适当谨慎行事后，待颁发证书中的信息是准确的；潜在用户合法持有与待颁发证书上所列公开密钥相对应的私密钥；潜在用户持有能够用以创制数字签名的私密钥；证书上所列的公开密钥可以用于证实由潜在用户所持有私人密钥附加的数字签名。

通过发放认证证书，认证机构对所有合理信赖证书内信息的人承担一定的担保义务：签名人的身份；用以识别签名者的方法；在签发证书时，签名生成数据是由证书所列签名人控制；在签发证书之时签名生成数据有效；证书的效力状况等。

这样，通过中立的认证机构的信用服务，一方当事人可以相信与其进行交易的另一方当事人是真实可靠的交易人。

（二）预防功能

1. 防止欺诈功能

在开放型电子商务环境下，交易各方可能是跨越国境、互不见面的当事人，其间不仅缺少封闭型社区交易群体的道德约束力，而且发生欺诈事件后的救济方法也非常有限，即便有救济的可能，其成本也往往要超过损失本身，所以只有事先对各种欺诈予以防范，才是最明智、最经济的选择。

认证机构通过向其用户提供可靠的在线证书状态查询，满足用户实时证书验证的要求，从而解决了可能被欺骗的问题。如果甲与乙都是用户，认证机构的在线证书状态查询，就可以同时查询到二者的证书公开信息服务。该证书是包括用户姓名、公开密钥、电子邮件地址、证书有效期及其他信息的数字化的文件。认证机构还对每个证书都附加有电子签名，以证明证书的内容是可靠的。然而，无论用户多么小心谨慎，其私有密钥都有丢失或被盗的可能。一旦该类事件发生，遭受危险的私有密钥和与其相应的公开密钥，就不能再用来加密信息。为了应付这种危险状况，大多数认证机构都能提供作废证书表（CRL），以列举那些失效的密钥对。作废证书表的内容是经常更新的，对于广大用户来说，也是容易利用的。

2. 防止否认功能

不得否认原理是诚实信用原则在电子交易领域中的具体体现。该原理要求行为人在进行民事交往活动时，一方面应动机纯正，没有损人利己的不当或不法的主观态度，另一方面，在进行某种行为时，应符合道德惯例。因此，从这一角度看来，不得否认是诚实信用的基本要求，是实现交易安全问题的基本手段之一。

电子认证的最终目的就是为了在电子商务交易的当事人之间发生纠纷的情况下，提供有效的认证解决方法。信息发送人难以否认电子认证程序与规则，而信息接受人不能否认其已经接受到信息，这就为交易当事人提供了大量的预防性的保护，避免一方当事人试图抵赖曾发送或收到某一数据信息而欺骗另一方当事人的行为发生。

当然，电子认证是对数字签名及其签署者的认证，因而电子认证只有和数字签名结合起来，才能完成上述功能。

三、电子认证的操作程序

电子认证的具体操作程序为：发件人在做电子签名前，签署者必须将他的公共密钥送到一个经合法注册、具有从事电子认证服务许可证的第三方，即 CA 认证中心，登记并由该认证中心签发电子印鉴证明（Certificate）。然后，发件人将电子签名文件同电子印鉴证明一并发送给对方，收件方经由电子印鉴佐证及电子签名的验证，即可确信电子签名文件的真实性和可信性。由此可见，在电子文件环境中，CA 认证中心扮演的角色与上述传统书面文件签字（盖章）环境中的第三者（户政事务所）的角色有异曲同工之妙。CA 认证中心起到一个行使具有权威性公证的第三人的作用。而经 CA 认证机关颁发的电子印鉴证明就是证明两者之间的对应关系的一个电子资料，该资料指明及确认使用者名称及其公共密钥。使用者从公开地方取得证明后，只要查验证明书内容确实是由 CA 机关所发，即可推断证明书内的公开密钥确实为该证明书内相对应的使用者本人所拥有。如此，该公共密钥持有人无法否认与之相对应的该密钥为他所有，进而亦无法否认经该密钥所验证通过的电子签名不为他所签署。

四、电子认证的方法及分类

（一）认证的方法

认证和加密的区别在于：加密用以确保数据的秘密性，阻止对手对信息的捕获，如截取、窃听等。认证用以确保数据及其发送者的真实性，阻止对手对信息的更改，如篡改、冒充等。认证往往是许多应用系统中，安全保护的第一道防线，因而是极其重要的。

如果数据电信收发双方都是诚实的，则仅有相互认证就足够了。交易通信者之间，可以利用认证技术，验证对方的真实性和电信的完整性。但是由于收发双方共享保密的认证数据，如果收方不诚实，他便可以伪造发方的报文，使发方难以争辩。同样，发方也可抵赖，对方很难辨明。由于收方可以伪造，发方能够抵赖，则第三者便无法仲裁。为了避免这种情况的发生，电子商务技术人员开发了非对称加密和第三方认证系统，以利于在开放性的网络交易中应用。因此这种认证事实上是已经应用的电子技术与组织保障相结合的电子鉴别。

（二）认证的分类

就目前计算机已有的认证功能及认证对象来分，有以下几种。

（1）站点认证。为了确保通信安全，在正式传送数据电信前，应首先认定通信是否是在已定的站点之间进行，这一过程称为站点认证。这是通过验证加密的数据能否成功地在两个站点间进行传送来实现的。

（2）数据电信认证。这一认证方式必须允许收发能够确定：该电信是由确认的发送方发出的；该电信的内容有无篡改或发生错误；该电信按确定的次序接受；该电信传送给确定的收件方。经过站点认证后，收发双方便可进行数据通信。而电信认证是每个通信者能够验证每份电信的来源、内容、时间和目的地的真实性。

（3）身份认证。交易人的身份认证，是许多应用系统的第一道防线，其目的在于识别合法用户和非法用户，从而阻止非法用户访问系统，这对于确保系统和数据的安全和保密是极其重要的。用于身份认证的方法大致可以分为四类：验证他知道什么；验证他拥有什么；验证他的生理特征；验证他的下意识的动作特征。

按照目前认证机构提供的不同等级的服务来看，认证有以下四类。

（1）身份认证。将用户与其姓名等特定标志相联系，以区别于其他同类个体，它是网络交易安全的基本条件。

（2）授权认证。他确定的是个人的某种属性，而不是姓名。

（3）执行认证。执行证书可证明某一特定事实已经发生，并被人见证。

（4）时间标识。在文件中加上标识，可显示事实发生的时间。如果将之与其他加密方法结合起来，不仅可识别文件是否被修改，还可以辨别修改的时间。

依照认证的主体不同，可以分为双方认证和第三方认证两类。

（1）双方认证，又称相互认证。一般用于封闭性的网络通信，因为在此种情况下，通信各方相互了解，认证比较容易。

（2）第三方认证。由交易当事人之外的、共同接受的、可信赖的第三方进行认证。一般使用于开放型网络通信，或大规模的封闭型网络通信。

第二节　认证机构的设立及管理

一、认证机构概述

（一）认证机构的定义

在电子商务交易中，无论是数字时间戳服务，还是数字证书的发放，都不是靠交易的双方自己来完成的，而需要由一个具有权威性和公正性的第三方来完成。认证机构（CA）就是承担安全电子交易认证服务，签发数字证书，并能确认用户身份的服务机构。这里所讨论的CA，专指电子商务中对用户的电子签名颁发数字证书的机构，是受一个或多个用户信任，提供用户身份验证的第三方机构。

在电子商务系统中，所有实体的证书都是由证书认证机构即 CA 中心颁发并签名的。一个完整、安全的电子商务系统必须建立起一个完整、合理的电子商务认证体系。

简言之，认证机构就是用来解决公钥体系中公钥的合法性检验问题，它是承担网上安全电子交易认证服务，能签发数字证书，并能确认用户身份的服务机构。认证机构的主要任务，是受理数字证书的申请，签发数字证书，以及对数字证书进行管理。

电子认证服务机构是负责数字证书的申请、审核申请人身份、签发证书及管理证书等服务的专门机构。电子认证服务机构的设立需要具有符合安全标准的技术和设备及一定的专业技术人员。我国对电子认证服务机构实行许可制度，从事电子认证服务业务须经过国家信息产业主管部门的批准。

（二）电子认证机构发展现状

我国目前有区域电子认证服务机构，如北京数字证书认证中心、上海市电子商务安全证书管理中心；行业电子认证服务机构，如中国金融认证中心；其他城市电子认证服务机构，如武汉数字证书认证中心、深圳市电子证书认证中心等，这些机构的设立和运营，大大促进了信用体系的完善。

（三）认证机构的认证业务问题

（1）为了将密码组与潜在的用户联系起来，认证机构要颁发一个证书，这是一个包含证书申请者姓名和公共密码在内的电子记录。可以确定证书所识别的当事人持有相应的私人密码。一个证书的主要功能是将公共密码与特定的持有人相连。

（2）用数字签名签署证书并作准确的时间记录。为了确保证书来源和内容的真实性，认证机构应该用数字签名来签署它。对证书颁发机关在证书上的数字签名可以通过认证机构在另一个认证机构（这一机构不必是更高一级的认证机构）为其颁发的证书上的公共密码来确认。

一个与信息相关联的数字签名，不管是由确认信息的密码组持有人签署，还是由确认其颁发证书的认证机构签署，都应做准确的时间记录。以使确认者能够确信数字签名是在证书所证明的"有效证明期内"签署的。这是数字签名可认证性的前提条件。

（3）证书可以向社会公布。为了随时认证公共密码和其相应的持有者，证书可以通过储藏库或其他可以查取的途径来向公众公布。

（四）认证机构的特点

（1）认证机构必须是一个独立的法律实体。认证机构以自己的名义从事数字证书服务，以其自有财产提供担保，并承担一定的责任。这就需要法律对认证机构的法律地位作出明确的规定。

（2）认证机构还必须是中立性的。认证机构一般并不直接与用户进行商事交易，而是在其交易中，以受信赖的中立机构的身份，提供信用服务。它不代表交易任何一方的利益，仅发布公正的交易信息促成交易。因此，中立性，是其参与并促成与电子商务交易的重要保证。

二、认证机构的设立条件

与2005年颁行的《电子认证服务管理办法》相比，我国2009年颁行的《电子认证服务管理办法》更加规范和严格。电子认证服务机构应当具备下列条件。

（一）人员

认证机构的人员要求，可以分为两个方面，即关于机构发起人和关于从业人员方面的要求。由于两种人员的作用不同，承担的责任也不同，其具体要求也不相同。

（1）认证机构发起人的法律要求。认证机构，一方面要求其必须独立地承担因认证机构业务而产生的财产责任，另一方面，又必须具有从事信用服务的素质或资格。从规范内容中，可以看出，我国采用国际通行的做法，只允许法人机构作为认证机构主体。

（2）从业人员的法律要求。从事电子认证服务的专业技术人员、运营管理人员、安全管理人员和客户服务人员不少于三十名，并且应当符合相应岗位技能要求。对于从业人员的资格问题，我国从信用服务和技术服务两个角度对于人员的岗位技能作出规定，并且也将行业通行的惯例予以认可。

（二）设备

认证机构开展业务所必须具有的设备，包括硬件和软件两个方面。但它是一个变量，不宜以法律形式规定得过死，应该允许有一定的弹性。其具体标准，应该参照主管部门根据技术发展所作出的具体要求。

需要注意的是，认证系统标准的制定，应该既考虑与国际电子商务标准相协调，以避免造成人为的障碍，还需要在技术标准制定中，考虑公共安全的问题，比如对加密等安全产品的管制等。

（三）担保

认证机构的财产，除了营业所许的设备等财产外，主要表现在责任担保金方面，即根据企业物的规模和类型，向主管部门提供一定金额的担保。当认证机构因自身的过错，给用户或信赖方造成损失的时候，应依次担保负担赔偿责任。而三千万的注册资本金要求也体现出对于财产和责任保证金方面的要求。

（四）营业场所

认证机构的营业场所，一般是与其业务进行地是一致的。但从业务性质上看，由于认证机构是一种在线信息服务，其场地可完全不在业务开展地，即认证机构可以跨地区，乃至跨国从事业务。是否必须在所开展业务的地区都设立营业场所，是一个值得探讨的问题。从实践来看，政府部门一般都会要求有营业场所的存在，以便对它行使管辖权。

（五）信息公告栏（存储库）

从某种意义上看，认证服务本身是一种以交易人信用为内容的信息服务。所以信息公告栏的设置及其管理极其重要。认证机构必须自备信息公告栏，或加入某一权威的公告栏，以便开展认证业务。这是认证机构不可缺少的条件。因为有效用户的名单，数字证书颁发、中止、撤销等重要的信息，都必须发布于其中。公告栏是认证机构信息公开规则的具体实现方式，其设置是不可或缺的条件。

（六）认证机构的许可

认证机构获得许可的标志，就是主管部门向符合条件的发起人，颁发认证机构许可证。该许可证是其从事认证业务的法律文件，其中要明确颁发的机关、证书机构的发证数量及可靠程度的限制范围等事项。

三、认证机构的可信赖性

（一）可信赖系统的含义

作为可靠的第三方，认证机构当然应具有足够的可靠性。认证机构必须遵循严格的程序，使用适当的技术，以确保合理程度的安全性与可靠性。为了定义上述要求，各国电子商务立法引入了可信赖系统这一概念。可信赖性系统，应当由计算机软硬件及相关程序构成，这些组件是足够的安全，可以防止外来的入侵及滥用。它们具有合理的安全可靠性，可以随时提供适当的服务。不仅如此，还将坚持普遍接受的安全原则，并能履行预定的功能，从而达到可信赖系统的目的。

对于认证机构而言，对信息、物理及人员管理方面的安全要求，是保证可靠性系统的关键所在。法律应当直接规定应如何解决这些问题。但是，公开内部安全措施的细节问题，是有碍于安全的。因此，对这些安全措施及其相关的程序，应当单独保管，对其访问应当适当限制。

从可信赖系统的安全措施来看，所有的通信，特别是影响公钥基础设施安全的通信，都必须采取相应的安全措施，以抵御任何可能的入侵。物理设备也必须在物理上予以适当的保全。认证机构也必须制定和严格执行人员管理规定，确保安全管理人员具有相应的资格与素质，从而提供满意的服务。最为重要的是，认证机构必须使用安全可靠的系统来安全地生成及保管好其私钥密码，采取适当的措施，以防其丢失、泄露、篡改或被他人非法使用。

（二）可信赖系统的标准

联合国贸法会《电子签名示范法》第十条对“可信赖性”作了规定：在决定证明服务提供者使用的系统、步骤和人力资源是否具有可信赖性及可信赖的程度时，下列因素应该予以考虑：① 财力与人力资源，包括现有资产；② 软件与硬件系统的质量；③ 证书生成与申请的步骤及相关记录的保留；④ 证书所证明的签名者及潜在的相对方的有关信息的可获取性；⑤ 是否由独立的第三方进行审计及审计的程度；⑥ 规则采纳国已作出声明，存在一个鉴定机构，或者鉴定机构所确认的证明服务提供者；⑦ 任何其他相关因素。

当然，对于“可信赖性”，应当作灵活的理解。上面开列了一个在决定可信赖性时，应该考虑的因素清单，尽管它并未穷尽所有应当考虑的因素。该清单对可信赖性作了灵活的定义，其内容可随着情形的变化，而使产生的证书的预期值也有所改变。

（三）认证机构在可信赖系统中的责任

可以借鉴国际组织和各国电子商务法中的相关规定，具体主要有以下几项。

（1）认证机构有责任使用可信赖的系统以行使其职责，并披露相关信息，以确保认证机构的权威性和公正性。

（2）认证机构应依照认证业务操作规范颁发证书。

（3）认证机构有责任在收到申请人或其代表人的申请后暂停证书；同时，有责任在证书中存在重要虚假陈述或认证机构的认证系统存在严重影响其可靠性或有证据证明签名者死亡或消失或不复存在等情况下撤销证书。

四、认证机构的管理

电子商务认证，是涉及公众交易利益的信用服务，并非纯粹的商事交易，其正常运行离不开行政部门的管理。具体管理措施，主要体现在对认证机构制定规范和业务监督两个方面。

（一）制定规范

由于认证机构是网络环境下产生的新型交易中介实体，授权其管理机构根据实际需要，对认证行业制定规范，及时进行调整，是十分必要的。认证主管部门所制定的规范，体现在对电子签名法具体实施规则方面，如所使用的软件、硬件标准，数字加密技术标准等。这些实施细则，既要考虑到安全实用性，又要与国际标准相吻合，以保证使认证机构的设施和操作，随时都处于适当的标准要求之下，我国 2009 年出台的《电子认证服务管理办法》，对于电子认证制定了较为明确的规范。

（二）业务监督

主管部门业务监督的任务，比其规范制定工作更为繁杂，可分为审批许可、信息监督、审计监督三个方面。

（1）审批许可。包括审核发起人资格及创立条件，并颁发、中止或撤销其许可证书。这是针对认证机构营业资格而进行的。

（2）信息监督。认证主管部门的信息监督，本身也是一种信息服务，只不过此种服务的目的是为了对认证机构的监督而设置的。在信息监督方面，主管部门除了自备公告栏发布信息外，还应对经许可的认证机构的信息栏予以适时监督。因为证书用户不可能也没有精力对于公告栏中的信息的真伪进行调查，而应由主管部门专职进行。事实上，我国在近些年中，已经出现了针对网络诈骗活动的网上警察。

（3）审计监督。主管部门对认证机构的另一管理办法，是定期进行审计，并公布其结果，以利于阶段性的监督和审查。

第三节　认证机构的电子证书业务规范

一、认证证书的概念

（一）认证证书的含义

认证证书，又称数字证书（Digital Certificate，Digital ID），是认证机构颁发的数据电信或其他记录，是用来确认持有特定密钥的人或实体的身份（或其他充足的特征）的特定化信息。

数字证书可以用于电子邮件、电子资金转移、电子商务等许多领域。数字证书的内容包括：① 证书的版本号；② 数字证书的序列号；③ 证书拥有者姓名；④ 证书拥有者的公共密钥；⑤ 公共密钥的有效期；⑥ 签名算法；⑦ 颁发数字证书的单位；⑧ 颁发数字证书单位的数字签名。

参与电子商务各方持有不同类型的证书。一般来讲，数字证书有以下几种类型。

（1）客户证书：它仅仅为某一个用户提供数字证书，以便于个人在网上进行安全交易操作。它一般是由金融机构进行数字签名发放的，不能被其他第三方更改。

（2）商家证书：它是由收单银行批准，由金融机构颁发的，是对商家是否具有信用卡支付交易资格的一个证明。

（3）网关证书：它通常是由收单银行或其他负责进行认证和收款的机构持有。客户对账号等信息加密的密码由网关证书提供。

（4）认证机构系统证书：即各级、各类认证机构（如 RCA、BCA、GCA、CCA、MCA、PCA 等）所持有的数字证书。

公钥密码证书体系是由认证机构向众多的公钥密码用户发放证书这一机制来运作的。每一个证书中包含公共密码值及证书对象的其他相关信息。该证明对象，是持有相应的私人密码的个人、设施和其他实体等。

认证证书体系的最大特征在于：认证证书的传递，可以通过提供保密性、真实性与完整性的安全服务的通信方式来进行，它不同于传统的方式。对于公钥密码来说，保密是没有意义的。因此，一般说来，认证证书是不需要保密的。而且，认证证书也不需要真实性识别及整体性检验，因为，认证机构的数字签名，本身就能提供来源真实性鉴别及整体性检验。假如某入侵者在认证证书发布的途中，对该证书的内容进行篡改，公钥的使用者在校验认证机构的数字签名时，即可察觉该内容的篡改。因此，公钥密码证书，甚至可以通过非保密渠道进行传送，而不会遭受破坏。

二、证书的等级

在证书业务中，存在着根据用户不同的需求而提供不同服务等级的实践。认证机构一般根据证书的等级、证书政策，标明其可提供的不同的选择性的服务。在认证机构框架范围内，可能存在多重或多个认证机构，每个机构都支持一种或多种程度的服务。认证机构为特定服务程度颁发的证书，可能通过增值网对不同网络社区有所区别。

证书的等级与认证机构所承担的责任范围有紧密的联系，所以应当成为认证服务合同的必要条款，或者作为认证业务声明的一项重要内容，以使用户对之有清楚的了解。

三、证书申请

在认证机构向用户颁发证书之前，用户须向认证机构进行登记，该登记一般是通过填写提交证书申请表来完成的。登记涉及用户与认证机构之间关系的确立，并将用户的基本信息在认证机构进行登载。

对于证书的发放，可以进行更新申请，或撤销后再申请。而对于申请来说，用户可以撤销证书发放的申请，认证机构可以明确撤销认证请求的条件，以及其处理撤销请求的程序等。

四、证书的颁发

证书的颁发，是认证机构的基本业务内容之一，同时也是认证机构与证书用户及信赖证书的交易人之间，建立信用服务于信赖关系的起点，因此意义重大。所以世界很多国家在有关认证法律文件中都作了相关的规定，如联合国贸法会的《签名示范法》、新加坡的《电子交易法》。

（1）颁发认证证书的条件。一般而言，如果认证机构收到签名人要求颁发的请求，并且自己或通过授权机构证实以下内容，即应向未来的签名人颁发证书：该申请人是即将发布证书中载明的个人或实体；发布证书中的信息准确无误；申请人正确持有与证书内载明的公钥相符并且能创设数字签名的私钥；证书内载明的公钥用于证实附随于潜在签名人持有的私钥生成的数字签名。

（2）认证机构在证书颁发中的义务。认证机构通过颁发证书，不仅与用户之间产生了私法上的义务，同时也对不特定的信赖人，就其所颁发的证书，做出了信用担保宣示。认证机构与证书信赖人之间的具体权利义务关系，实际上是以证书的具体内容而决定的。

在颁发认证证书之前，认证机构应当查清持有与证书中登载的公钥密码相对的私人密码的持有人、设施或实体的身份情况。一般说来，认证机构或其所委托的其他实体，必须对申请人或设施或实体的显著特征进行辨认识别。认证机构只有在符合所有规定条件时，才可向用户颁发证书。

五、证书的接收

证书的接收与证书的颁发相对应，对于接收证书的用户来说，具有重要的法律意义。一方面通过证书接收，用户对其证书享有了支配权、使用权，另一方面，自接收时起，就要承担作为证书拥有人的法定义务。接受证书是指证书申请人了解证书的内容后，同意使用证书的行为。当证书用户接受证书以后，认证机构应及时将此情形予以公布。通过公布认证证书的方式，实际上是向外界表明，用户已经接受证书这一事实。

六、证书的效力

是指与证书服务关系中当事人所应遵守的义务，以及违反该义务的责任相联系的。首先，在证书的颁发、使用中，认证机构与证书用户都应履行自己的义务，从认证机构方面看，应认真核实用户身份等方面的资料，及时中止、撤销有瑕疵的证书等。从用户方面讲，则应如实陈述知情事实、妥善保管私密钥等。其次，在责任方面，认定机构对所颁发的证书，起码应在建议的可靠程度内对信赖人承担责任；而证书用户，则应对私密钥的妥善保管负责任。

七、证书的中止

中止证书，即是使某一证书停止继续产生效力，但并非永久性地撤销该证书，而只是临时地使之在某段时间内不具有有效性。由于使认证证书停止生效，对于任何信赖证书内容的相对方说来，会产生不利影响。因此，它只是在特殊情形下使用的特别措施。

八、证书的撤销

证书的签发是有限制的，通常标示在证书的签署部分，指示了起始与期满的时日，有效期的长短，是以认证机构颁发证书时的条件决定的，一般从几个月到几年不等。当证书签发以后，一般说来，期望在整个有效期内都有效。但是，在有些情况下，用户必须在有效期届满之前，停止对证书的信赖。这些情况包括：用户的身份变化，用户的密钥遭到破坏，或非法使用等情况，此时，认证机构就应撤销原有的证书。由于存在证书撤销的可能，因此，证书的应用期限，通常比预计的有效期限短。

九、证书的保存

证书的保存和使用，是证书发挥作用的基本途径。其保存方式除了存放于数据库外，对于证书资料的公开部分，其方式主要是发布于信息公告栏。如此，既可妥善保存，又可让证书信赖人随时查阅，以达到充分利用、促进交易的效果。关于保管的期限，可参考档案保管分类定期，以便充分利用数据库资源。

认证机构必须有证据证明，自己按要求完成了适当的业务行为，并且，能在事后对依据其证书所从事的交易，提供不得否认的支持。因此，认证机构应当披露其所保存的关于其服务的各种重要记录。

十、认证机构的自身管理规则

认证机构的自身管理规则，是与证书业务配合的、针对机构内部本身的活动而构成的规范，没有这些规范的约束，其对外业务的质量将无法保证。具体来讲，其主要规则大致有以下几个方面。

（一）机构记录之披露

为了防止假冒，标示合法性，认证机构应该向社会公开其从业资格及其重要的业务记录，以便受到公众的监督和协作，这一要求类似于上市公司信息披露义务。同时，在实践中认证机构并不是将自身所有的证书材料都一览无余地全部公布，而是如同普通用户的证书资料一样，包含有三类不同类别的信息，即必须披露的、可选择披露的和秘密保存仅供特定人查阅的信息。其中除了选择披露的信息是由认证机构依据自身业务决定外，其余两种信息的发布，是有法律规定必须遵守的。

（二）机构之危险活动的禁止

无论以何种方式，认证机构规定的义务与责任，都无法涵盖未来可能发生的风险，特别是随着技术的升级，一些技术性的内容缺乏可控性。因此涉及公众交易利益的信用服务机构，有必要制定一些概括性的义务，以便利用该条款的弹性优点弥补规范上的遗漏或失效。这就是认证机构从业禁止条款产生的必要性。

（三）机构的终止与接收

认证机构是一种营业性实体，它虽然不像自然人一样有相对确定的预期寿命，但也同样有以设立、终止为标志的生存期限。由于认证机构的业务涉及公众的利益，是一般交易的基础条件，其业务的终止，不能像一般的盈利性企业一样，可以在清算之后完全结束，而应该建立持续运营机制。

第四节　电子认证法律关系

一、认证机构业务的性质

认证机构并不向在线当事人出售任何有形商品，也不提供资金或劳动力资源。其所提供的服务成果，只是一种无形的信息，它包括了交易相对人的身份、公共密钥、信用状况的情报。可以将它视为一种信用服务，它与目前存在的信用评级公司所从事的业务有着一些相似的地方。所不同的是，后者广告作用更加明显，当事人自愿采纳，评级公司不负有法律责任。而认证证书内的信息，则是经过核实的真实材料，并且认证关系的直接当事人，即认证机构和证书用户，应共同对证书的信息的真实性负法律责任。

二、认证法律关系各方当事人

在开放型的电子商务环境下，电子认证机构一般是以中立的、可靠的第三方当事人出现，为交易双方或多方提供服务的。因而，在认证法律关系中至少有买卖双方及认证机构参与。换言之，认证法律关系一般涉及三方当事人：认证机构，证书持有人（或称证书用户）和证书信赖人（或称相对方）。在有些复杂的交易或服务关系中，交易当事人可能会更多些。如在以信用卡在线电子支付的交易中，即以安全电子交易协议进行的交易中，认证机构不仅要向买卖双方相互间提供身份认证，而且还要对发卡银行，收付机构四方当事人之间提供认证服务。

三、认证机构与当事人各方的关系

（一）与证书持有人之间的关系

在国内一些著作中，对于认证关系的性质有着诸多的争议，一些观点认为：着眼于认证机构应当对用户负有的注意义务，认为该项关系属于信托性质；一些观点认为就其电子商务形式交易中的认证，应该属于专业信用服务。本书同意将这种服务性质纳为特殊行业的特殊服务性质，同时这样的特殊服务符合合同法原理，该类合同属于双务、有偿、要式合同。近些年来，一些国家尝试将这一形式认定为新型的有名合同。我国也可以采用这种立法体例，对于合同法进行相应的修改。

（二）与证书信赖人之间的关系

证书信赖人，是指相信电子签名证书，并以该证书上所确定的证书拥有人为交易对方而进行交易的当事人。证书信赖人本身可能是，也可能不是认证机构的用户，他与认证机构要比用户与认证机构之间关系更为复杂。当证书信赖人不是认证机构的用户时，他与认证机构之间并没有服务合同存在。但是，当其利用证书而与证书用户交易时，却又成为证书服务关系中的对象，并且认证机构在特定情况下还要对其承担责任。在开放网络环境中，认证机构与证书信赖人之间的关系，大致可以有如下几种。

（1）社区认证服务型。即交易双方当事人均为某认证机构的证书用户，这种关系完全可以按照服务合同进行处理。

（2）单方证书用户型。此时，非证书用户是证书的信赖人，这种关系多出现于消费型交易中消费者没有登记为证书用户的情况。对于证书信赖人而言，以认证机构的特殊义务，而与认证机构之间形成了特殊的信用服务关系。

（3）交叉认证关系。此种情况是指双方都是认证机构的证书用户，但是证书是由不同认证机构分别颁发的。交叉认证多发生于国际贸易中，一般地，本地认证机构在经过交叉认证后，要替对方的认证机构，对自己的证书用户负信赖证书的责任，同时还需要国际认证机构之间关系的协调。

（4）混合认证关系。是指认证机构是主营其他服务的，而认证服务只不过是其一项衍生业务。如金融机构颁发给用户的数字证书，同样可以用于在线交易。或者如银行在提供给其认证服务的同时，还提供支付、结算等服务。这一种服务关系情况比较复杂，在分析此类案例时，应注意辨别不同性质的关系及其规范的适用。

四、认证机构及各方当事人的义务

（一）证书持有人（证书用户）的义务

在认证关系中，证书拥有人是认证机构的用户，是接受认证服务的一方。他除了应履行一般的支付服务费用的义务外，还履行一些与认证服务关系的特性相应的义务。

就认证机构的用户来说，其应当承担以下几项义务：① 真实陈述义务。就请求发放证书时提交的有关重要信息的真实性负担保义务。② 接受证书后，用户向认证机构承担补偿其在颁发证书或公布证书中所遭受的任何损失或损害的义务。③ 私密钥控制义务。一旦接受认证机构签发的认证证书，证书中所指明的用户则应承担合理注意义务，保密私人密码，防止将其披露给其他任何未经授权限制用户数字签名的人。

（二）证书信赖人的义务

证书信赖人对于交易相对人的电子签名证书的使用，一般应在所建议的可靠程度内给予信任，并以此进行交易。但这只是一种任意选择权，作为证书信赖人的交易一方，可作出自己的判断，并承担相应的法律后果。相对方（签名信赖方）应当采取适当的行为，以确保相对方对该证书信赖是合情合理的。① 采取合理的步骤确认签名的真实性；② 在电子签名有证书证明的情况下，采取合理的步骤确认证书是否合法有效，是否被中止或撤销。认证中心就其证书的签发，需对所有合理信赖证书内容的人，保证信息正确、证书的全部重要信息已披露、申请人已接受该证书及该机构系遵守所有签发证书的法律规定而签发证书。如果认证机构违反上述法定义务，使证书信赖方因信赖行为遭受损失，认证机构必须承担侵权责任。但如果认证错误是由于无法预料的技术原因造成或认证机构已采取法律规定的合理可行的预防措施仍不可避免，则认证机构对信赖方的损失不承担责任。

（三）认证机构在认证法律关系中的义务

总体说来，认证机构的义务大致可以以如下几个方面为原则：安全、真实、及时、公开、谨慎、保密等。在具体的认证机构义务中，可以从如下几个方面考虑。

1. 可信赖系统的义务

认证机构在提供证书服务时应保证其使用可信赖系统。电子认证服务应该对认证证书持有人的信息的真实、完整和准确负责。电子认证服务提供者收到电子签名认证证书申请后，应当对申请人的身份进行查验，并对有关材料进行审查。

电子认证服务提供者应当制定、公布符合国家有关规定的电子认证业务规则，并向信息产业主管部门备案。电子认证业务规则应当包括责任范围、操作规范、信息安全保障措施等事项。电子认证服务提供者应当保证电子签名认证证书内容在有效期内完整、准确，并保证电子签名依赖方能够证实或了解电子签名认证证书所载内容及其他有关事项。

2. 担保义务

在签发证书过程中，认证机构需向用户及信赖的相对方作出种种陈述，与之相应，认证机构应对其所作的陈述承担相应的保证义务。

3. 持续义务

认证机构还应向用户承担持续的义务。除非用户与认证机构另有约定外，认证机构因发放证书而向用户保证：① 如有规定的情形，则应立即中止或撤销证书；② 一旦证书发放以后，如认证机构知悉任何严重影响证书有效性或可靠性的事件，应在合理的时间内及时通知用户。电子认证服务提供者拟暂停或终止电子认证服务的，应当在暂停或终止服务九十日前，就业务承接及其他有关事项通知有关各方。电子认证服务提供者拟暂停或终止电子认证服务的，应当在暂停或终止服务六十日前向信息产业主管部门报告，并与其他电子认证服务提供者就业务承接进行协商，作出妥善安排。电子认证服务提供者未能就业务承接事项与其他电子认证服务提供者达成协议的，应当申请信息产业主管部门安排其他电子认证服务提供者承接其业务。电子认证服务提供者被依法吊销电子认证许可证书的，其业务承接事项的处理按照信息产业主管部门的规定执行。

4. 诚信义务

如果认证机构持有与其颁布证书中公共密码相对应的私人密码，则该机构应如证书中指定的用户的信托人一样，负谨慎勤勉的义务；除非用户与认证机构之间，就私人密码的使用另有明确的书面形式的约定，否则，如果没有用户事先的书面同意，认证机构不得使用该私人密码。提供的证书信息真实、准确、完整的义务；电子签名人向电子认证服务提供者申请电子签名认证证书，应当提供真实、完整和准确的信息。电子认证服务提供者收到电子签名认证证书申请后，应当对申请人的身份进行查验，并对有关材料进行审查。

五、认证机构的相关法律责任

（一）证书责任的基础和性质

所谓责任产生的基础，是指依据何种法律关系而产生证书责任。毫无疑问，认证机构对于证书用户承担的是合同责任。因此，在此种情况之下，认证机构所承担的是违约责任。

然而，就认证机构对证书信赖人的责任来说，其基础就不同了，因为他们之间事先并不存在合同关系。认证机构对证书信赖人的责任，是因其职业义务而产生的。换言之，从事认证服务的证书机构，必须对全社会保证其证书中所载信息的真实和可靠性。这是一种法定义务，并非纯粹的合同义务。否则，电子商务环境下的信用制度，根本无法建立。

各国的现行立法，通常将过错责任原则作为认证机构对信赖人责任的归责原则，从而排除了无过错责任的适用。因为认证机构的加害行为，与现代工业化灾难致人损害相比，其危害性要小，且只是财产损失，一般不会直接造成信赖人人身伤害，往往是假冒方利用错误证书进行欺诈，而使受害方财产受损。若采用无过错责任，则对认证机构显得过于严厉，以至于将会挫伤其拓展业务的积极性。除违反法定义务之外，证书责任的承担，还需要具备两个重要的要件：即交易的进行和损失的发生，并且其交易额没有超出证书建议的可信程度的范围。

（二）认证机构的责任分配

认证机构的责任限度，实际上是交易风险的具体分配问题，其理论支点主要有两个，即各方当事人利益上的权衡和公平理念的满足。目前在认证机构责任上，一般采取的是限制责任。但是也有一些反对意见，认为这样会损害消费者的利益，挫伤其参与电子商务的热情，最终将阻碍在线业务的发展。

在实际情形中，由于电子商务交易中认证服务作为保障力量，其行为直接影响到信赖方利益，且从技术和掌控能力而言，处于相对优势地位，因此要求认证服务提供者尽最大程度的注意义务，否则应该承担责任。因此，在《电子签名法》中，对于认证服务机构的归责适用过错推定责任原则，也透露了立法者对于认证服务机构归责导向。

一般而言，若损害是由于当事人自己的行为所引起的，比如证书用户的个人密钥丢失没有及时通知认证机构引起的损失，用户提供的证书信息虚假问题出现的损失，用户非法使用证书产生的损失等，则由参与电子商务活动的各方当事人对其责任范围内发生的各项损害承担赔偿责任。若认证机构证明自己已经尽到了最大程度的谨慎注意义务，则认证机构不承担责任。对于判断合理谨慎注意的标准，主要包括认证机构是否制定完善的认证业务操作规范和内部管理制度，是否使用合格的软硬件设备和相应的从业人员，验证认证证书上记载信息的真实性等，认证机构如不能证明自己的行为无过错的，就由认证机构承担损害赔偿责任。因此，按此方法可以较合理地调整认证机构所承担的责任。

认证责任矛盾的化解办法。考虑到证书信赖人的保护的问题，从法律上规定认证机构的责任及其限度是必要与可行的。如果听任认证机构以合同形式处理与证书用户之间的风险责任问题，就可能出现极其不利于用户的格式合同，从而损害弱小用户的利益。然而，在线认证机构毕竟是新生的实体，其风险程度还未完全预知，并且相应的保险种类也尚未建立。其风险的公平分配，尚有待于电子商务市场的成熟、保险业务的配套，而并不是靠立法者灵感迸发所能解决的。以下是实践中能够细化服务提供和责任承担的弹性条款，具有较强的参考价值。

1. 合同约定风险等级方法[①]

从认证机构与用户对证书的实际应用而言，存在着以合同形式限制自身责任的可能性。譬如，Verisign 公司已经建立了三种用户等级。对于第一等级，用户只能依赖其做网页浏览和个人电子邮件，在这种环境下只是稍微增加了安全。第二等级的持有人，使用更为详细的证明证书用于组织内的电子邮件、小额及风险的交易、个人之间的电子邮件、口令更改、软件确认及在线订购服务。第三等级适用于电子银行、EDI、软件确认及基于会员的在线服务。用户通常不想让其证书的使用超过不必要的风险等级。如果只是上网浏览的话，拥有一个能够使个人受长期合同约束的证书，是不明智的。电子签名立法者应考虑到这个事实，并不是所有的认证证书签名者，都应有相等的约束力。

用户可以把以下几种选择性条款加进证书中：① 本证书不能用于有效签署一年以上的合同；② 本证书不能用于不动产交易；③ 本证书只能用来辨别用户的身份，不能用于签署合同。如果证书以此种约定风险等级的方式予以限制，可将现有的两种证书签名推定转化为按等级评价，使交易的签署，只能在证书签名所能支持的具体交易范围内进行。这符合用户的实际需要，同时在操作中也是实际可行的，它可以避免简单的是与否之间的两难推定，形成证书

① 张楚. 电子商务法. 北京：中国人民大学出版社，2001.

等级与交易范围相结合的多元化的责任分配体系。

2. 连带补偿保护信赖人的方法

由于证书中的信息，是经过核实的真实材料，认证关系的直接当事人，即认证机构和证书用户，应共同对证书信息的真实准确有效负有法定的义务，如果违反了义务，并由此造成了信赖人的损失，也应该对信赖人负有法律责任。对于信赖人的赔偿责任，应由认证机构先予支付，然后再进一步向签名人追偿。因为信赖人是基于对认证机构的信任，而与签名人进行交易的，况且其不掌握签名人更详细的资料，处于十分不利的地位。相反，认证机构居于专业性服务机构地位，不仅掌握签名人的资料，而且负有核实的义务，因此，虽然最终责任可能在证书的使用人，但有认证机构负连带责任是核实的，这是保护信赖人的有力措施之一。

3. 认证机构的责任限制

应该给予认证机构在民事赔偿方面以必要的责任限制。例如，一方面，如果认证机构对证书的签发有过错（如证书中存在某些错误陈述）且给当事人造成了损失，则认证机构的损失赔偿额将以证书中载明的金额为限。之所以给予认证机构以赔偿金额限制，目的是使认证机构承担的风险相当于银行发行自动柜员机卡或信用卡所承担的风险而不是更大。在电子商务的起步阶段，为扶植认证机构的发展而给予其某些特别保护，也无可厚非。另一方面，在认证机构签发给当事人的证书被盗并被他人用以欺诈的情况下，如果欺诈是在当事人将证书被盗的情形通知认证机构之前发生的，则认证机构对当事人因欺诈而导致的损失不负责任。

由于用户使用数字证书参与电子商务活动所涉及的商品交易的数额是巨大的，一旦认证机构的认证活动出现了差错，所造成的损失也将是极为严重的。相应的，认证机构要承担相当大的损害赔偿责任，这就意味着认证活动是一个高要求高风险的活动，人们很可能就因为这种高风险而不愿意从事这种活动。但是，电子商务的有效运作离不开认证机构，没有认证机构，电子商务交易的安全性就无从得到保障，当事人对交易对方的信任也无法建立，整个电子商务活动就会因为得不到人们的信任而无法进行下去。因此，考虑到消费者保护的问题，从法律上规定认证机构的责任及其限度是必要的，也是可行的。其限度的确定依赖于业务实践中几方的协商，同时也应该努力建立相应的保险制度。从而既保证了当事人的权益，同时又不至于影响到电子商务的发展。

除民事责任以外，我国《电子签名法》还规定了行政责任和刑事责任。对于服务提供者未在暂停或终止服务前向信息产业主管部门告知的，以及未经许可提供电子认证服务的均规定了详细的行政责任。同时由于电子认证服务业监督管理的工作人员实施违法行为，应依法给予涉案人员行政处分；构成犯罪的，依法追究刑事责任。

本章小结

数据电文的商业化应用，认证机构的服务是必不可少的。电子认证，是以特定的机构对电子签名及其签名人的真实性进行验证的具有法律意义的服务。其功能表现在两个方面：担保功能和预防功能，主要为防止欺诈和否认。电子认证分类有多种，按照认证功能及认证对象来分，分为站点认证、数据电信认证和身份认证；按照目前认证机构提供的不同等级的服务来看，可以分为身份认证、授权认证、执行认证和时间标识；依照认证的主体不同，可以分为双方认证和第三方认证两类。

认证机构（CA）就是承担安全电子交易认证服务，签发数字证书，并能确认用户身份的服务机构。我国对电子认证服务机构实行许可制度，从事电子认证服务业务需经过国家信息产业主管部门的批准。认证机构的设立条件有人员、设备、担保、营业场所、信息公告栏（存储库）、认证机构的许可六个方面。

认证机构在可信赖系统中的责任有：有责任使用可信赖的系统以行使其职责，并披露相关信息，以确保认证机构的权威性和公正性；应依照认证业务操作规范颁发证书；有责任在收到申请人或其代表人的申请后暂停证书；同时，有责任在证书中存在重要虚假陈述或认证机构的认证系统存在严重影响其可靠性或有证据证明签名者死亡或消失或不复存在等情况下撤销证书。

认证机构的管理包括制定规范和业务监督。认证机构的自身管理规则包括机构记录之披露、机构之危险活动的禁止、机构的终止与接收。

认证法律关系一般涉及三方当事人：认证机构，证书持有人（或称证书用户）和证书信赖人。认证机构及各方当事人的义务包括：证书持有人的义务包括真实陈述义务、向认证机构承担补偿遭受的任何损失或损害的义务和私密钥控制义务。证书信赖人的义务包括：采取合理的步骤确认签名的真实性；在电子签名有证书证明的情况下，采取合理的步骤确认证书是否合法有效，是否被中止或撤销。

认证机构的义务包括可信赖系统的义务、担保义务、持续义务和诚信义务。证书责任的基础为对证书用户承担的合同责任，认证机构所承担的是违约责任。认证机构的责任分配需要考虑各方当事人利益上的权衡和公平理念的满足。具体可以考虑合同约定风险等级、连带补偿保护信赖人和认证机构的责任限制的方法。

课后练习

复习思考题

1. 简述认证的作用与分类。
2. 认证机构的特点有哪些？
3. 简述认证业务规范的效力。
4. 简述认证服务机构的义务。

第七章

电子合同法律制度

【学习目标】通过本章的学习，使学生掌握电子合同的概念和特征，在理解电子合同的性质和地位基础上，运用相关专业知识分析电子合同的订立、成立及生效，能够清楚地区分电子合同中各个数据电文的证据效力，并根据具体案件的性质确定其法律效力。

【关键概念】电子合同；点击合同；电子错误

【引导案例】

2011 年 3 月 31 日，刘某以“Jaliseng”为用户名在交易平台注册，成为某网站的用户，由某网站为刘某提供免费的网络交易平台服务。2011 年 7 月 1 日，该网站开始向用户收取网络交易平台使用费，并于 9 月 18 日发布了新的《服务协议》供新老用户确认，该协议对用户注册程序、网上交易程序、收费标准和方式及违约责任等作了具体的约定。此后，刘某确认了某网站的《服务协议》，并继续使用某网站的网络交易平台，但至 2012 年 9 月 24 日，刘某尚欠某网站网络平台使用费 330 元，为此，网站诉至法院，要求刘某支付网络平台使用费、赔偿律师费用。刘某则认为，《服务协议》长达 67 页，过于冗长，致使用户不能阅读全文，故用户不应受该协议的约束。

本案涉及的主要法律问题是如何确认网络服务合同的成立。某网站与用户刘某服务关系的建立，系基于网站的《服务协议》。这份《服务协议》系网站在平台上单方公布的，它作为一种合同的形式和传统意义上的合同显然有着很大的区别。从严格合同的意义上而言，这份《服务协议》是一份格式合同和点击合同。从本案双方合同的成立来看，网络服务合同的成立与传统的合同成立完全不同，一是因为本案的网络服务合同是一种单方的格式合同；二是因为网络服务合同不是双方直面协商、签字成立的合同。那么，网站单方提出的《服务协议》是否属于网络服务合同，它与传统意义上的合同有何区别？这是本章要解决的问题。

第一节　电子合同的概念与特征

一、电子合同概述

（一）合同概述

1. 合同定义

在合同法理论上，合同又称契约，其本意为“共相交易”。然而，究竟应该如何给合同下定义，在大陆法系和英美法系中一直存在着不同的看法。大陆法系认为合同是一种合意或协议，如《法国民法典》第 1101 条规定：“契约是一种协议，依此协议，一人或数人对另一人或数人负担给付、作为或不作为之债务。”英美法系则注重合同是一种许诺，这种许诺如果具备一定条件，通常是另一方承诺具有象征性对价时，法律将给予保护。如美国《第二次合同法重述》规定：“契约为一个或一组允诺。违反此一允诺时，法律给予救济；或其对允诺的履行，法律在某些情况下视之为一项义务。”《中华人民共和国合同法》（以下简称《合同法》）将合同视为反映交易的法律形式，根据《合同法》第 2 条规定：“合同是平等主体的自然人、法人、其他组织之间设立、变更、终止民事权利义务关系的协议。”可见，合同反映了双方或多方当事人意思表示一致的法律行为。在市场经济条件下，绝大多数交易活动都是通过缔结和履行合同来进行的，而交易活动是市场活动的基本内容，无数的交易构成了完整的市场，因此，合同关系是市场经济社会最基本的法律关系。

2. 合同条款

合同条款是合同条件的表现和固定化，是确定合同当事人权利和义务的根据。从法律文书而言，合同的内容是指合同的各项条款。因此，合同条款应当明确、肯定、完整，而且条款之间不能相互矛盾，否则将影响合同的成立、生效和履行及实现订立合同的目的，所以准确理解条款含义有重要作用。

1）当事人的名称或姓名和住所

当事人是指在合同中权利和义务的承担者或享有者。如果当事人是自然人，其住所就是其户籍所在地的居住地；自然人的经常居住地与住所不一致的，其经常居住地视为住所。如果当事人是法人，其住所是其主要办事机构所在地。

2）标的

标的是合同权利义务所指向的对象，是一切合同必须具备的主要条款。合同中应清楚地写明标的的名称，以使其特定化。特别是作为标的的同一种物品会因产地的差异和质量的不同而存在差别时，更是需要详细说明标的的具体情况。

3）数量

合同双方当事人应选择共同接受的计量单位和计量方法，详细列清标的的数量，并允许规定合理的偏差。

4）质量

标的的质量一般由双方当事人自行约定，也可以参照国家标准、行业标准或合同的特定用途，如优等品、国家标准生产之产品等，一般是指标的物的物理和化学成分、规格、性能、款式等。

5）价款或报酬

价款是购买标的物所应支付的代价，报酬是获得服务应当支付的代价，这两项作为合同的主要条款应予以明确规定。在大宗买卖或对外贸易中，合同价款还应对运费、保险费、装卸费、保管费和报关费作出规定。

6）履行期限、地点和方式

履行期限、地点和方式是指当事人履行合同义务或行使合同权利所规定的具体时间、具体履行地点和相关方法。当事人可以就履行期限是即时履行、定时履行还是分期履行作出规定，对履行地点是在出卖人所在地、还是买受人所在地，以及履行方式是一次交付，还是分批交付，适用的运输方式等应作出明确规定。

7）违约责任

违约责任也称为违反合同的民事责任，是指合同当事人因不履行合同义务或履行合同义务不符合约定，而向对方承担的民事责任。违约责任与合同债务有密切联系。当事人可以在合同中约定违约致损的赔偿方法及赔偿范围等，也可约定违约行为的补救措施，以便降低具体损失。

8）解决争议的方法

当事人可以约定在双方协商不成的情况下，是仲裁解决还是诉讼解决买卖纠纷。当事人还可以在不违反法律强制性规定的前提下，约定解决纠纷的具体仲裁机构或诉讼法院。

上述条款涉及合同当事人的具体权利和义务，对合同的订立、履行及违约赔偿责任有着直接的影响，一般称为合同的必备条款或主要条款，在合同中一般应予以明确约定。另外，合同条款还可能根据合同性质及内容的不同，有次要条款或非必备条款，如根据（合同法）第 131 条的规定，买卖合同的内容除依照上述规定以外，还可以包括包装方式、检验标准和方法、结算方式、合同使用的文字及其效力等条款。

（二）电子合同概述

电子合同（Electronic Contract），是指通过 EDI 或 E-mail 等数据电文方式拟订电子合同文本，本质是以可读形式储存在计算机磁性介质上的一组数据信息。该数据信息首先通过一方计算机键入内存，然后通过通信网络或互联网到达对方计算机内存中或储存在计算机磁性介质上，形成实质的合同。电子数据信息和纸质形式存在很大的区别，因此也被称为“无纸合同”。目前我国对电子合同尚未作出明确的法律定义，世界各国在其有关电子商务的立法中也没有一个权威性的统一解释。联合国《电子商务示范法》第 2 条规定：“‘数据电文’系指经由电子手段、光学手段或类似手段生成、储存或传递的信息，这些手段包括，但不限于电子数据交换（EDI）、电子邮件、电报、电传或传真。”[①] 我国《合同法》第 11 条规定：“书面形式是指合同书、信件和数据电文（包括电报、电传、传真、电子数据交换和电子邮件）等可以有形地表现所载内容的形式。”根据联合国《电子商务示范法》及世界各国所颁布的电子商务（交易）法，同时结合我国《合同法》的有关规定，本书认为，电子合同是平等民事主体之间通过电子信息网络，主要以电子数据交换形式设立、变更、终止财产性民事权利义务关系的协议。

二、电子合同的特征

合同作为一种法律概念，有广义与狭义之分，这里所说的合同是指受《合同法》调整的合同，具有如下法律特征。

（1）合同是两个以上法律地位平等的当事人意思表示一致的协议。

（2）合同以产生、变更或终止债权债务关系为目的。

（3）合同是一种民事法律行为。

本书认为，电子合同是一种民事法律行为，是双方或多方民事主体的法律行为，当事人之间以电子的方式设立、变更、终止财产性民事权利义务为目的，当事人之间签订的这种合同是合同的电子化，是合同的新形式。它与传统合同所包含的信息大体相同，即同样是对签订合同各方当事人的权利和义务作出确定的文件，其成立同样要具备要约和承诺两个要件。在订立电子合同的过程中，合同的意义和作用并没有发生改变，但其签订过程和载体已不同于传统的书面合同，其形式也发生了很大的变化。作为一种崭新的合同形式，电子合同与传统合同仍然有一些具体不同，通过将电子合同与传统合同进行比较，可以清楚地看到它的特征。具体分述如下。

（一）载体不同

电子合同是通过计算机和网络，以数据电文的方式订立的。在传统合同的订立过程中，当事人一般通过面对面的谈判或通过信件、电报、电话、电传和传真等方式进行协商，并最终缔结合同。这是电子合同有别于传统书面合同的关键。传统合同一般以纸张等有形材料作

---

① 为了解释这一定义，联合国国际贸易法委员会在其《〈电子商务示范法〉实施指南》中对此作出了详细的解释：(a)“数据电文”的概念并不仅限于通信，它还意在包括计算机生成的，准备用于通信的记录。因此，它涵盖了“记录”这一概念。然而，与第 6 条“书面”因素特征相联系的“记录”之定义，在那些认为有必要的法域里可以增加进去。(b) 条文中“类似手段”一词，旨在反映《电子商务示范法》并不仅仅用于现存通信技术环境的事实，它还为可预见的技术发展提供保障。“数据电文”的目的是，包括所有类型的，本质上是以无纸化形式生成的，储存或通信的信息，为此，所有信息的通信与储存方式，只要可用于现实与定义内所列举的方式相同的功能，都应当包括在“类似手段”中，尽管严格地讲，“电子的”和“光学的”通信方式不尽相同。在联合国《电子商务示范法》的意义上，“相类似的”是指“功能上的等价”。数据电文定义，还意在包括其废除或修改的情况，即某种暂时认为是具有确定信息内容的电子意思表示，但它可能被其他的电子意思表示所废除或改进。

为载体，同时对于大宗交易一般要求采用书面形式，而电子合同的信息记录在计算机或磁盘等载体中，其修改、流转、储存等过程均通过计算机进行。这种合同方式大大地节约了交易成本，提高了经济效益。但是电子合同所依赖的电子数据是无形的，具有易消失性和易改动性的特点。所以，如果不对合同的信息采用一定的加密、保全措施，其作为证据适用时就具有很大的局限性。同时，由于信息的传递具有网络化、中介性、实时性等特征，故电子合同比传统合同具有更大的风险性。

（二）交易的主体具有虚拟性和广泛性的特点

电子合同订立的整个过程所采用的是电子形式，通过电子邮件、EDI 等方式进行电子合同的谈判、签订及履行等。电子合同的交易主体可以是“地球村”的任何自然人和法人及其相关组织，订立合同的各方当事人通过在网络上的运作，一般互不谋面。这种交易方式必然需要提供一系列的配套措施，如建立信用制度、电子签名及认证制度，让交易的相对人在交易前知道对方的具体身份乃至资信状况。

（三）意思表示具有电子化的特点

意思表示的电子化，是指在合同订立的过程中通过相关的电子方式表达自己意愿的一种行为，这种行为的表现方式是通过电子化形式实现的。民事法律行为以意思表示为核心要素，意思表示是行为能力适格者将意欲实现的司法效果发表的行为。意思存于内心，是不能产生法律效果的。当事人要使自己的内心意思产生法律效果，就必须将意思表现于外部，即将意思发表。发表则须借助语言、文字或表意的形体语汇。意思表示所发表的意思，不是寻常意思，而是体现为民法效果的意思，亦即关于权利义务取得、丧失及变更的意思。在电子合同订立的过程中，合同当事人可以通过电子方式来表达自己的意愿。电子合同的要约与承诺不需要传统意义上的协商过程和手段，其文件的往来亦可通过互联网进行。《合同法》规定合同的订立需要有要约和承诺这两个过程，电子合同同样也需要具备这些要件，但电子合同中的要约和承诺均可以用电子的形式完成，甚至依靠输入主要相关的信息以符合预先设定的程序时，计算机“代理人”就可以自动做出相应的意思表示。

（四）电子合同生效的方式、时间和地点与传统合同有所不同

传统合同一般以当事人签字或盖章的方式表示合同生效，而在电子合同中，表示合同生效的传统签字盖章方式被电子签名所代替。合同成立的时间和地点对于确定当事人的权利与义务及合同应适用的法律具有重要的意义，但各国合同法对承诺生效的时间并不一致。[①]传统合同的生效地点一般为合同成立的地点，而采用数据电文等形式所订立的合同，一般以收件人的主营业地为合同成立的地点；没有主营业地的，其经常居住地为合同成立的地点。

---

① 一般认为，电子合同采取到达生效的原则更为合理，联合国《电子商务示范法》亦采取此种做法。

（五）技术化、标准化

电子合同是通过计算机网络进行的，这有别于传统的合同订立方式。电子合同的整个交易过程都需要一系列的技术标准予以规范，如电子签名、电子认证等。这些具体的标准是电子合同存在的基础，如果没有相关的技术与标准，电子合同是无法实现和存在的。

三、电子合同的分类及形式

（一）电子合同的分类

合同的分类就是将种类各异的合同按照特定的标准所进行的抽象性区分。一般来说，依据合同所反映的交易关系的性质，可以分为买卖、赠予、租赁、承揽等不同的类型。《合同法》就以此为标准，建立了有名合同的法律制度①。

1. 双务合同和单务合同

根据当事人双方权利义务的分担方式，可把合同分为双务合同与单务合同。双务合同，是指当事人双方相互享有权利、承担义务的合同，如买卖、互易、租赁、承揽、运送、保险等合同为双务合同。单务合同，是指当事人一方只享有权利，另一方只承担义务的合同。如赠予、借用合同就是单务合同。

2. 有偿合同与无偿合同

根据当事人取得权利是否以偿付为代价，可以将合同分为有偿合同与无偿合同。无偿合同，是指当事人一方只享有合同权利而不偿付任何代价的合同。有些合同只能是有偿的，如买卖、互易、租赁等合同；有些合同只能是无偿的，如赠予等合同；有些合同既可以是有偿的也可以是无偿的，由当事人协商确定，如委托、保管等合同。双务合同都是有偿合同，单务合同原则上为无偿合同②。

3. 诺成合同与实践合同

根据合同的成立是否以交付标的物为要件，可将合同分为诺成合同与实践合同。诺成合同，又叫不要物合同，是指当事人意思表示一致即可成立的合同。实践合同，又称要物合同，是指除当事人意思表示一致外，还须交付标的物方能成立的合同。

4. 要式合同与不要式合同

根据合同的成立是否需要特定的形式，可将合同分为要式合同与不要式合同。要式合同，是指法律要求必须具备一定的形式和手续的合同。不要式合同，是指法律不要求必须具备一

---

① 我国合同法分则列出了以下 15 种合同：买卖合同，供用电、水、气、热力合同，赠予合同，借款合同，租赁合同，融资租赁合同，承揽合同，建设工程合同，运输合同，技术合同，保管合同，仓储合同，委托合同，行纪合同，居间合同。以上 15 种在合同法中专门列出的合同，在法学理论上称为“有名合同”。但并不是只有有名合同才是有效的，凡是人们自愿订立的合同，只要不违反国家的法律法规，不违反社会的公序良俗，哪怕《合同法》没有专门将它列出也是有效的，同样受国家法律的保护。

② 有学者认为，有的单务合同也可为有偿合同，如有息贷款合同，值得商榷。

定形式和手续的合同。

5. 为订约当事人利益的合同与为第三人利益的合同

根据订立的合同是为谁的利益，可将合同分为为订约当事人利益的合同与为第三人利益的合同。为订约当事人利益的合同，是指仅订约当事人享有合同权利和直接取得利益的合同。为第三人利益的合同，是指订约的一方当事人不是为了自己，而是为第三人设定权利，使其获得利益的合同。在这种合同中，第三人既不是缔约人，也不通过代理人参加订立合同，但可以直接享有合同的某些权利，可直接基于合同取得利益，如为第三人利益订立的保险合同。

6. 主合同与从合同

根据合同间是否有主从关系，可将合同分为主合同与从合同。主合同，是指不依赖其他合同而能够独立存在的合同。从合同，是指须以其他合同的存在为前提而存在的合同。

7. 本合同与预约合同

根据订立合同是否有事先约定的关系，可将合同分为本合同与预约合同。预约合同，是指当事人约定将来订立一定合同的合同；本合同，就是指将来应订立的合同。

8. 格式合同与非格式合同

格式合同，又称定型化合同、标准合同或定式合同，是指合同条款由当事人一方预先拟定，对方只能表示全部同意或不同意的合同，亦即一方当事人要么整体上接受合同条件，要么不订立合同。格式合同常用于单方拟定、反复适用的小额合同，技术性强的标准化合同。非格式合同是由双方自由协商达成一致的合意合同，合同内容及适用最为广泛。

（二）电子合同的形式

对电子合同形式进行科学的分类，一方面有利于研究电子合同的法学范畴，确立适用电子商务法调整的条件；另一方面也可以使电子合同法律制度的建设更具针对性和全面性。电子合同作为合同的一种，也可以按照传统合同的分类方式进行划分，即合同双方当事人关于建立合同关系的意思表示的方式。中国的合同形式有口头合同、书面合同和经公证、鉴证或审核批准的书面合同等。但基于其特殊性，还可以按其表面形式将其分为以下几种类型。

（1）从电子合同订立的具体方式的角度，可分为利用电子数据交换订立的合同和利用电子邮件订立的合同。[①]

（2）从电子合同标的物的属性的角度，可分为网络服务合同、软件授权合同、需要物流配送的合同等。

（3）从电子合同当事人的性质的角度，可分为电子代理人订立的合同和合同当事人亲自订立的合同。

---

① 有学者将电子合同使用的交易方式列为电子合同的形式，本书认为随着技术手段的不断进步，交易手段及方式会不断变化，这将导致对电子合同的分类及形式研究没有相对固定的范畴。同时，这种做法会忽略电子合同本身的法律内涵，未反映其相应法律特征，故本书不予采纳。

（4）从电子合同当事人之间的关系的角度，可分为：B to C 合同，即企业与个人在电子商务活动中所形成的合同；B to B 合同，即企业之间从事电子商务活动所形成的合同；B to G 合同，即企业与政府进行电子商务活动所形成的合同；C to C 合同，即个人与个人进行的网上交易活动所形成的合同。

第二节　电子合同订立制度

电子合同的订立，是指缔约人做出意思表示并达成合意的行为和过程。任何一个合同的签订都需要当事人双方进行一次或多次的协商、谈判，并最终达成一致意见，合同方才成立。

一、概述

（一）要约和要约邀请

要约是订立合同的必经阶段，不经过要约的阶段，合同是不可能成立的，要约作为一种订约的意思表示，它能够对要约人和受要约人产生一种拘束力，尤其是要约人在要约的有效期限内，必须受要约的内容拘束。

1. 要约的定义及特征

要约又称为发盘、出盘、发价或报价等。根据《合同法》第 14 条规定，“要约是希望和他人订立合同的意思表示”。可见要约是一方当事人以缔结合同为目的，向对方当事人所作的意思表示。发出要约的人称为要约人，接受要约的人则称为受要约人、相对人和承诺人，因此，要约一般是指缔约　方以缔结合同为目的向向对方当事人作出的意思表示。要约通常都具有特定的形式和内容，一项要约要发生法律效力，则必须具备特定的有效要件。

第一，要约是由具有订约能力的特定人作出的意思表示。《合同法》第 9 条规定：“当事人订立合同，应当具有相应的民事权利能力和民事行为能力。”

第二，要约必须具有订立合同的意图。《合同法》第 14 条规定：“要约是希望和他人订立合同的意思表示，要约中必须表明要约经受要约人承诺，要约人即受该意思表示约束。”

第三，要约必须向要约人希望与其缔结合同的受要约人发出。要约人向谁发出要约也就是希望与谁订立合同，要约只有向要约人希望与其缔结合同的受要约人发出才能够获得受要约人的承诺。要约原则上应向一个或数个特定人发出，即受要约人原则上应当特定。

向不特定人发出要约，必须具备两个要件：① 必须明确表示其作出的建议是一项要约而不是要约邀请；② 必须明确承担向多人发出要约的责任，尤其是要约人向不特定人发出要约后，应当具有在合同成立以后，向不特定的受要约人履行合同的能力。

第四，要约的内容必须具体确定。《合同法》第 14 条规定：“要约的内容必须具体确定。”所谓“具体”，是指要约的内容必须具有足以使合同成立的主要条款；所谓“确定”，是指要约的内容必须明确，而不能含糊不清，使受要约人不能理解要约人的真实意图。

第五，要约必须送达受要约人，并对要约人具有约束力或拘束力。要约送达，要约人就不得撤回，不得随意撤销要约，要做好履行合同的准备，因此给受要约人或承诺人造成损失的要承担缔约过失责任或违约责任。

2. 要约的方式及形式

要约一般采用通知方式，行为可以为意思表示，因此，行为也可以构成要约。关于要约的形式，联合国的《电子商务示范法》第 11 条规定："除非当事人另有协议，合同要约及承诺均可以通过电子意思表示的手段来表示，并不得仅仅以使用电子意思表示为理由否认该合同的有效性或可执行性。要约的形式，既可以是明示的，也可以是默示的。"

3. 要约的生效

要约的生效是指要约产生法律效力，对发出要约的人产生拘束力。要约生效，要约人即受要约的拘束，不得撤回或对要约加以限制、变更。要约人在要约生效时即取得依其承诺而成立合同的法律地位。

要约自到达受要约人时才生效。[①]所谓"要约到达受要约人"不一定实际送达到受要约人或其代理人手中，要约只要送达到受要约人通常的地址、住所或能够控制的地方（如信箱等）即为送达。要约是否到达并生效，一般立法原理是考虑要约双方是否有过错，一方有过错的应承担对己方不利的法律后果，故《合同法》第 16 条规定："要约到达受要约人时生效。采用数据电文形式订立合同，收件人指定特定系统接收数据电文的，该数据电文进入该特定系统的时间，视为到达时间；未指定特定系统的，该数据电文进入收件人的任何系统的首次时间，视为到达时间。"所以，当收件人指定特定系统接收数据电文的，而该数据电文进入了非特定系统（其他系统）时，收件人无过错，发件人主观上有过错应承担不利后果，法律规定收件人检索到该文件的具体时间视为生效时间。

4. 要约的撤回与撤销

要约的撤回是指要约人阻止要约发生效力的意思表示。中国对要约的生效采用到达主义，故存在撤回的问题。《合同法》第 17 条规定："要约可以撤回。撤回要约的通知应当在要约到达受要约人之前或与要约同时到达受要约人。"

要约的撤销，是要约人消灭要约效力的意思表示。《合同法》第 18 条规定："要约可以撤销，撤销要约的通知应当在受要约人发出承诺通知之前到达受要约人。"要约到达受要约人后对要约人产生拘束力，此时不发生撤回的问题，但要约人尚有可能撤销要约，二者的区别是：目的上，要约的撤销在于消灭要约的效力；要约的撤回在于阻止要约生效。

---

① 目前我国立法对于传统交易中的意思表示采取"到达主义"，而英美法系国家采用"发送主义"或曰"投邮主义"，但在大多数国际组织制定的通信协议范本基本上都采用了到达主义，如欧共体 1990 年拟订的《欧洲电子数据协议范本》明确规定："除非另有协议，经由 EDI 订立的合同是构成承诺的电文传递到接收方的信息系统的时间与地点是合同成立的时间与地点。"《联合国国际货物销售合同公约》就电子商务合同中承诺生效的时间，以通过对方收到数据电文的时间加以确认，本书对电子合同中的意思表示一律采用"到达主义"。

根据《合同法》第19条的规定，在下列情况下要约不得撤销。

一是要约人确定了承诺期限。确定了承诺期限，就等于要约人承诺在承诺期限内不撤销。规定承诺期限是要约人放弃撤销权的表示。实践中对于承诺期限的表达方式多种多样。比如，有的要约中这样规定："6月7日后价格及其他条件将失效"。要约中的"6月7日"就是承诺期限的最后一天。这种要约是不可撤销的。"请按要求在3天内将水泥送至工地"、"请在15日内答复"、"3个月内款到即发货"等都属于规定了承诺期限。

二是以其他形式明示要约不可撤销。下列情形都可以认为是明示表达要约不可撤销的表示："我方将保持要约中列举的条件不变，直到你方答复为止。""这是一个不可撤销的要约。"等。如果当事人在要约中称："这是一个确定的要约，"仅仅这样表述，不能认为该要约不可撤销。因为，要约本身就是确定的。明示要约不可撤销，并不等于要约永远有效，如果受要约人在合理时间内未作答复，要约自动失效。

三是受要约人有理由认为要约是不可撤销的，并已经为履行合同做了准备工作。一般来说，要约中要求受要约人以行为作为承诺的，受要约人就有理由认为要约是不可撤销的。像"款到即发货"、"如同意，请尽快发货"等。除了受要约人有理由认为要约是不可撤销的以外，还有一个并列的条件，就是受要约人已经为履行合同作了必要的准备。比如，购买原材料、办理借贷以筹备货款等。

5. 要约的失效

《合同法》第20条规定，有下列情形之一的，要约失效：

（1）拒绝要约的通知到达要约人；

（2）要约人依法撤销要约；

（3）承诺期限届满，受要约人未作出承诺；

（4）受要约人对要约的内容作出实质性变更。

6. 要约与要约邀请的区别

要约邀请又称为"要约引诱"，根据《合同法》第15条规定，要约邀请是指希望他人向自己发出要约的意思表示。要约邀请不是一种意思表示，而是一种事实行为，也就是说，要约邀请是当事人订立合同的预备行为，在发出要约邀请后，只是引诱他人发出要约，不能因相对人的承诺而成立合同。要约邀请人在发出要约邀请以后撤回的，只要未给善意相对人造成信赖利益的损失，要约邀请人一般不承担责任。

常见的要约邀请分为未提出交易条件的要约邀请和提出交易条件的要约邀请，如"询价"，甲方给乙方去信，问："你公司的自行车以多少钱一辆出售？"此询价不包含交易条件，即不包含合同的条款，因而它不是严格意义上的意思表示，不能够在当事人之间产生法律关系。提出交易条件的要约邀请，一般有寄送的价目表、拍卖公告、招标公告、招股说明书、商业广告等，学界认为《合同法》第15条所述的寄送的价目表、拍卖公告、招标公告、招股说明书、商业广告，不仅向他人（特定的人和不特定的多数人）邀请发出要约，还提出了某些交易条件，而不仅仅局限于单纯宣传，这些在要约邀请中提出的交易条件保障既可以视为一种自我承诺，也可以单独视为要约邀请。比如，经营者利用店堂告示（格式条款的一种表现方式）提出："优惠活动"、"假一罚十"，这个"优惠活动"的意思表示，提出了交易条件，不是要约（因为它缺少合同必要条款），而是要约邀请；而"假一罚十"是交易条件的保障。提出交易条件或提出交易条件保障的要约邀请，可以构成法律行为。这种法律行为是单方法律行为。这种要约邀请之所以是法律行为，是因为它依据邀请人的意志，在邀请人与受邀请人之间产生了法律关系，在这个法律关系中，受邀请人是权利主体。这个权利是依照邀请人单方面的意思产生的。

要约具备一定的法律效果，在现实交易中约束要约人，故要对其与要约邀请进行明确区分，二者区别如下。

（1）效力不同。要约对要约人具有约束力，即：要约送达，要约人就不得撤回。如果当事人想要撤销要约，也要符合法定的条件。要约邀请对要约人没有在撤回上的限制，当事人可以任意撤回，要约邀请不存在撤销的问题。但要约邀请也可能构成缔约责任和《反不正当竞争法》、《广告法》上的责任。

（2）根据当事人的意愿及法律规定来区分。根据当事人的意愿来区分要约和要约邀请应当作为首要的标准，只有在当事人的意思无法确定，才能以法律的规定作为补充的标准来区分要约和要约邀请。此处所说的当事人的意愿，是指根据当事人已经表达出来的意思来确定当事人对其实施的行为主观上认为是要约还是要约邀请。要约以订立合同为直接目的，受要约人承诺送达，合同即告成立。要约邀请，则不是以订立合同为直接目的，它只是唤起别人向自己作出要约表示或使自己能向别人发出要约。实践中，商业广告注明"限售10套"、"先到先得"，或注明有效期的，"截至本月底"等，通常视为已经"表明经受要约人承诺，要约人即受该意思表示约束"。相反，如意思表示上载有"仅供参考"、"须我公司最后确认为准"、"配置、价格如有变化，恕不另行通知"等字样，则肯定表示表意人不受该意思表示拘束，不构成要约。

依法律规定作出区分。例如，《合同法》第 15 条规定，寄送的价目表、拍卖公告、招标公告、招股说明书等为要约邀请，据此对这些行为应认定为要约邀请。

（3）要约必须包含能使合同得以成立的必要条款，或者说，要约必须能够决定合同的内容。如对一个买卖合同要约来说，通常需要标的、数量、价款三个条款，而要约邀请不要求包含使合同得以成立的必要条款。要约邀请一般只是笼统地宣传自己的业务能力、产品质量、服务态度等。①要约的内容中应当包含合同的主要条款，这样才能因承诺人的承诺而成立合同。而要约邀请只是希望对方当事人提出要约，因此它不必要包含合同的主要条款，对方无法根据此要约邀请来发出承诺，成立合同，若现实中的商业广告、悬赏广告的一方据此广告可以

① 《联合国国际货物销售合同公约》第 14 条规定："向一个或一个以上特定的人提出的订立合同的建议，如果十分确定并且表明发价人在得到接受时承受约束的意旨，即构成发价。一个建议如果写明货物并且明示或暗示地规定数量和价格或规定如何确定数量和价格，即为十分确定。非向一个或一个以上特定的人提出的建议，仅应视为邀请做出发价，除非提出建议的人明确地表示相反的意向。"

成立合同的，此广告应视为要约。[①]

（4）要约一般针对特定的对象进行。而要约邀请的对象则一般是不特定的大众对象。这是就一般情况而言，但不宜以对象的不同作为划分要约与要约邀请的基本标准，要约可以针对不特定的多数人，这并不妨碍某特定人的承诺与要约的结合而成立合同；要约邀请亦不妨针对特定的当事人，特定的当事人可以根据要约邀请的内容提出自己的要约。

一般认为，要约与要约邀请的区别主要在于对合同订立的影响及具体内容，是针对特定相对人的，故要约多采取一般信息传达方式：即口头方式和书面方式。要约邀请一般是针对不特定多数人的，故往往借助电视、广播、报刊等媒介传播。

（二）承诺

1. 承诺的定义

承诺，又称之为接盘或接受，是指受要约人做出的，对要约的内容表示同意并愿意与要约人缔结合同的意思表示，即受约人同意接受要约的全部条件而与要约人成立合同。《合同法》第 21 条规定：“承诺是受要约人同意要约的意思表示。”承诺的法律效力在于，承诺一经作出并送达要约人，合同即告成立，要约人不得加以拒绝。意思表示是否构成承诺需具备以下几个要件。

（1）承诺必须由受要约人向要约人作出。要约和承诺是一种相对人的行为。因此，承诺必须由被要约人作出。被要约人以外的任何第三者即使知道要约的内容并对此作出同意的意思表示，也不能认为是承诺。被要约人，通常指的是受要约人本人，但也包括其授权的代理人。无论是前者还是后者，其承诺都具有同等效力。

（2）承诺必须是对要约明确表示同意的意思表示。

（3）承诺的内容不能对要约的内容作出实质性的变更。一般是指，承诺必须与要约的内容完全一致，即承诺必须是无条件地接受要约的所有条件。[②]

（4）承诺应在要约有效期间内作出。

关于承诺有效要件，大陆法系各国要求较严，非具备以上要件者则不能有效。而英美法系的法律对此采取了比较灵活的态度。例如，美国《统一商法典》规定，商人之间的要约，除要约中已明确规定承诺时不得附加任何条件或所附加的条款对要约作了重大修改外，被要约人在承诺中附加某些条款，承诺仍可有效。

---

① 如悬赏广告中，指明了悬赏条件和悬赏报酬，该悬赏报酬应视为要约的内容，如“知其下落者，付酬金一万元整”；但悬赏条件和悬赏报酬任何一方不明的，如“归还必有重谢”，应不视为要约，一般情况视为要约邀请，因该具体条件（报酬）不明，无法落实权利及义务。

② 关于实质性变更，我国司法实践认为凡是不涉及合同中主要权利义务的条款变更应视为非实质性变更，一般非合同必备条款的变更应为非实质性变更，故承诺人对此变更的意思表示也应视为承诺。但本书考虑合同的本质是双方的合议，承诺人单方对此变更违反了合同的本意，虽然司法实践中赋予要约人对此承诺及时表示反对而否认成立合同的权利，但与承诺到达、合同成立的法学原理是相违背的，故对此学说持保留态度。

2. 承诺的期限、方式

承诺的期限是指承诺的有效期问题，即承诺何时发出方才产生法律效力。《合同法》第24条规定："承诺期限的起算点有以下几种情况：① 要约人以电报发出要约的，承诺期限应当自电报交发之日起计算；② 要约人以信件发出要约的，承诺期限以信件所载明的日期起算；③ 如果信件没有载明日期，应按信封发出邮戳日期起算；④ 要约人以电话、电传或其他快速方法发出要约的，承诺期限应自要约到达受要约人时开始计算。"一般认为，承诺必须在要约的有效期间内进行，即要约约定有答复期限的，规定的期限内均为有效期间；要约没有确定承诺期限的，承诺应当依照下列规定到达：① 要约以对话方式作出的，应当即时作出承诺，但当事人另有约定的除外；② 要约以非对话方式作出的，承诺应当在合理期限内到达。通常认为在合理的时间（包括信件、电报往返时间和当事人考虑所必须的时间）内即为有效期间；要约以对话方式作出的，如一般的消费合同，一般应立刻做出承诺或不承诺。

承诺方式是指，受要约人将其承诺的意思表示传达给要约人所采用的方式。对一项要约作出承诺即可使合同成立，因此承诺以何种方式作出是很重要的事情。一般来说，法律并不对承诺必须采取的方式作规定，而只是一般规定承诺应当以明示或默示的方式作出。承诺可以书面方式进行，也可以口头方式进行。通常，它须与要约方式相应，即要约以什么方式进行，其承诺也应以什么方式进行。对于口头要约的承诺，除要约有期限外，沉默不能作为承诺的方式，承诺的效力表现为要约人收到受要约人的承诺时，合同即为成立。口头承诺，要约人了解时即发生效力。非口头承诺生效的时间应以承诺的通知到达要约人时为准。在司法实践中，行为也可以作为承诺的方式，其具体要求为：要约人要求以行为作为承诺的方式，或以行为的方式更有利于合同的达成，或要约人足以了解此行为并接受的，行为视为承诺。

3. 承诺的撤回

承诺的撤回，是指受要约人在发出承诺通知以后，在承诺正式生效之前撤回承诺。根据《合同法》第27条的规定："承诺可以撤回。撤回承诺的通知应当在承诺通知到达要约人之前或是承诺通知同时到达要约人。"因此，承诺的撤回通知必须在承诺生效之前到达要约人，或是与承诺通知同时到达要约人，撤回才能生效。如果承诺到达，则通知已经生效，合同已经成立，受要约人当然不能再撤回承诺。受要约人超过承诺期限发出承诺的，除要约人及时通知受要约人该承诺有效的以外，一般视为新要约。

4. 承诺的生效

《合同法》第26条规定，承诺通知到达要约人时生效。承诺不需要通知的，根据交易习惯或要约的要求作出承诺的行为时生效。采用数据电文形式订立合同的，承诺到达的时间适用本法第16条第2款的规定。①

① 采用数据电文形势订立合同的，收件人指定特定系统接收数据电文的，该数据电文进入该特定系统的时间，视为到达时间；未知道特定系统的，该数据电文进入收件人的任何系统的首次时间，视为到达时间。

5. 迟到、迟延的承诺效力

承诺出现超过要约有效期到达一般有两种情况：一是超过要约规定的承诺期限作出；二是在要约规定的承诺期限内作出，但由于邮政等其他原因，没有及时到达要约人。一般情况下，受要约人作出的承诺超过承诺期限到达要约人时，该承诺不发生承诺效力，应视为新要约，但考虑到受要约人本身是否有过错，我国相关法律将此类情形分为迟到的承诺和迟延的承诺[①]，二者区别关键是是否在承诺期内作出。承诺的迟到是受要约人超过承诺期限发出承诺的，除要约人及时通知受要约人该承诺有效的以外，一般认为迟到的承诺无效，一律应视为新要约。迟延的承诺是受要约人在承诺期限内发出承诺，按照通常情形能够及时到达要约人，但因其他原因超过承诺期限使承诺到达要约人，因受要约人主观上无过错，故一般认为迟延的承诺为有效承诺，除非要约人及时通知受要约人因承诺超过期限不接受该承诺的除外。

按合同法原理进行分析，在第一种情况下，由于承诺本应在承诺期限内作出，超过有效的承诺期限，要约已经失效，对于失效的要约发出承诺，不能发生承诺的效力，应视为新要约。对于第二种情况，受要约人在要约的有效期限内发出承诺通知，依通常情形可于有效期限内到达要约人而迟到的。对这样的承诺，如果要约人不愿意接受，即负有对承诺人通知的义务。要约人及时发出承诺迟延的通知后，该迟延的承诺不发生效力、合同不成立。如果要约人怠于发出承诺迟延的通知，则该迟延的承诺视为未迟延的承诺，具有承诺的效力，合同成立。

二、电子合同的法律效力

一般认为电子合同具有法律效力，电子合同在法律上是书面合同的一种。《合同法》第 11 条规定："书面形式是指合同书、信件和数据电文（包括电报、电传、传真、电了数据交换和电子邮件）等可以有形地表现所载内容的形式。"《中华人民共和国电子签名法》第 3 条第 2 款规定："当事人约定使用电子签名、数据电文的文书，不得仅因为其采用电子签名、数据电文的形式而否定其法律效力。" 该法第 7 条规定："数据电文不得仅因为其是以电子、光学、磁或类似手段生成、发送、接收或储存的而被拒绝作为证据使用。" 电子合同的订立对于技术标准没有特定的要求，只要能够有形地表现所载内容，并可以随时调取查用的数据电文，均视为符合法律、法规要求的书面形式。

按照《中华人民共和国电子签名法》中第 3 条的规定，民事活动中的合同或其他文件、单证等文书，当事人可以约定使用或不使用电子签名、数据电文。当事人约定使用电子签名、数据电文的文书，不得仅因为其采用电子签名、数据电文的形式而否定其法律效力。

前款规定不适用下列文书：

（1）涉及婚姻、收养、继承等人身关系的；

（2）涉及土地、房屋等不动产权益转让的；

---

① 部分学术观点认为两者概念是相反的，但法律后果都是参照承诺人是否有过错来认定的，故不予详细划分。

（3）涉及停止供水、供热、供气、供电等公用事业服务的；

（4）法律、行政法规规定的不适用电子文书的其他情形。

从法律规定来看，电子合同要具备法律效力，除了要符合一般合同法的相关规定外，合同性质、内容及合同使用的电子技术等还必须符合《中华人民共和国电子签名法》中强制性规定和双方的约定。

三、电子合同的要约和要约引诱问题

在传统合同中，利用合同法理论是容易区分要约和要约引诱的。但在电子合同中，要约和要约引诱的区分时至今日还难有统一的认识。

（一）通过访问页面进行交易时，要约和要约引诱的判断

在B to C的交易中，消费者进入商家页面，浏览商品，将选中的商品放入购物车，然后进入结账页面，消费者可以看到所购买物品的清单，在单击“确定”按钮后，商家提供几种付款方式以供消费者选择，第一种是在线支付，在线下载；第二种是在线支付，离线交货；第三种是离线支付，货到付款。

前两种方式分别适用于数字信息产品和实物商品，后一种是在支付安全系数低，信用制度不完善的状态下采取的折中方法。在第一种情况下，页面的商品信息是否要约？一般认为，若该商品信息有明确的价格、规格等内容并可以在线下载，应认定为要约。对于买受方而言，只要消费者将其商品放入购物车中，单击“确定”按钮即构成承诺。

第二种情况，页面上陈列的商品是否要约？在现实生活之中，商店标明价格且正在出售的商品可视为要约。但在页面上，只能视为要约引诱。因为在虚拟网络上的商品表现形式是图形，从可能性上讲，当同时有多人单击同一商品时，该图形所表示的商品可能立即售完。若认定为要约，就意味着商家必须保证有无限数量的商品或立即删除该图形，这对于商家而言是不可能做到的。据此认为页面上的商品如果属于有体物，则其信息均为要约引诱。消费者单击购买商品的“确定”按钮是要约，随后出现的支付页面是卖方的承诺，表明卖方接受了买方的要约，请求消费者上线支付。

第三种情况，是目前我国B to C交易中最常见的一种，而具体做法因商家不同而有差异。有的网站在收到消费者的要约以后，会打电话向消费者确认，经核实属实后，再送货上门。有的网站在收到要约后，直接送货上门。有的网站在收到消费者的汇款后再发货。有的网站通知消费者到指定地点付款提货。无论以上哪种方式，它们都具有相同的法律品质。与第二种情况比较，只是支付方式和履行方式的不同。消费者单击购买的“确定”按钮是要约，承诺则依据卖方的具体情况而定。若卖方向消费者发出通知，表明收到要约并接受的可视为承诺。若卖方并没有在页面上作出承诺或发出承诺通知，而作出送货上门或发货的行为是承诺。

（二）网络广告的法律性质判断

在电子合同中，所有商业信息均以电子化形式发布于网络世界上。因此，分析网络上的广告或类似于广告的商业信息是属于要约或要约引诱就具有极大的法律意义。一般网络广告的性质仍然遵循合同法的基本原则：商业广告一般视为要约引诱，但其内容符合要约规定时，视为要约。也就是说，网络广告依具体情况而认定为要约或要约引诱。网络广告的发布者可以在其广告中声明为要约或要约引诱。若声明："参考"或"对此广告和信息的发布不承担合同责任"等，这只能视为要约引诱。如果发布人公开声明愿意受广告约束，与承诺人缔结合同，则可视为要约。在没有这样的特别声明的情况下，应具体情况具体分析。

第一，如果网络广告的内容不仅介绍了商品的名称、性能等，而且明确规定了商品的价格、数量等，尤其是客户可以将其放入广告发布者的"购物菜单"中，单击"购买"按钮即可成交，则表明广告发布者的要约意图，这种网络广告的性质就可视为要约。若在网页上已经登载了商品的价格、图片，但没有规定价格的有效期限，也不影响要约的性质。

第二，若广告发布者在网页上登载的信息仅供客户浏览，以提供商业信息，则一般视为要约引诱。如果仅在网站上宣传某种商品，既没有指出价格和数量，也没有表达出希望他人购买的意图，只作为企业的形象宣传，或只作为提供产品的信息，此种情况既非要约，也非要约引诱。如果只是发布新产品上市的信息，即使提供了有关新产品的资料，而没有明确规定产品的价格和数量等，也没有表明广告发布人具有明确的订约意图时，就不是要约。

第三，网络广告发布者直接向网民提供某项产品的信息，而且规定了价格、数量等，从其广告内容中能明确其订约意图，愿意受此订立合同的约束，此种情况下，广告发布人不仅向特定人发出希望其购买某种商品的意思表示，而且拟订了合同的主要条款和订约意图，则可视为要约。

第四，广告发布者在网络上刊登广告时，明确规定在客户单击"购买"按钮后，必须有网页拥有权人的确认，这种广告就不能是要约，只能是要约引诱。因为客户单击"购买"按钮发出的才是要约，网页拥有权人的确认是承诺。

最后一种，网络广告发布者在广告中嵌入电子邮件，允许客户通过用鼠标单击该邮件附件，按广告发布者的要求填写相关内容，并作出拟订合同的主要条款，客户将此信息通过电子邮件反馈给广告发布者，不需要经过广告发布者的进一步确认就可使合同成立，则嵌入式的附带邮件形式的广告就可以构成要约。

（三）电子合同的要约撤销

一般地说，要约在到达受要约人之前是可以撤回的，但是电子合同中采用在线发送电子信息的送达方式，就很难撤回了。比如，要约人向受要约人发出电子邮件，在发送的同时受要约人就收到了，此时就不可能有撤回的余地。在线交易中，由于信息的传输速度极快，要约一旦发出，受要约人即刻就可以收到，几乎没有撤回的可能。虽然在某些情况下，由于传输障碍或宽带的限制而导致信息不可能及时到达，要约存在着可能撤回的情况，但是在通常情况下，信息是即发即到的，即使发生延误情况，要约人也难以知情，继而不能撤回。从立法角度而言，若允许要约人撤回要约，则多数情况下，撤回要约的通知晚于要约到达，撤回非但不能达到要约人的目的，反易误导受要约人。因此，在电子合同领域应以要约不能撤回为原则。①

电子合同在线交易中，要约能否撤销取决于具体的交易方式。从我国《合同法》的规定来看，受要约人在收到要约后有一个承诺期限，此期限的长短由要约人确定或依据交易习惯而定，在受要约人承诺前即承诺期限届满前，要约人不得撤销要约。因此，承诺期限的长短和受要约人的回应速度是要约人能否撤销要约的关键。若当事人采用电子自动交易系统从事电子商务活动，承诺的作出是即刻的，要约人没有机会撤销要约。但是，如果通过电子邮件方式订立合同，在一般情况下，要约是可以撤销的。因为要约人通过以电子邮件方式发出要约后，受要约人并不一定即刻就看到了电子邮件而作出了承诺。订约当事人之间不是采用一种自动回应和瞬间撮合的程序，一方发出要约后，另一方并非立即回应。因此在要约发出和作出承诺之间有一个时间间隔，在此期间，要约人可以撤销要约。此外，如果双方当事人在网上对话协商，这类似于口头缔约方式，要约人在受要约人作出承诺前是可以撤销要约的。

四、电子合同的承诺问题

在电子合同中，承诺一经作出，立刻通过网络进入要约人的计算机系统，到达要约人。因此，在电子合同中，承诺的撤回和要约的撤回一样困难，当事人只能依据意思表示错误而主张撤销合同。但是合同的撤销应基于意思表示内容的错误而非动机的错误，因此，电子合同的撤销也同样困难。当然，在使用电子邮件订立合同的情况下，前文所述的要约撤销规则也适用于承诺的撤销。电子合同特别是针对消费者的合同，商家应当设计一些确认程序，使消费者不会因疏忽或偶然按错按钮而受损失。

五、确认收讫

（一）确认收讫的作用

大陆法系采用到达主义的重大缺陷是当事人发出要约或承诺后，由于通信手段的限制，会产生许多不确定因素，如当事人发出要约或承诺后，是否到达，何时到达等。这对于发信人来讲不能立即确定。对于这种不确定，当事人可以通过“确认收讫”加以避免。确认收讫是通过发回的信息来证实发送的信息是否到达及传递中有无错误或缺漏发生的手段或方法。

① 本书认为，按照目前电子合同使用中的实际来看，要约人可以对要约的生效时间进行规定，这符合合同法的实质——合意自由，如约定要约自发出两小时后生效，这种附期限的要约可以保证双方在更慎重、严肃的情况下签订合同，因此要约的撤回在由要约方事先规定的条件下是可以成立的。

在网络环境中，迅捷的通信方式为当事人提供了立即判断的能力，各方可以更精确地了解业务进展状况。接收方在收到发送方的信息后，通过发回的信息来证实在传递中有无错误和缺漏发生。用这种方法，在通信过程中误解的语句和内容都能被及时发现。当事人可以很好地利用确认收讫规则解决发信后的不确定性问题。因此，就发送人而言，确认收讫有利于减少发送人的风险，这在商业上和法律上具有重大的价值。

（二）确认收讫的含义和有关法律规定

通常认为，确认收讫就是指收件人收到发送的信息时，由其本人或指定的代理人或通过自动交易系统向发送人发出表明其已收到的通知。联合国《电子商务示范法》指出：确认收讫可以包括各种各样的程序，从简单的确认收讫到一项电文到具体表明同意某一特定数据电文的内容。该法第 14 条对收讫的应用规定了 5 项原则：

（1）确认收讫可以用任何方式或行为进行；

（2）发送人要求以确认收讫为条件的，在收到确认之前，视信息从未发送；

（3）发送人未要求以确认收讫为条件的，并在合理期限内未收到确认的，可以通知接收人并指定期限，在上述期限内仍未收到的，视为未发送；

（4）发送人收到确认的，表明信息已由收件人收到，但不表明收到的信息与发送的信息一致；

（5）确认收讫的法律后果由当事人或各国自己确定。

新加坡《1998 电子商务法》受《电子商务示范法》的影响作了与其完全一致的规定。韩国《电子商务基本法》规定略有不同，该法第 12 条第 3 款规定：“如果发件人要求收件人确认收讫但未声明以确认收讫为条件，那么，发件人可以撤销发出的电子信息，除非在合理时间内，或在发件人规定的时间内，或在发件人和收件人协商一致的时间内发件人收到了确认通知。”

（三）确认收讫的法律效力

确认收讫有没有法律效力，这取决于当事人的约定或法律的规定。确认收到是否表明接收人已经同意了信息的具体内容？这同样取决于当事人的约定或法律的规定。当事人可以约定收到的确认具有承诺的法律地位，但这样做会使接收人处在被动的地位，尤其是在接收人采用自动确认程序时。多数国家法律规定：确认收讫仅仅表明接收人收到电子信息，而非承诺，也非承认收到的电子信息没有发生错误，除非当事人另有约定。

判断确认收讫是不是承诺，可以从两个方面来考察。

1. 在内容上，确认收讫有没有表明同意要约

确认收讫实际上是一个功能性回执，是由接收方的计算机在收到要约方的信息后自动发出的。这点它与挂号信的回执有同等作用，其目的是减少商业风险，就像挂号信的回执不代表收信人同意信件内容一样，确认收讫也不用来确认相关电子信息的实质内容。

2. 交易习惯或相关立法是否规定了确认收讫的效力

法律规则或行业惯例应允许当事人自行约定确认收讫的效力，对于一方自我“承诺”其确认收讫为承诺，应严格审查其作出是否体现了真实意思表示。就目前实践来看，在法律没有作出规定的情况下，确认收讫不是合同订立的必经程序。在合同订立过程中是否需要设置确认收讫应由当事人自己决定，法律应赋予市场主体自由选择的权利。

确认收讫的其他法律后果可以参照联合国《电子商务示范法》的有关规定来确定，该法设置了两种情况：发件人未声明以确认收讫为条件和必须以确认收讫为条件。韩国《电子商务基本法》还规定：如果发件人要求有确认收讫但收件人未发送确认收讫的，发件人可以撤销电子信息。

第三节　电子合同的效力

一、电子合同的生效

一般认为电子合同的成立及生效需具备以下法定要件。

（一）行为人具有相应的民事行为能力

行为人具有相应的民事行为能力的要件在学理上又被称为有行为能力原则或主体合格原则，即行为人必须具备正确理解自己行为性质和后果，独立地表达自己的意思的能力。

（二）电子意思表示真实

这主要是指利用资讯处理系统或计算机而作出真实意思表示的情形。电子意思表示形式是多种多样的，包括但不限于电话、电报、电传、传真、电邮、EDI、因特网数据等。电子意思表示不真实，是指电子设备及程序的最终支配者或利益的享有者，通过电子设备表现于外部的意志与其内心的真实意志不一致，即行为人表示要追求的某种民事后果并非其内心真正希望出现的后果。电子意思表示不真实，可能因为行为人主观上的原因引起（如对民事行为的性质发生错误认识，当事人所作出的意思表示违反了法律的强制性规定和社会公共利益），也可能因为某种客观原因引起（如欺诈、胁迫、乘人之危、重大误解等），还有可能是因为电子错误或电子不可抗力造成的。总之，凡是违背当事人真实意愿的民事行为，即构成意思表示不真实的民事行为。

（三）不违反法律和社会公共利益

不违反法律和社会公共利益，是指电子合同的内容合法。合同有效不仅要符合法律的规定，而且在合同的内容上不得违反社会公共利益。在我国，凡属于严重违反公共道德和善良风俗的合同，应当认定其无效。

（四）合同必须具备法律所要求的形式

一般情况下，合同要求满足书面形式，若电子合同满足了书面功能要求，就应等同于法律上的“书面合同”文件。部分合同要求符合我国现行法律的特殊规定，如备案、登记等，亦须满足此种条件，方可承认其效力。

二、电子合同形式的法律制度

电子合同虽然已被一些法律规范确认为书面形式，但它与传统合同的书面形式是大相径庭的，“功能等同法”的推崇对法律行为的形式产生了深刻的影响。

（一）电子合同形式与传统合同形式的区别

合同形式通常分为书面形式、口头形式和其他形式。对于其他形式，有学者认为可以包括“行为”，如联合国《国际货物买卖合同公约》及我国《合同法》都认为行为可以作为合同上意思表示一致的形式之一。也有观点认为“其他形式”是指公证、批准和登记等。电子合同的形式可以分为电报、电传、传真、计算机编制的书面单证，计算机之间传递的单证及计算机可读形式储存的数据等。

在电子技术引进之前，法律很少碰到文本在中介载体上呈现的问题。在电报、电传和传真产生之后，也没有出现不可克服的困难，尽管电报、电传和传真都包含电子脉冲的应用，但接收方从接收机中得到的一张通信记录纸就足以形成书面的证据了。电子商务所利用的电子邮件和电子数据交换与电报、电传、传真非常相似，都是通过一系列电子脉冲来传递信息的。但电子商务通常不是以原始纸张作为记录的凭证，而是将信息或数据记录在计算机中，或记录在磁盘和软盘等中介载体中，因此，这种方法具有以下特点。

1. 电子数据的易消失性

电子数据以计算机储存为条件，是无形物。一旦操作不当可能抹掉所有数据。

2. 电子数据作为证据的局限性

传统的书面合同只是受到当事人保护程度和自然侵蚀的限制，而电子数据不仅可能受到物理灾难的威胁，还有可能受到计算机病毒等计算机特有的无形灾难的攻击。

3. 电子数据的易改动性

传统的书面合同是纸质的，如有改动，容易留下痕迹。而电子数据是以键盘输入的、用磁性介质保存的，改动、伪造后可以不留痕迹。

上述问题的存在，确实阻碍了电子合同合法性的进程。发展中的计算机技术已经提供和正在提供许多解决的办法，如防火墙技术、通信记录、数字签名技术等。但从另一方面讲，书面合同也同样存在伪造和涂改的情况，人们并没有因为书面合同的缺陷而放弃使用书面合同。所以，有必要扩大传统“书面形式”的概念。

（二）电子合同的书面功能

1. 书面材料的传统功能

在使用纸张文件的环境下，书面材料传统上所起的功能很多，基本上包括以下11种。

（1）确保有可以看得见的证据，证明各当事方确有订立契约的意向及此种意向的性质。

（2）帮助各当事方意识到订立一项契约的后果。

（3）确保一份文件可为所有人识读。

（4）确保文件恒久保持不变，因而提供对于一项交易的永久性记录。

（5）使一份文件可以复制为若干份，以便每个当事方持有一份同样的数据。

（6）使之可通过签字方式进行数据的核证。

（7）确保一份文件作成对公共机构和法院均可接受的形式。

（8）最后体现出书面文件作者的意向并提供该意向的一份记录。

（9）可便于以有形的形式储存数据。

（10）便利于稽查及日后的审计、税收或管制目的。

（11）在为了生效目的而要求书面的情况下，使之产生法律权利和义务。

需要注意的是，传统书面形式所传递的信息或提出数据的要求，常常是在书面形式要求之上再加上其他不同于“书面形式”的概念，如签字和原件。而且还有多种层次的形式要求，各个层次提供不同程度的可靠性、可核查性和不可更改性。甚至在有些国家，既未注明日期也无签署的书面文件，甚至没有作者姓名，只是信纸上端印上名称者，也视为“书面”。另外，按照目前在书面环境中对于数据完整性及对于防止作弊等问题的处理方式，一份弄虚作假的文件也会被当作“书面”看待。总之，“证据”和“当事方约束自身的意图”这类概念应与数据可靠性和核证等较大问题相联系，而不应作为“书面形式”的定义。根据联合国《电子商务示范法》第6条之规定：“如法律要求信息须采用书面形式，则假若一项数据电文所含信息可以调取以备日后查用，即满足了该项要求。”很明显，《电子商务示范法》第6条的目的不是确立这样一项要求：在任何情况下，数据电文都应起到书面形式的全部功能。同时，也不注重于“书面形式”的某些特定功能，如在执行税法时的证据功能或执行民法时的警告功能，而是注重于信息可以复制和阅读这一基本概念。实际上，第6条提供了一种客观标准，即一项数据电文内所含的信息必须是可以随时查找到以备日后查阅的。使用“可以调取”字样是指计算机数据形式的信息应当是可读和可解释的。“以备”一词并非仅指人的使用，还包括计算机的处理。“日后查用”指的是“耐久性”或“不可更改性”，确立了一定的标准，共同构成了相对主观的书面形式标准的概念。

2. 数据电文的法律承认

根据联合国《电子商务示范法》相关规定，利用数据电文进行的各种信息传输是有效的。该法第9条规定：“在任何法律诉讼中，证据规则的适用在任何方面均不得以下述任何理由否定一项数据电文作为证据的可接受性：

（1）仅仅以它是一项数据电文为由；

（2）如果它是举证人按合理预期所能得到的最佳证据，以它并不是原样为由。

对于以数据电文为形式的信息，应给予应有的证据力。在评估一项数据电文的证据力时，应考虑到生成、储存或传递该数据电文的办法的可靠性，保持信息完整性的办法的可靠性，用以鉴别发端人的办法，以及任何其他相关因素。第 11 条进一步规定："就合同的订立而言，除非当事各方另有协议，一项要约及对要约的承诺均可通过数据电文的手段表示。如使用了一项数据电文来订立合同，则不得仅仅以使用了数据电文为理由而否定该合同的有效性或可执行性。"第 12 条同时规定："就一项数据电文的发端人和收件人之间而言，不得仅仅以意旨的声明或其他陈述采用数据电文形式为理由而否定其法律效力、有效性或可执行性。"

联合国在《电子商务示范法》第二章中对电子合同形式作出了一系列的规定，试图解决新的数据电文形式与传统合同法的矛盾。人们在研究书面法律形式时，提出了这样的思路：不论法律行为的载体是纸质的还是数据的，只要有书面形式的基本功能，就应该视为符合法律对书面形式的要求，这就是 UNCITRAL 建议采用的"功能等同法"（functional equivalent）。换言之，法律对于数据电文合同能否给予"书面合同"的地位，应该不是去寻求纸质合同的计算机等同物，而是只需要以书面形式实现的功能作为标准，不论意思表示是采用电子的，光学的抑或未来可能出现的其他形式，如满足功能等同的要求，就应等同于法律上的"书面合同"文件，赋予其法律效力。联合国《电子商务示范法》第 6 条规定的信息调取与查用，即为功能等同标准。我国《合同法》第 11 条将定义书面形式的重点放在"可以有形地表现其所载内容的形式"，这与美国《统一商法典》的相关规定相类似。美国《统一商法典》第 201 条（46）款规定："书面形式包括印刷的、打印的或其他有意识人为地转化的'有形'形式。"二者表述虽有不同，但却据此认为数据电文可以"有形"地表现所载内容即可作为合同的载体。因联合国《电子商务示范法》的规定是基于"功能等同"，即法律抽象规定电子数据信息满足书面要求的标准并赋予其同等的法律效力，故我国《合同法》对书面形式也作了扩张解释，使数据电文成为书面形式的一部分。

从目前实践看，EDI 是电子合同最主要的存在方式。EDI 电子合同的特点有：第一，EDI 电子合同是面向数据信息的，而且具有一定的固定格式；第二，信息传递是从发送信息的一方计算机通过通信网络再到交易对方的计算机；第三，EDI 报文有国际标准；[①]第四，EDI 信息的发送者和接收者都是计算机的应用系统，无须人工干预，就能自动处理传送来的数据。我国法律对此标准及 EDI 电子合同基本持认同态度。

本书认为，实际中对于合同内容"调取和查用"的"有形表现"功能，事实上不是由法律赋予的，而是由合同载体的物理特征所决定的。作为传统的书面文件应当包含的特征有：一是可读性，文件包含信息并能够使人们通过阅读了解信息内容；二是保存性，文件在相当

---

① 标准化是拟订合同的关键所在。目前国际上实行的单证标准有联合国的 EDIFACT 标准；美国的 ANSIX 标准；英国的 TRADCOM 标准等。我国实行的是联合国的 EDIFACT 标准。

长时间内可保持不变；三是复制性，文件可以通过复制而使各方当事人掌握同一信息；四是签署性，通过签名盖章确认当事人的意思表示和文件内容的确定关系；五是稳定性，即能够作为社会和司法机关接受的证据。因此可以认为，具备上述物理特征形式的电子数据，即实现书面形式的功能，法律可以赋予其书面形式的地位。

三、当事人缔约主体资格

由于网络交易本身的虚拟性，使当事人无法获知对方的缔约能力状况，尤其是在 B to C 交易中，若消费者不具备完全民事行为能力，其与商家订立的合同是否有效？因而，确定电子合同当事人的缔约能力有利于交易的稳定和电子商务的正常开展。

（一）电子合同的当事人

电子合同的当事人是指“发端人”和“收件人”。“发端人”系指由其或代表其发送或生成该电子数据信息然后予以储存的当事人。“收件人”系指接收发端人所发送的电子数据信息的当事人。电子合同中一般还存在第三人，即中介人——提供发送、接收或储存电子数据信息服务，或为该电子数据信息提供其他服务的第三方。

在传统合同中，合同缔约双方当事人的身份和性质，各国合同法一般不作特殊要求，但需符合相关民事法律行为的规定，即当事人具有相应的民事行为能力，所订立的合同才为有效。电子合同是通过开放的网络订立的，在虚拟的网络环境下，通过在线交易，难以判定对方当事人是否具有相应的民事行为能力，若不具有相应的民事行为能力者订立电子合同，该电子合同是否有效呢？比如，一个 12 岁的小孩在网上单击购买价值不菲的笔记本计算机，售卖商送货上门以后才发现对方不具有相应的民事行为能力，在此种情况下，其监护人是否应承担一定的法律责任呢？还是判定该电子合同无效？当前，在 B to C 交易中，卖方的相应法律资格已经由相关的机构加以认证。结合中华人民共和国国家工商行政管理总局于 2010 年 7 月 1 日起施行的《网络商品交易及有关服务行为管理暂行办法》，本书认为目前必须加快在我国相关的网上机构对电子合同的缔约主体资格的认证工作，其中包括当事人真实身份，供货能力抑或支付能力等，予以签发电子证书，以示确认。

基于电子合同种类的不同，将电子合同所需当事人缔约能力分为两种情形。

（1）对于直接在网上开展交易活动的当事人，其订约能力适用《民法通则》的规定。电子商务的特殊性并没有改变民事活动的本质，民事活动对交易当事人缔约能力的要求自然不应发生改变。

（2）对于接受公共信息服务的当事人，不论其年龄或精神状态如何，均应视为完全民事行为能力人。从民法理论上说，民事权利能力和行为能力是基于平等原则而来，目的是保护个人的利益。然而为保护交易安全，则对缔约能力理论的应用加以限制。所以，即使是无行为能力或限制行为能力人的行为，有时也应认定其有效或使之不影响他人的行为。在电子商务中，当事人上网浏览、收发电子邮件等对公共信息的利用行为，其原理如同当事人接受公共服务一样，属小额合同或纯受益行为，则无须考虑其行为能力。因此，当事人接受服务商信息服务或进行身份认证的行为，无行为能力人或限制行为能力人应视为完全行为能力人。

（二）电子代理人

电子合同大多是通过EDI来完成的，那么在EDI的交易中，计算机可否作为缔约主体呢？理论上一般认为，此点与自动售货机具有相同的法律效果。计算机自动审单和批复文件的功能，与自动售货机的售卖行为，都是设置人预先设定其执行目的的结果，机器仅是缔约的工具，计算机是按照用户事先设定的程序进行信息处理的，实际上就是当事人真实意思的表示。因此，计算机具有缔约主体代理人资格。联合国制定的《电子商务示范法》第11条第1款规定："就合同的订立而言，除非当事人另有协议，一项要约及对要约的承诺，均可以数据电文的手段表示，如果使用了数据电文来订立合同，则不得仅仅以使用了数据电文为由而否定该合同的有效性和可执行性。"此规定肯定了计算机自动订立合同的法律效力。欧共体委员会制定的《关于电子商务订立合同的研究报告》中指出，可以将对计算机的应用及拥有最后支配权的人视为他同意了计算机所发表的要约和承诺，并由他对计算机系统所作出的一切决定负责。

四、电子合同的标的

标的是合同权利义务所指向的对象。电子合同标的从是否可以在线交付的角度可以分为两类：一类是信息产品，它以数字化形式存在，可以无限复制或从网络下载、浏览；另一类是非信息产品，即传统的有形商品。由于信息产品的特殊性，使得电子合同当事人的权利义务发生了明显变化。具体而言，信息产品具有如下特点。

1. 不可破坏性

因为信息产品不可能磨损，一经产生，就可以永久存在，故无论使用得多久或频繁，其物理质量都不会下降。对信息产品而言，不存在新旧区分；对购买人而言，无需重复购买；对厂商而言，他们必须不断推出新的产品或不停地提供诸如升级、维护等相关在线服务。因此，这一特性决定了信息产品许可使用的情形要远大于信息产品载体的实际销售。

2. 可变形

信息产品的内容很容易被修改，即使产品的卖方要求使用人未经同意不得修改信息产品的内容，但是用户仍然可以采用特定技术来改变，此举不但损害了相关产品的知识产权，更使生产厂家必须同自己的改进的"变形"产品不断竞争，损害了其相关权益。在在线信息服务领域中，这一问题尤为突出，如私服、外挂等。

3. 易复制

所有信息产品都可以无限次的复制、存储和传输，这意味着生产厂商只要开发出信息产品就可以无限次地许可使用。同时，在线下载，在线浏览、服务等基本不受载体的限制，其成本极低，易于广泛应用。

界定信息产品这一标的的意义在于：信息产品的特点改变了传统商品的履行方式，使传统合同的权利义务发生了新的变化。

五、电子合同当事人的特殊权利和义务

（一）电子控制权①

当电子合同的标的是信息产品时，基于标的本身的特殊性而使当事人的权利义务产生了特殊情况，这集中体现在信息产品许可人享有的电子控制权上。

1. 信息许可人行使电子控制权的条件

所谓电子控制是指信息产品的许可方采取某一电子措施和类似方法限制他人对信息的利用。信息产品的特性使得许可人往往难以控制信息产品不被滥用，如基于信息产品本身的特殊性，许可人在合同终止时无法要求被许可人交回标的或停止使用标的，因此赋予信息许可方以一定的信息控制权是必要的。行使该权利的条件有以下几条。

（1）合同中有被许可方对信息许可方使用该权利的明确的同意。此种同意的条款可以在信息许可使用合同中规定，也可以由当事人个别约定。但这种约定关系到被许可人的重大利益，即是否可以正常使用，故应当获得被许可人的明确同意。

（2）电子控制权行使的目的是阻止被许可方超出合同约定范围的使用。其目的是保障信息产品的合法使用和按合同约定使用，许可人可以在合同期满后或合同规定的使用次数到达后，采取措施限制被许可方的继续使用；也可以在被许可人擅自改变信息产品的使用范围或源代码时阻止其继续使用。

（3）许可方在行使电子控制权之前必须向被许可人发出通知。一般说来，由于许可人和被许可人可能并不知晓被许可人是否违反合同，因此该通知可通过电子程序预先设定相应条件以自动发出警示，从警示通知发出到采用限制措施应有一个合理期限。如果被许可人在该期限取消了违约做法，控制措施不应进行。

2. 电子控制权的限制

电子控制权行使不当会损害被许可人的利益，因此要对许可人做一定的限制，具体如下。

（1）电子控制权的行使不得控制或破坏被许可人的其他信息或其信息处理设备。信息许可人只能对属于自己许可的信息行使控制权，如果许可人行使控制权时阻止了被许可人对其他信息的利用，或者锁定、破坏了被许可人的整个计算机系统或类似的设备，则超出了权利范围。从信息的使用上或依据合同的约定，信息的使用必然与其他信息混合或发生改变，一旦卸载会导致整个计算机系统遭到破坏②，许可方不得行使电子控制权。

（2）电子控制权的行使存在危害公共安全、公共利益或严重损害第三人合法利益的风险

---

① 部分内容在后续章节继续讨论，在此不再赘述。

② 本书认为，微软的“蓝屏”事件就是部分滥用电子控制权，故应予以一定限制。

时，不得使用。如果被许可使用的信息其使用目的是为公共利益或安全，许可人原则上不能行使控制权；在信息使用目的为其他时，如果许可人应该知道行使控制权会严重影响到公共利益或第三人利益，也不得行使该权利。这里的“应该知道”可以从信息产品的性质、使用目的、使用环境、范围等因素来判断或被许可人的明确告知来决定。

（3）电子控制权的法律后果。信息产品的许可人依法行使电子控制权，使被许可人不能使用该信息，由此造成被许可人的损失，许可人不承担任何法律责任。但由于许可人不当使用电子控制权导致被许可人或他人利益损失的，应承担相应的赔偿责任。许可人使用电子控制权即使正当，但因电子控制发生错误或变动导致被许可人或他人受到损害的，应承担损害赔偿责任，而因此为电子代理人产生的损害，应由程序的最终支配者——被代理人承担。

（二）信息产品许可人的主要义务

信息产品的特殊性也决定了合同许可人的产品义务与传统合同有所不同。传统合同一般要求货物合同中的当事人提供的货物质量合格和符合合同指定的用途，服务合同中的当事人利用自己的知识和技能为相对人提供服务，侧重服务的过程。但是，信息产品合同包括这两类合同的相关产品义务，如当事人购买软件，既要求当事人提供的软件质量合格并适于特定的目的，又要求当事人提供软件的维护及升级服务。因此，信息产品许可人的义务具有混合性的特点。

1. 质量担保义务

信息产品许可人的质量担保义务包括产品质量的担保和服务质量的担保。产品质量担保主要有以下几项。

（1）效用担保。是指信息产品符合通常的效用和合同约定的用途。

（2）品质担保。是指信息产品具有约定和法定的品质，如与许可人约定的规格、版本、安全性等要求一致。

（3）服务质量担保。一般由当事人在合同中约定，主要有：按合同规定向被许可人提供安装和维护，提供相关知识的培训，提供升级及其他相应服务。

2. 权利担保义务

对信息产品而言，权利担保较其他合同的权利担保更为重要。美国《统一计算机信息交易法》第 401 条规定：“信息的许可方应保证其提供的信息免于任何第三方以侵权和侵占为由提出的正当请求。”权利担保的主要内容有以下几项。

（1）保证在合同有效期内，第三人无权基于被许可人利用信息产品的行为对该信息提出权利请求或赔偿请求。

（2）若该信息产品是排他性的许可，应符合相关法律法规的规定，如专利法、伯尔尼公约。

（3）许可人不得以约定排除其权利担保义务。

3. 信息披露义务

由于电子商务交易的虚拟性，交易双方乃至交易标的均在合同履行之前难以了解，因此相关信息披露非常重要，信息披露的内容应包括以下几项。

（1）许可方的真实身份情况。

（2）信息产品的品质、质量、用途等说明。

（3）具体订约程序及合同履行方法。

除了上述义务外，许可方还应按照合同履行的基本原则，适当、全面地披露，协助被许可方完成合同订立的基础目的，如披露有关证书、使用说明等。

（三）信息产品被许可人的正当使用义务

除应遵循一般合同法中当事人的正常义务外，基于信息产品的易复制性和可变形性，被许可方的违法使用会给许可方造成严重损害，影响信息产品交易的正常进行，因此有必要规范信息产品的使用人的使用义务。

（1）未经许可人同意，不得擅自复制信息的拷贝和改变合同约定的用途、使用范围等。

（2）未经许可人同意，不得擅自改变信息的源代码并作商业性使用，或使他人使用导致许可方利益损害的。

第四节　特殊的电子合同形式——点击合同

一、点击合同概述

（一）点击合同的由来和作用

当网上购物或申请会员登记电子邮件时，网站要求填写有关信息，并点击“我同意”（I agree）按钮后才可以进行相关活动，这种必须点击“同意”的合同，称为点击合同。点击合同是指由商品或服务的提供者通过计算机程序预先设定合同条款的一部或全部，通过事先设定其与相对人之间的法律关系，相对人必须点击“同意”按钮后，才能订立的合同。点击合同对电子商务产生以下的作用。

（1）鼓励交易，降低成本。大量重复性的交易内容通过点击合同得以简化，缩短了一般合同的订立所经过要约、承诺反复磋商的过程，节约了当事人的时间和精力，降低了交易成本，使交易更加便捷。

（2）明确责任，减少风险。点击合同的定型化条款事先明确了当事人的权利义务，这意味着合同的提供人可以预先确定自己的法律责任，控制风险。合同的使用人可以根据合同的定型化条款估算出自己将要付出的代价和可能发生的风险，以决定如何选择。

（3）创造新的交易模式。成文法的规定相对落后于商事交易的新变化，网络交易这一新模式所产生的新问题尚未有法律规定，通过点击合同有利于探索形成新的交易规则，促进新经济的发展。

究其本意，点击合同是由格式合同转变而来的，经历了由传统格式合同到拆封合同再到点击合同的形式演变过程。所谓格式合同，也叫标准合同，是指由一方当事人事先制定的，并适用于不特定第三人，第三人不得加以改变的合同。格式合同较多体现了提供方的意志，合同使用人的意志被提供人的意志吸收，在这个意义上，格式合同也被称为附合合同。格式合同的条款也叫做一般交易条款、格式条款或定型化条款。从性质上来说，虽然格式合同具有强烈的附合性，但仍然是合同。在订约过程中，各方为了追求效率，简化了要约和承诺，这使得当事人的真实意思很难得到真实反映，从民商法尤其是合同法发展的历史来看，合同自由受到较多限制，产生了一些法律问题。拆封合同是指合同提供人将其与不特定第三人之间权利义务关系的相关条款，印在标的物的包装上面，并在合同中声明只要消费者在购买后拆开包装，即视为接受的格式合同。拆封合同最初用于计算机软件的销售，最常见的情形是当拿到一份计算机软件时，在包装盒上面往往会印刷着："当您打开包装时，表示您已经愿意接受下列授权条件。"之所以会出现拆封合同是由于软件产品易于盗版和滥用，为保护软件所有权人和销售商的利益，将有关限制消费者使用的条款印在了产品的包装上，只要购买人打开包装即视为拆封合同生效。在交易电子化之后，信息类产品可以直接从网上购买，不再具有传统的包装形式，但也更加易于复制和非法使用。这样，拆封合同也就随之电子化了。从网络上购买软件和安装软件时，通常会看到软件提供商的格式条款，在单击"同意"按钮或点选相关条款后，购买或安装才得以继续。

今天，点击合同并非仅仅是电子版的拆封合同，点击合同的应用有了以下变化：第一，应用范围大大拓展。拆封合同局限于买卖法律关系中，而点击合同从信息产品的使用许可到免费邮箱的申请，从买卖关系扩展到非买卖关系。第二，点击合同具有部分可选择性。某些点击合同的条款可供使用人选择，使用人不同的选择，权利义务关系会有所不同。而拆封合同的任何条款都是使用人无法选择或改动的。但是这些变化并未对点击合同与拆封合同本质上的一致性产生影响。

（二）点击合同的特征

1. 点击合同具有附和性

点击合同中的多数交易主要是通过电子代理人完成的，交易的迅捷性和现实局限性使得双方当事人不能逐条对合同进行协商；同时，合同条款的提供方大多处于经济或技术的优势地位，这种优势地位往往促使一方通过事先拟定的合同条款保证其利益的最大化，而合同的另一方要么全部接受，要么全部拒绝合同条款，而现实往往迫使他们不得不接受这些条款。这使得弱势一方无法自由平等地表达自己的意思，丧失了意思自由及选择权，只能附和于条款提供方的意志。

2. 点击合同具有标准化的特点，可以普遍适用

点击合同的条款具有一定的规范性、定型性，条款涉及内容较为完备。一方面，合同条款都是经过长时间反复运用与实践后总结出来的，并能较科学地反映所涉行业的客观规律及

特殊要求。另一方面，合同的提供方是特定的，合同的相对人是不确定的，合同适用于所有欲订约的不特定相对人，不因相对人的不同而有所区别。因为合同中双方当事人角色固定，内容具体，使其订立过程很快，充分反映了网络经济的快捷化特点，更节约了双方的交易成本。

3. 互动性

传统的格式合同不会因订立人数的多少来改变其内容，点击合同往往通过事先设定的程序，根据订立的人数、履行的地点等因素自动改变合同的价格等条款。在 B to C 交易方式中，该特点尤其明显。

但是，事物总会有其另外的一面，点击合同也存在一些弊端。点击合同部分限制了合同使用人意思表示的自由。由于合同条款事先由一方拟定，相对而言，合同提供人具有该领域内的优势地位，合同相对人难以平等地与之协商，其真实意思较难完全表达出来，这种附合性剥夺了相对人选择的自由，这在一定程度上限制了经济发展的多样性和自然性。点击合同较容易损害相对人的利益。合同的提供方通过加重相对人的责任，免除或减少自己的责任，不合理地分担风险责任等格式条款以谋求自身利益地最大化，从而损害了合同相对人的利益。这在实质上破坏了契约的正义性，有损于良好交易秩序。

二、点击合同的基本原则

点击合同究其本质依然是合同，应符合合同的基本原理和格式合同生效的一般条件，以保护弱者的利益，达到公平的目的。《合同法》第 39 条规定：采用格式条款订立合同的，提供格式条款的一方应当遵循公平原则确定当事人之间的权利和义务，并采取合理的方式提请对方注意免除或限制其责任的条款，按照对方的要求，对该条款予以说明。第 40 条规定，提供格式条款一方免除其责任、加重对方责任、排除对方主要权利的，该条款无效。第 41 条规定，对格式条款的理解发生争议的，应当按照通常理解予以解释。对格式条款有两种以上解释的，应当作出不利于提供格式条款一方的解释。格式条款和非格式条款不一致的，应当采用非格式条款。《中华人民共和国消费者权益保护法》第 24 条规定：经营者不得以格式合同、通知、声明、店堂告示等方式做出对消费者不公平、不合理的规定，或者减轻免除其损害消费者合同权益应当承担的民事责任。结合上述条款，本书认为点击合同的实行应重点符合以下合同法的基本原则。

（一）平等自愿、意思一致

合同法的平等原则指的是当事人的民事法律地位平等，包括订立和履行合同两个方面，一方不得将自己的意志强加给另一方。合同法的自愿原则，既表现在当事人之间，因一方欺诈、胁迫订立的合同无效或可以撤销，也表现在合同当事人依法享有自愿订立合同的权利，任何单位和个人不得非法干预。当事人意思表示一致是合同生效的关键，点击合同中不但要探讨每个条款是否符合法律规定，是否有效，关键是考量双方是否平等自愿地达成意思一致。

（二）公平、诚实信用原则

《合同法》第 5 条规定：当事人应当遵循公平原则确定各方的权利和义务。这里讲的公平，既表现在订立合同时的公平，显失公平的合同可以撤销；也表现在发生合同纠纷时公平处理，既要切实保护守约方的合法利益，也不能使违约方因较小的过失承担过重的责任；还表现在极个别的情况下，因客观情势发生异常变化，履行合同使当事人之间的利益重大失衡，公平地调整当事人之间的利益。诚实信用，主要是指当事人要言行一致，不能反复无常，也不能口惠而实不至。具体履行点击合同中，当事人应当恪守商业道德，履行相互协助、通知、保密等义务。合同法规定诚实信用既适用于点击合同的订立阶段，也适用合同终止后的特定情况，如点击合同的权利义务终止后，当事人应当遵循诚实信用原则，根据交易习惯履行通知、协助、保密等义务。

三、点击合同交易条款应满足的条件

从点击合同的相关纠纷中，会发现实践中影响点击合同效力的因素主要有两个：一是传统格式合同中的霸王条款及无效格式条款；二是商家利用网上交易所采用的新形式，不履行上述点击合同的基本原则（如告知义务），导致消费者未能充分理解和审查合同条款及具体内容，产生重大误解乃至欺骗。因此有必要针对点击合同的订立背景及环节，从 B to C 和 B to B 交易两个方面具体探讨点击合同应满足的实体条件和程序条件。

（一）B to C 交易合同条款应满足的条件

1. 合理提醒、充分告知

在点击合同订立的过程中，网络商家的充分告知义务是至关重要的，只有给予消费者充分的告知，才能使消费者了解到该格式合同的存在，从而作出是否缔约的选择。《合同法》第 39 条规定："采用格式条款订立合同的，提供格式条款的一方应当遵循公平原则确定当事人之间的权利和义务，并采取合理的方式提请对方注意免除或限制其责任的条款，按照对方的要求，对该条款予以说明。"电子合同的提供方通常采取一些不太恰当的手段，以欺瞒消费者，如故意将不合理的条款用细微文字书写；或者合同条款制作得非常繁杂庞大，将不合理的内容隐藏于其间，不易引起人们的注意或难以准确理解其法律含义，很容易使相对人在不经意的情况下作出了非真实的意思表示。这里对"合理的方式"未作出具体的规定，不易操作。对此，本书认为在点击合同和电子合同中，提请消费者注意达到合理的程度，可以从文件的表现形式、提醒注意的方法、提醒注意的时间和程度四方面来考察。

第一，文件的表现形式：应使相对人知道它是合同条款。在浏览页面购买商品时，卖方以合同文本的形式表现订立合同的内容，供消费者点选和点击同意。这种表现形式应该是符合要求的。但是，页面上的某些规定或提示是以声明、通知等形式发布的，是否能成为合同条款，则要具体分析。该提示如能明确表明它是合同条款，与消费者所要订立的合同是一个整体，则可以作为格式条款。否则，合同的提供方不能将该提示作为合同的条款。

第二，提醒注意的方法：应使相对人知道它的存在。提醒注意的方法可以是多样的，提醒的方式以个别提醒和明示提醒为主，但必须能引起具有合理注意能力的消费者的注意。根据特定交易的具体环境，提供格式条款的一方可以向相对人明示其条款或以其他显著方式如扩大字体、重复出现等形式提醒相对人注意。在这些提醒方式中，应当尽可能采用个别提醒引起其注意，不可能采用个别提醒方式的，应采用公告方式确保每个消费者均能看到。在消费者购买过程中，合同条款的全部内容应当出现在页面上，提醒注意的语言文字要清晰明白，标志醒目。

第三，提醒注意的时间：应当在合同订立之前或订立之时作出。在消费者作出点击“同意”按钮之前，所有条款均应告知。因此，某些网络商家在消费者作出承诺之后，又告知消费者若干义务，该义务不能作为合同内容，因为在合同成立之后，未经相对人同意，单方不能变更合同，变更内容不属于双方的合意，不属于合同内容。

第四，提醒注意的程度：应当能够引起相对人的注意。合理注意在不同情况下其确定的标准是不同的，但总的来说，应通过合理的方式提起注意而使相对人对条款的内容有足够的了解。换句话说，应向相对人提供合理机会了解条款内容。这一规定的目的是为了使相对人能够有更多的时间认真考虑格式条款。如从文件的外在表现形式来看，应当使相对人产生它是规定当事人权利义务关系的合同条款的印象。

2. 保证消费者有审查机会

当然，合理提请对方注意是必须履行的义务，但是即使提请注意达到了合理的程度，消费者没有时间去审查这些条款，那么这种提醒也是无济于事的。因此，除合理提醒消费者注意外，还要保证消费者具有审查的机会，是否具有这样的机会应从以下几点判断。

第一，合同条款能引起相对人的注意并允许其审查。引起消费者的注意是条件，允许其审查是结果。所谓允许审查，是指消费者能看到合同的内容并有权作出是否缔约的决定。允许审查是进行审查的前提性条件。

第二，合同的提供人应保证相对人有审查的合理时间。例如，商家在有关页面上有“法律声明”之类的栏目，允许消费者在浏览页面时查看或将合同内容设置为消费者购物的必经环节，以保证消费者有充分的时间去审查。

第三，相对人审查合同的时间。合同的提供人应保证相对人在订约之前或订约之时有审查的机会；如果某一条款只有在当事人负有付款义务或履约之后才能审查的，则只有在相对人如拒绝该条款时有退还请求权的情况下，视为具有审查机会。

在电子商务中，点击合同的提供方应该保证相对人在订约前或订约之时有充分的时间了解合同的内容并有权作出是否缔约的决定。如商家没有在购物环节的页面上设立“法律声明”之类的栏目，未将该内容设置为相对人购物的必经环节，以致相对人没有审查的机会；又如在订立合同时，规定相对人需要保守商业秘密，但只有在相对人付款后，才能了解涉及商业秘密的具体内容，此时除非相对人拒绝接受应有退款请求权，否则，应认为合同提供方未给予审查机会。

（二）B to B 交易合同条款应满足的条件

在 B to B 交易中，尽管当事人均为商人，无明显强弱之分，但由于商事经验和交涉能力有可能存在较大差异，因而需对其使用的合同条款进行一定限制，以保护正常的商事交易。

1. 由双方当事人在多次交易中使用的

这要求交易双方必须在较长的一段时间内持续使用条款，每次使用都以相对人知悉该条款存在并语义相同为前提。若反复使用简化条款或参照条款的，必须履行此条件且保证双方充分理解。

2. 符合行业惯例或商业习惯

由于商业习惯或行业惯例为交易双方所长期使用并了解，可以视为双方理解该条款并已引起合理的注意，但一方举证并不知悉该条款的存在或对其内容有明显歧义的除外。

3. 对于初次使用的格式条款，应给予相对人了解的机会

这里不要求相对人理解该条款的具体内容，只需提醒其知晓其存在，并认为此为合同的组成部分即可。

从上面的分析可知，点击合同效力的有无基本上取决于程序性的义务，即要求商家在和消费者订立格式合同的过程中应尽相应义务以保证消费者在了解自己将要有所作为及作为之后会产生一些后果的情况下才作出决定。这些要求表明点击合同是否有效的关键是对于商家制定的格式合同的内容，消费者是否能够充分理解这些合同条款的意思。根据合同解释的客观理论，一个合同条款能否执行并不取决于寻求法院司法救济的人实际上如何理解争议中的条款，而是取决于一个理性的人是否能理解该条款的含义。因此对于充分理解这个因素，可理解性的标准应当是以一个理性的人来考察。

对点击合同内容的限制非常重要，但是合同法上的相关规定已足够。对点击合同的效力关键应从实体和程序两方面来进行限制，通过程序性方面的设置来追求实体上的公正，以达到平衡双方当事人利益的目的。

第五节　电子合同的履行及违约救济

一、电子合同的履行

合同的履行，指的是合同规定义务的执行，表现为当事人执行合同义务的行为。当合同义务执行完毕时，合同也就履行完毕。履行合同，就其本质而言，是指合同的全部履行。只有当事人双方按照合同的约定或法律的规定，全面、正确地完成各自承担的义务，才能使合同债权得以实现，也才使合同法律关系归于消灭。因而，合同履行要求当事人全面、正确地完成合同义务，是对当事人履约行为的基本要求。只完成合同规定的部分义务，就是没有完全履行；任何一方或双方均未履行合同规定的义务，则属于完全没有履行。电子合同本质上属于合同，其履行原则没有较大的变化。

（一）电子合同履行的原则

根据合同法及司法实践的相关精神，合同的履行除应遵守平等、公平、诚实信用等民法基本原则外，还应遵循以下合同履行的特有原则，即适当履行原则和协作履行原则。

1. 适当履行原则

适当履行原则是指当事人应依合同约定的标的、质量、数量，由适当主体在适当的期限、地点，以适当的方式，全面完成合同义务的原则。这一原则要求：第一，履行主体适当。即当事人必须亲自履行合同义务或接受履行，不得擅自转让合同义务或合同权利让其他人代为履行或接受履行。第二，履行标的物及其数量和质量适当。即当事人必须按合同约定的标的物履行义务，而且还应依合同约定的数量和质量来给付标的物。第三，履行期限适当。即当事人必须依照合同约定的时间来履行合同，债务人不得迟延履行，债权人不得迟延受领；如果合同未约定履行时间，则双方当事人可随时提出或要求履行，但必须给对方必要的准备时间。第四，履行地点适当。即当事人必须严格依照合同约定的地点来履行合同。第五，履行方式适当。履行方式包括标的物的履行方式及价款或酬金的履行方式，当事人必须严格依照合同约定的方式履行合同。如对在线交付的电子合同而言，交付方应给予对方合理的下载时间及检验机会以保证交付标的的质量。

2. 协作履行原则

协作履行原则是指在合同履行过程中，双方当事人应互助合作共同完成合同义务的原则。该原则要求：第一，债务人履行合同债务时，债权人应适当受领给付。第二，债务人履行合同债务时，债权人应创造必要条件、提供方便。第三，债务人因故不能履行或不能完全履行合同义务时，债权人应积极采取措施防止损失扩大，否则，应就扩大的损失自负其责。如针对电子合同履行中的电子错误，任何一方不得借机扩大损失或因此非法获利、非法使用信息产品。

（二）电子合同履行的模式

从当前各国电子商务开展的情况看，电子合同履行的基本模式按照交易标的物是否为信息产品，可将其划分为以下几种。

第一种是在线付款、在线交货和离线付款、在线交付。此类合同的标的是信息产品。如音乐的下载。

第二种是在线付款、离线交货和离线付款、离线交货。

一般信息产品或数字化产品，往往选择在线交付，这种履行方式中间环节较少，比较简单，商家风险小且不易产生履行方面的争议。

二、信息产品履行的规则及风险承担

信息产品是指凝结着信息和人类劳动的信息劳动，并能满足人们信息需求的成果。知识产品，情报产品和文献产品等都是信息产品中的一种类型。数字产品和网络产品是属于信息商品的范畴的，它们是信息商品的新的发展形式，[①]有不易破坏性、可改变性、可复制性等物理特征。同时，又表现出易被定制化和个性化的服务特征，如用不同的字体、背景颜色和图片等来表达相同的信息，这主要源于数字产品的可改变性，因为数字产品易被改变，那么生产商就可以参考消费者的需要，提供其个性化的产品或服务。

（一）履行的时间

对于无形的信息产品，一般的履行为交付（下载）和访问特定信息，这均需要商家赋予另一方以电子访问许可权限，故商家可以称为许可方，另一方则称为被许可方。信息产品或信息的使用许可，应该是随时随地均可以通过网络进行的，实际中往往通过访问许可方网站站点、浏览指定页面等方式获得相应服务。但是，考虑到上述履行的计算机系统特点，被许可方不可能无限制地在指定时间内享有上述服务，如服务器故障或被许可方计算机及网络故障、遭受不可抗力等原因。因此，在下列合理的情况下，许可方不能提供访问机会不能认为是违约。

（1）在许可方的计算机、网站和相关设施的维护期内，被许可方无法访问。这个维护期必须符合合同法的基本精神，如双方的事先约定不得动摇合同订立的基础，许可方不得滥用这一条款，恶意减少服务时间及机会。

（2）不可归责于许可方的设备、计算机程序等发生故障及其他意外事件，或者因第二方，如服务器所有方、托管方、网络管道服务提供商的原因导致被许可方不能访问的。

在上述不能访问期间，许可方应采取合理措施让被许可方获取服务及信息产品，如提供备用网址，或通过合同约定解决的方式并按此方式采取了措施。

（二）履行的地点

当交易的信息以有形介质为载体时，它与传统的动产买卖在交付地点与方式方面，没有多大区别。应当按照合同的约定履行，当事人就合同内容约定不明确，首先达成补充协议，第二，按交易习惯或合同的有关条款，仍然不能确定的，按照《合同法》第62条的规定履行：履行地点不明确，给付货币的，在接受货币一方所在地履行；交付不动产的，在不动产所在地履行；其他标的，在履行义务一方所在地履行。关于履行地点，可以按照合同法关于营业

---

① 按照信息产品是否固化在其物质载体上，可将其分为有形信息产品和无形信息产品两大类。有形信息产品是指必须依附于物质载体存在的信息产品，也可称之为信息物品。无形信息产品是指无固定物质载体的信息产品。这类信息产品是可以脱离物质载体而存在的，以声波、电磁波、数字化形式存在的一种特殊的信息产品，这里所指的信息产品侧重于后者，本书以探讨无形信息产品的实际履行为主。

地和主营业地来加以确认。但是对于通过网络在线传输电子信息，仍然适用上述规则的话就违背了电子信息的规律，同时也会给当事人带来极大不便。因此，美国《统一计算机信息交易法》第 606 条规定：

（1）以电子方式交付拷贝的地点为许可方指定或使用的信息处理系统；

（2）所有权凭证可以通过惯用的银行渠道交付。

在这一点上，它是与数据电信的发送、接收时间的确定方式是一致的，即以信息系统作为其参照标准。从交付完成的标准看，则是“提交并保持有效的拷贝给对方支配”，最终让信息使用者能有效的支配合同项下的电子信息。

（三）电子信息交付的附随义务

在信息合同的履行中，为了使所交付的信息拷贝达到“商业适用性”，即实现其有效的交付，在交付之中往往还附随着一定的义务。电子信息的交付应将如何控制，访问信息的资料交给客户，使之能有效支配所接收的信息。美国《统一计算机信息交易法》第 606 条第 2 款规定：拷贝的交付要求交付方将一份符合要求的拷贝置于另一方处置之下并向另一方发出使其能够访问，控制或占有该拷贝的合理必要的通知。交付必须在合理的时间内进行，并且，如果需要，应当交付访问材料及协议所要求的其他文件，接受交付的一方应准备好适于接受交付的设施。此外，如果信息附有权利证书的，可通过普遍接受的业务方式予以交付。

电子信息交付人在信息交付后仍对信息掌握着一定的控制权，如对使用范围，期限，次数等方面的限制的，此类控制的行使必须提前通知另一方，并谨慎使用该控制手段，保证这些控制手段必须是依照合同条款而不得不保留的。

（四）信息产品的检验和拒绝受领

首先，相关法律并不排除当事人约定在付款后检验或在产品的使用后行使检验权。其次，信息产品大多使用拆封合同和点击合同方式交易，接收人所能检验的仅仅是该许可产品的说明，确定有关规格，版本等事项，只有在其下载信息产品或进行安装时，才会知道产品是否与说明相符。为此，检验期应是在接收人接受信息后的一段合理期间。

无形信息产品的拒绝受领往往是由于出现重大误解，如购买的软件或下载的论文不符合自身的实际要求，动摇了购买者订立合同的基础。如果一方当事人是合法拒绝受领，但处在已经下载、安装或使用过相关信息产品的不利地位，即实际占用该信息产品的状态，若要求实际返还，已无任何现实意义。但出于保护拒绝方合法权利的角度出发，拒绝方必须做到以下几点。

（1）妥善保管义务。拒绝方不得使用该信息、许可他人使用或以违反合同目的及约定的方式利用该信息。

（2）及时通知义务。拒绝方在发现标的与约定不同后，应在合理的时间内告知另一方，并表明自己拒绝的合法理由。

（3）交回或销毁拷贝义务。拒绝方可以在通知对方后的合理时间内或遵照对方的指示将信息及其所有复制件、相关资料退还给对方；无法退还或退还无实际意义的，应将相应无形信息产品销毁，自己或他人不非法使用、从中牟利，保证对方的合法权益。

三、电子合同交易权利义务的终止

合同权利义务终止后，当事人还负有后合同义务。我国合同法第 92 条规定："合同的权利义务终止后，当事人应当遵循诚实信用的原则，根据交易习惯履行通知、协助、保密等义务。"而电子信息交易在履行完毕之后，还存在特殊之处。

（一）被许可方的协助义务

1. 存续的义务

原则上，在合同终止时双方尚未履行的所有义务将被解除。但是下列义务于合同终止以后仍然存续：

（1）根据其他法律为有效的保密义务，不透露义务，或不竞争义务；

（2）从另一方处收到而未退还给另一方或已无法退还的被许可的拷贝或信息，或用此种拷贝或信息制作的拷贝所适用的合同适用条款；

（3）向另一方退还或交付信息、材料、文件、拷贝、记录或其他材料，或对其进行处置的义务，销毁拷贝的义务及从保管代理人处取得信息的权利。

2. 通知终止

原则上，除发生约定事由，如约定期限届满之外，一方不得终止合同，除非该方对另一方给予合理的终止通知。访问合同可以不经通知而终止；但除发生约定事由外，如访问合同涉及由被许可方拥有并提供给许可方的信息，终止合同必须对被许可方给予合理通知。

3. 终止执行

在一项许可证终止时，占有或控制属于另一方财产或于许可证终止时应交给另一方的信息，拷贝或其他材料的一方应采用商业上合理的手段，按照另一方的指示交付上述材料或进行处置。如有共同共有的材料，占有方或控制方应将上述材料交给共同共有的各方。许可证的终止解除被许可方根据许可证使用或访问被许可的信息、信息权或拷贝的所有权利。除非在许可证终止后仍然有效的条款许可，对被许可的拷贝的继续使用或对已终止的权利的继续行使则构成违约。

（二）被许可方继续使用及限制的特殊权利

在合同终止后，原则上被许可方即无权继续行使合同权利。在无形信息产品中，将其分为产品使用和服务使用，服务使用较为容易规定期限，如规定了使用年限、次数等，较易阻止被许可方继续使用且不易产生法律纠纷。但若是产品使用或该产品规定了服务期限的（如杀毒软件），则有必要在合同终止后，赋予被许可方继续使用的必要和可能。[①]

四、电子合同的违约救济

（一）违约归责原则

归责原则是指据以确定侵权民事责任由行为人承担的理由、标准或者说最终决定性的根本要素。我国《民法通则》第 106 条规定：合同违约的归责原则主要有过错责任原则和无过错责任原则。[②]过错责任原则是以行为人的过错为承担民事责任要件的归责原则，即无过错即无责任。无过错责任原则，是指没有过错造成他人损害的，依法律规定应由与造成损害原因有关的人承担民事责任的原则，英美法称之为“严格责任”。按照我国《合同法》的有关规定：合同违约以无过错责任为主，过错责任为辅，即一般的有偿合同适用无过错责任，无偿合同适用过错责任。

尽管电子合同的违约责任主要适用无过错责任，但是由于网络及技术的特殊性，导致极易产生不归属于合同任何一方的错误，为有效保护发展初期的电子商务，学界及实践中普遍采用参照《合同法》基本原则，对比双方权利义务和扩大免责范围等方法鼓励电子合同的订立。

（二）免责范围

免责是指免除违约方承担违约责任的原因和理由，包括法定免责事由和约定免责事由。合同责任的免责事由既包括法定的责任事由，如不可抗力；也包括约定的责任事由，如免责条款。

1. 不可抗力

所谓不可抗力，是指不能预见、不能避免并不能克服的客观情况。不可抗力主要包括以下几种情形：① 自然灾害，如台风、洪水、冰雹；② 政府行为，如征收、征用；③ 社会异常事件，如罢工、骚乱。合同中是否约定不可抗力条款，不影响直接援用法律规定。约定不可抗力条款如小于法定范围，当事人仍可援用法律规定主张免责；若大于法定范围，超出部分应视为另外成立了免责条款。不可抗力作为免责条款具有强制性，当事人不得约定将不可抗力排除在免责事由之外。

在网络中，下列情形被认为是不可抗力。

（1）文件感染病毒。文件感染病毒的原因可能是遭到恶意攻击也可能是意外感染，但不论是何种原因，若许可方采取了合理与必要的措施防止文件遭受攻击，如给自己的计算机设备安装了符合标准或业界认可的保护设备，有技术人员定期检查安全设备或对防火墙、杀毒

① 下一章具体阐述，在此不再赘述。

② 本书采用狭义的无过错责任原则。

软件等进行升级，但仍不能避免被攻击的，由此导致该文件不能使用或无法履行合同义务（如下载服务、浏览服务）的，许可方不承担违约责任。因此，许可方只要尽到了合理注意义务的，不承担违约责任。

（2）非因自己原因的网络阻塞或中断。网络传输中断，则无法访问或下载许可方的服务信息及产品，网络传输中断大体有物理中断和网络攻击中断，如海底地震导致网络电缆中断，停电、水淹及病毒、黑客攻击致使网络阻塞或中断。

（3）非因自己原因引起的电子错误。本书所指电子错误往往不涉及当事人的意思表示，纯由计算机系统自主作出表示行为，若邮箱发信迟延，第三方支付平台因未知错误未将消费者的价款移转至商家账户致使商家未履行交货行为的，不应承担违约责任。

本书所指电子合同的电子不可抗力，主要是指电子合同的双方无主观过错或行为，发生此类行为的几率较小且原因一般不明的，如果对此不以法定的不可抗力条款认定，会极大提升电子合同的风险。

因不可抗力不能履行合同的，根据不可抗力的影响，部分或全部免除责任。但以下除外：① 金钱债务的迟延责任不得因不可抗力而免除；② 迟延履行期间发生的不可抗力不具有免责效力。

2. 约定的免责条款

约定的免责条款是指当事人在合同中约定免除将来可能发生的违约责任的条款，其所规定的免责事由即约定免责事由。上述条款不能排除当事人的基本义务，也不能排除故意或重大过失的责任。这表明：其一，免责条款是合同的组成部分，是一种合同条款。它既然是一种合同条款，就必须是经当事人双方同意的，具有约定性。其二，免责条款的提出必须是明示的，不允许以默示方式作出，也不允许法官推定免责条款的存在。其三，免责条款旨在排除或限制未来的民事责任，具有免责功能，这是免责条款最重要的属性，是区别于其他合同条款的明显特征。判断免责条款是否成为合同的组成部分，适用《合同法》总则关于合同订立的规定和《民法通则》关于民事行为的规定。免责条款以格式条款的形式表现时，判断它是否成为合同条款，适用格式条款成为合同的组成部分的规则。

（三）违约救济的主要方式

违约救济，是指一方当事人违反合同约定或法律规定义务的情况下，另一方当事人依照合同约定或法律规定，以保障合同的法律约束力，以维护其合法权益为目的而采取的各种措施的总称。违约救济的目的是保护受害方的权益，为了使其尽量避免或减少违约造成的损失。《合同法》第 107 条规定："当事人一方不履行合同义务或履行合同义务不符合约定的，应当承担继续履行、采取补救措施或赔偿损失等违约责任。"结合电子合同的特点，本书认为，电子合同的违约救济还应该有实际履行、停止使用、中止访问和损害赔偿等措施。

1. 实际履行

对于信息产品而言，实际履行给了守约方较大的选择权，使得守约方可以在权衡利弊的基础上，选择实际履行或其他补救方式。具体来看，实际履行有着其他补救方式所难以具备的现实意义：第一，信息产品本身的易复制性和不可磨损性使得它不易灭失，这就使违约方在违约后仍然有条件继续履行，对被许可方而言，可以继续得到所需要的信息，这符合被许可方订立合同的基本目的。第二，信息产品多数具有较高的技术含量，守约方难以在短时间内另寻其他替代品，显然对守约方不利。同时，信息产品的销售、许可与服务是浑然一体的，这使得信息产品合同当事人的权利义务比其他合同更复杂，涉及当事人的多种利益，实际履行有利于减少当事人尤其是接受方的利益损失。第三，对于信息访问合同，被许可方的目的是获得相关信息或在线服务，只要不是因为信息内容上或服务难以为继的原因而违约，进行实际履行对当事人双方都具有重要意义。

2. 停止使用

停止使用是指因被许可方的违约行为，许可方在撤销许可或解除合同时，请求对方停止使用并交回有关信息。在传统合同中，因违约而往往采取停止使用并交回标的的情况，例如，房屋的承租方违反约定改变用途，出租方可以解除合同并要求对方交回房屋。当标的为信息产品时，交回的只是信息产品的载体，而信息产品的可复制性使得信息备份基本没有任何成本，所以交回的实际意义并不大，只有停止使用才能保护许可方的利益。停止使用的内容包括被许可方将所占有和使用的被许可的信息及所有的复制件、相关资料退还给许可方，同时被许可方不得继续使用。许可方也可以采用电子自助措施停止信息的继续被利用，但是行使该电子措施不得损害被许可方的合法利益，如侵害或损坏了被许可方的计算机设备及程序。

3. 继续使用

继续使用是指在合同终止或许可方有违约行为时，被许可人可以继续使用许可方的信息产品。继续使用不同于继续履行，[①]继续履行的内容是强制违约方交付按照合同约定本应交付的标的，所以它是实际履行原则的补充。因此，继续履行是违约方的一种责任，而继续使用是赋予守约方的一种特殊权利。对于信息许可使用和信息访问而言，如果许可方违约，未按照合同约定提供服务或产品，只要受害方认为必要，可以要求违约方继续履行。但是在被许可方实际使用或获得许可后，许可方的违约并不需要继续履行，而是被许可方继续使用即可满足违约救济的目的。被许可方的继续使用不排除寻求因违约行为导致的其他救济。

4. 中止访问

中止访问是对信息许可访问合同的救济，当被许可方有严重违约行为时，许可方可以中止其获取信息或使用该信息产品。中止访问不同于实际履行或继续履行，中止访问是许可方对被许可方的一种抗辩行为，是履行中的抗辩。

作为一种抗辩，中止访问必须符合一定的条件，具体如下。

---

① 有学者认为传统合同法中的继续履行是当事人未能按照合同约定正常履行义务时，由法律强制其继续履行该义务，是承担违约责任的形式之一，是一种义务而非权利。

（1）合同当事人双方具有对待给付的义务，即信息许可访问合同是双务合同。

（2）合同约定的义务已届履行期。

（3）未按合同的约定履行相应义务，如杀毒软件的使用方未按规定的时间交付使用费，许可方可以中止其升级、维护的权利。

（4）在许可方采取中止措施之前，应通知被许可方并给其留有一定的履行时间。如果被许可方在通知规定的时间内，消除了违约行为则中止访问的措施不应采用。

在电子合同违约救济中，损害赔偿也是一种常用的救济方式，是违约方以支付金钱的方式弥补受害方因违约行为所减少的财产或所丧失的利益。损害赔偿是最基本和最重要的违约救济方式，它与上述几种违约救济方式是互补的，一方违约后，除了可要求其采取特定补救方式外，对于已造成的损害还应予以赔偿。

第六节　电子合同相关法律制度

一、电子意思表示法律制度

（一）意思表示的作用

电子合同是否成立的关键在于合同各方的意思表示是否一致。一般情况下，法律行为仅以意思表示为要件。意思表示在合同中具有非常重要的地位：第一，意思表示一致是合同成立的要件之一。当事人的合意即意思表示一致是合同成立的根本标志。第二，当事人的意思表示是否真实是判断合同效力的主要因素之一。基于“不真实的意思表示”而成立的合同，根据合同法规定，可以被认定为无效合同，也可以撤销合同。

（二）电子意思表示及法律后果

电子意思表示是指利用资讯处理系统或计算机而为意思表示的情形。在名称上，尚未统　，有称为自动化意思表示或自动化表示，或电子意思表示，也有称为完全电子化的意思表示。

（1）所谓传达的意思表示，系指意思表示由当事人借助计算机生成，并经由网络传送，也即意思表示即使借助于计算机，但仍属于因人的意思和行为而生。在现今科技日益进步的条件下，借助于计算机形成的意思表示已不限于文字，还可以包括声音和影像等。

（2）自动化意思表示，是指人类或机器读取方式所输入的资料，由计算机借助计算机程序自动发出应答的意思表示情形。该自动化意思表示与传统自动售货机情形之差异在于：自动售货机仅仅发出业已生成的意思表示，亦即对于不特定人为要约的意思表示，但其本身并不做出意思表示；反之，自动化意思表示，其特色在于资料处理系统的设置者并未预先作出任何意思表示，而是仅仅事先设定处理资料的程序而已，而使资料处理系统或计算机得以根据其后个别输入的资料，予以处理并作出一定的意思表示。

（3）计算机意思表示，与以上两种情形相比较，主要差异在于：一方的意思表示借助计算机程序自动生成，并借助网络电子化予以传达。比方说，需方企业的计算机按照预定的程序，在库存下降到一定数量时便自动向供货方发出订单（要约），供货方计算机在收到该订单后，如果审查合格，会及时向需方发出承诺。整个过程可以完全自动化实现，不需要任何人工的具体操作。在这种情况下，就极其容易产生两个问题：一方面，由于缺乏计算机和网络所有者的自己控制，它发生的合同订立的信息，可能并不反映双方订立合同时某一方当事人或各方当事人的真实意思；另一方面，这种自动化的定约过程使得合同被执行之前，无论是要约人还是承诺人，都可能无法察觉合同中所发生的错误，其后果可能会很严重。[①]

从当前的实践来看，电子意思的具体形式多种多样，包括但不限于电话、电报、电传、传真、电子邮件、EDI、因特网数据等。电子意思表示只要符合合同法的基本原则，未受到电子错误、个人表意错误等影响，具有法律效力。一般司法实践认为，能反映相关设备及程序最终拥有者的设定目的的电子意思表示，即便因此导致不利后果的，亦由最终拥有者承担。

二、电子合同的证据法律制度

联合国《电子商务示范法》采用“功能等同法”赋予电子合同书面形式的法律效力，我国《合同法》直接作扩张解释赋予其书面形式的法律效力，但传统合同的书面形式是可以作为证据采用的，然而电子合同的电子数据资料能否被司法界认定为证据呢？我国《民事诉讼法》第 63 条规定了 7 种证据：书证、物证、视听资料、证人证言、当事人陈述、鉴定结论和勘验笔录，其中似乎可以将电子数据资料归于视听资料这一类法定证据。但《民事诉讼法》第 69 条又规定：“人民法院对于视听资料，应鉴别真伪，并结合本案其他证据，审查确定能否作为认定事实的依据。”据此规定，意味着视听资料也是“准证据”。在电子合同中，电子文件代替了传统贸易的纸质文件，如合同、提单、保单、支付凭证等，储存在计算机内的电子数据是唯一的证据。在此种情况之下，要求电子数据资料与其他证据相印证，几乎是不可能的，这就会严重地损害电子数据资料的证据价值，阻碍电子商务的健康发展。

结合我国《民事诉讼法》第 69 条之规定，本书认为审核电子数据资料证据价值的重点是审查判断电子数据资料证据的真实可靠性和如何与其他证据结合起来认定案件事实。具体应包含以下方面：一是审查电子数据资料的来源，包括形成的时间、地点、制作过程等；二是审查电子数据资料的收集是否合法；三是审查电子数据资料与事实的联系，只有与本案相关的事实或逻辑上是相关的事实才能被认为是证据；四是审查电子数据资料的内容是否真实，有无伪造或篡改等；五是结合其他证据进行综合判断，若与其他证据相一致，共同指向同一事实，方可认定其证据效力。但是，电子数据的证据地位在很大程度上依赖于其所采用的电

---

① 采用传统的通信手段，如信件等，收到信息时可以及时发现问题和错误，而在 EDI 的电子商务交易中，错误往往要等到合同执行完毕以后才知道，这就可能造成无法挽回的损失。

子技术特点，随着技术的深入发展，同一技术特征及标准的电子数据其改动性和易错性会发生重大变化，随之书面等同功能也会有所减弱或增强，故在立法中不宜使用列举式，应采用概括式和排除式相结合的立法方式。

三、电子合同成立的法律制度

电子合同的成立是指当事人之间就合同的主要条款达成一致的意见。世界各国的合同法对合同的成立大都减少不必要的限制，这种做法是适应和鼓励交易行为，增进社会财富的需要，所以说在电子合同的成立上，只要当事人之间就合同的主要条款达成一致的意见即可成立。有的电子合同还需具备特殊要件，如需到有关部门办理批准登记手续后才能生效。

（一）电子合同成立的时间

合同成立之时，当事人受合同约束。因此，合同成立时间的确定就显得尤其重要。两大法系在此问题上存在着截然不同的主张。以德国为代表的大陆法系主张到达主义或送达主义。而英美法系则主张投邮主义或发送主义。到达主义对电子合同的成立并无明显障碍，而投邮主义却使得电子合同的成立存在极大的法律困难。因此，英美法系国家在以 EDI 等方式成立的电子合同时，倾向于采用大陆法系的到达主义做法。[①]例如，1995 年英国著名的丹宁大法官在审判 Entores Ltd. V. Miles Far Fast Cor 一案中指出："当事人之间采用即时通信手段的规则应与邮寄规则有所不同，在此种情况下，合同应于要约人收到承诺之时成立。相应地，合同成立的地点也应为承诺收到的地点。"大多数国际组织制定的通信协议范本基本上都采用了到达主义。欧共体的《欧洲电子数据协议范本》明确规定："除非另有协议，经由 EDI 订立的合同，构成承诺的电文传递到接收方的信息系统的时间与地点是合同成立的时间与地点。"《联合国国际货物销售合同公约》规定电子合同中承诺生效的时间，以通过对方收到数据电文的时间加以确认。联合国《电子商务示范法》第 15 条规定："除非发端人和收件人另有协议，数据电文的收到时间按下述办法确定：

（1）如果收件人指定了某一信息系统用以接收数据电文，以数据电文进入该信息系统的时间为收到时间，如果数据电文发给了收件人的信息系统但不是指定的信息系统，则以收件人检索到该数据电文的时间为收到时间；

（2）如果收件人未指定某一信息系统，则以数据电文进入收件人任一信息系统的时间为收到时间。"

关于电子合同成立的时间问题，我国《合同法》第 16 条规定："要约送达受要约人时生效。采用数据电文形式订立合同，收件人指定特定系统接收数据电文的，该数据电文进入该特定系统的时间，视为到达时间；未指定特定系统的，该数据电文进入收件人的任何系统的首次时间，视为到达时间。"从该规定结合实际情况来分析，认定发送和接收电子通信时间的

---

① 姚启建.电子商务合同若干法律制度研究. http：//cdmd.cnki.com.cn/Article/CDMD-10053-2003111872.htm.2012-11-21.21: 12

默认规则可以理解为：在双方没有违反约定的情况下，某个电子信息进入了某个发送人无法控制的信息系统或脱离发送人的控制，就视为该信息已经被发送。如果信息进入了多个信息系统，则信息发送时间以最先进入的系统为准。因此，如果某个人发送的电子邮件先进入其网络服务提供者的服务器，再发送到接收人的计算机系统，那么该邮件被发送的时间就是最先进入网络服务提供者的服务器的时间。在判断接收方面，如果电子信息的接收人指定了一个信息接收系统，则该电子信息进入系统的时间为信息接收时间。如果接收人没有指定信息接收系统，则信息引起接收人注意的时间就是信息接收时间。但是信息何时引起接收人的注意应该有一个客观标准。一般并不要求接收人实际阅读该信息，只要接收人知道或应该知道信息到来即可。例如，接收人明知他的电子邮件信箱中有他人发来的邮件，但拒不阅读该邮件，则该邮件仍然被视为已接收。上述规定，仍然可以适用合同法中关于过错方承担不利后果的基本原理加以推断。

根据我国《合同法》第16条之规定，数据电文进入收件人特定系统的时间为到达时间，该时间就是要约或承诺成立的时间。数据电文的到达时间一般储存在数据电文的传递信息部分，由收到该数据电文的服务器自动设置。但是在司法实践中，这一点极易引起纠纷。本书认为在立法上应明确：第一，关于到达时间的证明。就技术而言，储存在用户特定位置的数据电文的接收时间为到达时间，但是，相关系统及硬件的时间设置很容易被篡改且没有公信力。对于此种情况，较为可行的方法是不以收件人计算机内储存的数据电文所显示的时间为准，而按照数据电文的服务器上所显示的时间为准，其法理在于数据电文的服务提供商通常是独立的第三方，由其证明到达更显公平和真实。第二是关于服务器的误差问题。邮件服务上的服务器因为技术或人为原因，可能会出现误差。因此，对于服务器的时间的设置应当力求准确，定期监测。①

（二）电子合同的成立地点问题

电子合同尤其是国际合同的成立地点，关涉到管辖法院和准据法的判定问题。由于电子合同所依靠的互联网具有无国界的特点，因此对于电子合同的成立地点问题的判定就成为各国法律必须重点解决的问题。依照我国《合同法》第16条第2款规定，必须在司法实践中确定：特定系统、区分“指定”和“非指定”、确定数据电文进入系统的地点及由谁证明到达的事实等相关问题。

1. 特定系统

从技术角度而言，特定系统有两个：一是服务器系统；二是该服务器中的邮箱系统。由于我国立法采大陆法系的“到达主义”规则，所以特定系统应当指服务器中的邮箱系统，因为只有邮箱系统才是收件人直接使用的系统。从技术过程看，电子邮件在网络上的传递方式

① 有学者认为，在电子合同立法上，应当将定期调校服务器时间列为邮件服务商的法定义务之一，本书认为应放在网络服务商立法中更为合理。

是服务器—服务器间的传送，邮箱系统往往只是服务器的内部设置。电子邮件一定要通过服务器系统再转送入收件人的邮箱中。为了平衡电子邮件的发件人与收件人之间的风险，法律应当根据技术特征来设定，特定系统应当指收件人邮箱所在的服务器系统，但收件人必须准确设定收件人的邮箱地址。

2. "指定"与"非指定"

关于"指定"与"非指定"系指要约人有无特别指定而言。由于网络技术的特性，在实务中应注意区分以下情况。

（1）要约人在电子邮件表头信息中注明的邮箱地址。一般分为要约人自行设置和计算机默认设置两种情况。通常，发件人可以在电子邮件的开头自行输入一个电子邮箱地址。如果没有输入，则计算机一般会自动将该栏填写为计算机默认的地址[①]，该邮箱地址应视为指定系统。

（2）网络广告或网站上指定的邮箱地址。对此应区分不同情况对待，因为服务商的网站通常会同时使用多个邮箱地址，各个部门或具体人员都有自己的邮箱，分别用作不同的用途。常见的有商务邮箱和网管邮箱之分。商务邮箱是服务商作为商业活动之用；网管邮箱则一般作为服务商管理网站，解决技术问题之用，尤其是在服务器托管的情况，网管很可能不是该服务商的员工，而更可能是服务商聘用的技术公司。因此，误发给网管邮箱的，不能认定为指定系统，但是如果网络仅给出一个邮箱地址而没有区分的，则可以认定为收件人的任何系统。

（3）收件人指定的第三方邮箱地址。网络上有些服务器为用户提供转发电子邮件的服务，设置多个邮箱用作不同用途，是网络中的惯常做法。此时，应以第三方的邮箱地址为收件人的指定地址，因为无论收件人的真实邮箱地址是否与指定邮箱地址相吻合，只要此地址为收件人所指定，即符合合同法上的"指令履行"情形，将电子邮件向该地址发出等同于向收件人发出。

联合国《电子商务示范法》第 15 条第 4 款规定："除非发端人和收件人另有协议，数据电文应以发端人设有其营业地址的地点视为其发出地点，而以收件人设有营业地的地点视为其收到地点。就本法而言：

① 如发端人或收件人有一个以上的营业地，应以对基础交易具有最密切联系的营业地为准；如无任何基础交易，则以其主要的营业地为准；

② 如发端人或收件人没有营业地，则以其惯常居住地为准。"

该法将地点问题分解为数据电文的发出地点和收到地点两部分，至于合同成立地点是按数据电文的发出地点或收到地点，则依各国国内法自行确定。本书认为之所以规定"营业地"作为发出地或收到地，主要是基于使合同及相关行为与行为地有实质联系，从而避免以"信息系统"作为发出地或收到地所可能造成的不确定性。由于我国立法对于意思表示采取"到

---

① 此处默认地址应视为电子代理，这更合乎发件人的意思表示。

达主义”，所以规定以收到地点为合同成立地点。同时，充分考虑当事人意思自治原则和数据电文的特殊性问题，我国《合同法》第 34 条规定：“承诺生效的地点为合同成立的地点，采用数据电文形式订立合同的，收件人的主营业地为合同成立的地点，没有主营业地的，其经常居住地为合同成立的地点，当事人另有约定的，按其约定。”

英美法系国家采用“发送主义”或“投邮主义”，承诺一旦发出，合同即告成立，即承诺发出地点为合同成立地点。电子合同的订立是在不同地点的计算机系统之间完成的，对于电子合同而言，很难适用“发送主义”，因为电子商务电信可以在任何不同的地点发出，如发送人的营业地，发送人拥有计算机的某个地点都可以。若采用发送主义原则，将使合同的成立地点具有极大的不确定性，因而采用“到达主义”更为合理。因为收到信息的一方比较容易确定，有利于提供关于合同成立地点的法律的确定性。前文述及的英国丹宁大法官在审判 Entores Ltd. V. Miles Far Fast Cor 一案中就已指出，当事人之间采用通信手段的规则应与邮寄规则有所不同，合同应于发价人收到承诺之时才成立，其合同成立的地点应为收到该承诺的地点。

四、电子错误对合同效力的影响

所谓错误，是指表意人所表示出来的意思与其真实意思不一致。合同的订立以双方的意思一致为基础，如果当事人对订立的合同的标的、当事人的身份、标的的数量或性质发生误差，显然就是与当事人的真实意思不一致，因此，合同中的错误对合同的效力肯定会有影响。若错误导致交易当事人双方的合意发生根本的改变，合同就无效。

（一）电子错误概述

所谓“电子错误”，是指在线交易过程中，交易双方因使用信息处理系统时产生的错误。从广义上讲，电子错误包括：传统合同错误的电子化表现形式，如当事人对网上商家误解而向其发出要约；狭义的电子错误仅指计算机处理系统所产生的错误，如消费者在网上订购计算机 1 台，但自动交易系统却将其识别为 10 台，并作出承诺。再例如，商家规定的买卖时间已过，但消费者发出购买要约，自动交易系统仍然与之订约等情况也属于狭义的电子错误。

错误的实质是法律行为的错误，也可以称为意思表示的错误，它主要有两种法律形态：一是表示内容的错误。如对法律行为种类或性质的错误；标的的错误；对当事人本身的错误；有关价格、数量履行期限等的错误。二是表示行为的错误。如由于传达机关的传达不实。基于狭义的电子错误是由于信息自动处理系统的错误，非表示内容的错误，所以它可以归于表示行为错误一类。为此，电子错误应符合以下要件：首先是电子信息需经过当事人使用或指定的计算机信息处理系统进行信息传递或信息处理，其次是该计算机信息处理系统的程序设置正当。

（二）撤销电子错误的条件

由于错误非当事人真实的意思表示，所以原则上允许当事人撤销，即在合同成立之前，当事人可以撤销错误的表示行为；在合同成立或生效之后，亦可依据某类特定条件撤销该错误产生的法律后果。

在一般交易中，当事人可依此类特定条件，撤销源于双方的错误电子信息效力。

1. 当事人有约定

若当事人各方约定使用某种程序来检测变动或错误，一方当事人遵此约定执行，另一方当事人未遵此约定，如果遵守该约定就可以检测到该变动或错误的，遵守方可以撤销变动或错误的电子信息的法律效力。

2. 当事人无约定

（1）若一方采用某种程序检测到自己所发出的信息有变动或错误的，应及时通知另一方，相对方应在合理期间内予以确认，经确认后，发出方可以撤销因变动或错误所产生的效力；相对方在合理期间内未确认的，发出方也可以撤销因变动或错误所产生的效力。相对方在合理期间给予否认的，应由发出方证明变动或错误的存在，能证明者可以撤销，不能证明者不得撤销。

（2）若一方采用某种程序检测到对方所发信息有变动或错误的，应立即通知对方，相对方在合理期间内确认的，任何一方均可以行使撤销权，相对方未在合理期间内确认的，通知方可以行使撤销权。

在 B to C 的交易中，出于保护消费者及弱势群体的考虑，学界及国外司法实践普遍确立了以下规则：

消费者可以撤销在与卖方的电子代理人交易过程中源于本人的错误电子信息的效力，其前提条件是：电子代理人未能提供机会避免或纠正错误，或消费者在知道电子信息出现错误时采取如下行为。

① 及时通知另一方当事人，电子信息出现错误，并告知本人不愿受错误电子信息的约束。

② 采取合理措施，如遵照对方合理指示将所有的信息拷贝返还给对方，或根据对方指示取消收到的信息拷贝等。

③ 未使用或从该信息产品中获利，或使信息产品所有人产生不必要的损失，如将该信息产品转让给他人使用等。

电子错误或变动未被双方当事人检测到的，直至合同履行或履行完毕，原则上合同应有效，除非该错误构成有影响力的错误，动摇了合同成立的基础。基于电子错误或变动致使合同或某一条款无效或被撤销的，当事人应当返还因错误或变动所带来的利益，不能返还的，应当给予补偿；因电子错误或变动致使一方受损失的，若该错误或变动可归责于一方，则由该方赔偿损失；不可归责于一方的，该损失由自己承担。

本 章 小 结

合同是平等主体的自然人、法人、其他组织之间设立、变更、终止民事权利义务关系的协议。合同条款包括当事人的名称或姓名和住所、标的、数量、质量、价款或报酬，履行期限、地点和方式，违约责任和解决争议的方法。电子合同是平等民事主体之间通过电子信息网络，主要以电子邮件和电子数据交换等形式设立、变更、终止财产性民事权利义务关系的协议。电子合同的成立及生效需具备以下法定要件：行为人具有相应的民事行为能力；电子意思表示真实；不违反法律和社会公共利益；合同必须具备法律所要求的形式。

要约是希望和他人订立合同的意思表示，必须具备特定的有效要件：由具有订约能力的特定人作出的意思表示；要约必须具有订立合同的意图；要约必须向要约人希望与其缔结合同的受要约人发出；要约的内容必须具体确定；要约必须送达受要约人，并对要约人具有约束力或拘束力。要约的撤回是指要约人阻止要约发生效力的意思表示。撤回要约的通知应当在要约到达受要约人之前或与要约同时到达受要约人。要约的撤销，是要约人消灭要约效力的意思表示，撤销要约的通知应当在受要约人发出承诺通知之前到达受要约人。在下列情况下要约不得撤销：要约人确定了承诺期限；以其他形式明示要约不可撤销；受要约人有理由认为要约是不可撤销的，并已经为履行合同做了准备工作。要约邀请又称为“要约引诱”，是指希望他人向自己发出要约的意思表示。

承诺，又称为接盘或接受，是指受要约人作出的，对要约的内容表示同意并愿意与要约人缔结合同的意思表示。承诺需具备以下要件：承诺必须由受要约人向要约人作出；承诺必须是对要约明确表示同意的意思表示。承诺的内容不能对要约的内容作出实质性的变更；承诺应在要约有效期间内作出。承诺可以撤回。撤回承诺的通知应当在承诺通知达到要约人之前或与承诺通知同时达到要约人。承诺到达，合同生效。

电子合同履行的原则，即适当履行原则和协作履行原则。合同违约以无过错责任为主，过错责任为辅，即一般的有偿合同适用无过错责任，无偿合同适用过错责任。电子合同的免责范围包括不可抗力和约定的免责条款，也包括文件感染病毒，非因自己原因的网络阻塞或中断，非因自己原因引起的电子错误。《合同法》第 107 条规定：“当事人一方不履行合同义务或履行合同义务不符合约定的，应当承担继续履行、采取补救措施或赔偿损失等违约责任。”电子合同的违约救济还应该有实际履行、停止使用、中止访问和损害赔偿等措施。

课 后 练 习

一、复习思考题

（一）简述电子合同的概念、性质和分类。

（二）试述电子合同的订立过程。

（三）简述信息产品合同当事人的主要权利和义务。

（四）简述信息产品合同履行的一般规则。

（五）简述电子合同的违约救济。

二、案例分析

（一）中国北京 A 公司与美国纽约一家公司一直有业务来往，近年来随着计算机网络的发展，双方越来越多地通过电子邮件进行商务活动。2010 年 6 月 1 日上午，北京时间 9 点，北京公司通过电子邮件向纽约公司发盘，出售 400 吨咖啡豆，每吨价格 1 800 美元。该邮件还称，本发盘的有效期为一个星期。纽约时间 6 月 1 日上午，纽约公司职员在打开公司计算机后发现了北京公司的发盘，遂派业务员汤姆负责了解同类咖啡豆的市场情况。6 月 7 日，纽约公司经过研究认为北京公司的发盘条件可以接受，电话指示汤姆发出接受通知。当时汤姆正在前往加拿大出差途中，因而汤姆至纽约时间当天晚上 8 时许在加拿大蒙特利尔市，用自己携带的手提电脑给北京公司的另一个电子邮件信箱发出了接受发盘的电子邮件通知，并表示其已做好履行合同的准备。北京公司发现纽约公司发来的邮件时间是北京时间 6 月 9 日上午 11 时许，计算机显示的接收时间是北京时间 6 月 8 日上午 8 时 22 分。这时，北京公司知悉国际市场上咖啡豆的价格已经开始上涨，于是向纽约公司发出通知，将该批咖啡豆的价格提高至 2 000 美元/吨。纽约公司回邮拒绝接受，要求北京公司按合同履行其交货义务。后北京公司将该批咖啡豆以 2 300 美元/吨的价格卖给了美国的另外一家公司。纽约公司遂向北京法院起诉，要求北京公司赔偿其损失；北京公司则辩称，其与纽约公司之间的合同并未成立，在没有合同关系的情况下，纽约公司的索赔缺乏依据。

问：

（1）这个案例中的要约（发盘）的生效时间？请说明理由。

（2）该电子合同是否成立？如果成立，成立的时间、成立的地点分别是什么？如果不成立，请说明理由。

（二）2010 年 3 月 6 日，高先生花 899 元从京东商城上购买了一个“西部数据”笔记本硬盘，质保期 3 年。事后，上海圆迈贸易有限公司为其开具了一张“办公用品”普通发票，发票抬头为圆迈公司。半年后，高先生发现笔记本硬盘问题不断，运行速度直线下降，直至无法开机。高先生在京东商城网上提交了笔记本硬盘的维修申请。当天，京东商城客服人员回复了审核意见，表示开发票时有特殊提示“发票不开明细，自动放弃质保”，因高先生发票开的是办公用品，无法提供返修服务。高先生也曾托人前往西部数据的维修店进行维修，被告知如需维修需要付费。几经协商未果后，高先生遂将京东公司诉至法院，要求退货、赔偿经济损失 3 000 元等。

京东公司辩称，京东公司仅是京东商城的经营者而非所有者，仅负责交易平台，而实际发货、开票、收款均由圆迈公司履行，故本案买卖合同双方是原告和圆迈公司，与京东公司无关；“发票不开明细，自动放弃质保”为网站首页的法律声明所含条款，理应算作合同条款，京东公司因此拒绝返修。高先生在案件审理中明确表示，双方合同中并无“发票不开明细，自动放弃质保”条款，故该条款无效。

法庭在追加了圆迈公司作为共同被告参与诉讼后，作出一审判决，京东公司返还原告货款 899 元，并从原告处取回笔记本硬盘；圆迈公司承担连带责任。

问：

（1）发票是圆迈公司开具，京东公司为何也要承担退货责任？

（2）京东公司的“发票不开明细，自动放弃质保”条款是否有效？

（三）八岁男童，在购物网站以他父亲李某的身份证号码注册了客户信息，并且订购了一台价值 1 000 元的小型打印机。但是当该网站将货物送到李某家中时，李某却以“其子未满 10 周岁，是无民事行为能力人”为由，拒绝接收打印机并拒付货款。由此交易双方产生了纠纷。

李某主张，电子商务合同订立在虚拟的世界，但却是在现实社会中得以履行，也应该受现行法律的调控。依我国现行《民法通则》第 12 条第 2 款和第 55 条的规定，一个不满 10 周岁的未成年人是无民事行为能力的人，不能独立进行民事活动，应该由他的法定代理人代理民事活动。其子刚刚上小学二年级，未满 10 周岁，不能独立订立货物买卖合同，所以该打印机的网上购销合同无效；其父母作为其法定代理人有权拒付货款。对此，网站主张：由于该男童是使用其父亲李某的身份证登录注册客户信息的，从网站所掌握的信息来看，与其达成打印机网络购销合同的当事人是一个有完全民事行为能力的正常人，而并不是此男童。由于网站是不可能审查身份证来源的，也就是说网站已经尽到了自己的注意义务，不应当就合同的无效承担民事责任。（来源：http://blog.sina.com.cn/s/blog_4e5c9a4c0100i1rj.html）

问：就上述二者的理由，结合刚刚学过的相关知识，对该合同是否有效，双方当事人承担何种责任进行说明。

第八章

电子信息交易法律制度

【学习目标】通过本章的学习，使学生认识电子信息交易的概念及其交易客体，掌握电子信息交易当事人的权利和义务关系，能够结合《合同法》、《著作权法》等相关立法，对实践当中常见的电子信息交易法律纠纷进行分析和解答。

【关键概念】电子信息产品；数据库；许可人；电子控制权

【引导案例】

阳光数据库案[①]

北京阳光数据公司（以下简称阳光公司）自 1994 年成立即与中国内地 15 家商品交易所和两家证券交易所订立了使用、编辑、转播其实时行情信息的许可合同。各交易所分别通过卫星将其实时行情信息发送给阳光公司；阳光公司在收到有关信息后，即将各交易所的信息通过计算机按照自己规定的格式分类整理，并汇总为一个名为《SIC 实时金融》系统的标准化的综合数据流，再将其加密后通过卫星发给阳光公司的客户，每位客户在许可使用合同中均承诺他们是最终客户，无权向任何人再转发该数据系统。这样，客户只需获得阳光公司提供的接收装置，并缴纳相应的费用即可收到国内各交易所的实时行情。此后，阳光公司发现上海霸才数据信息有限公司（以下简称霸才公司）未向其购买《SIC 实时金融》系统使用权，但从其他客户处获得该系统并予以传播。于是，阳光公司起诉霸才公司，要求停止对其侵害，公开登报，消除影响并赔礼道歉，赔偿损失 500 万元。

经法院审理查明，在 1995 年至 1996 年的一段时间里，霸才公司确实曾一度从阳光公司的综合数据流中萃取了上海和深圳两家证券交易所及天津联合期货交易所的行情信息，并将其汇进霸才公司的综合数据流中转发给自己的客户。

一审判决：（1）被告霸才公司立即停止转发原告阳光公司“SIC 实时金融”系统的违约和侵权行为；（2）解除原告阳光公司与被告霸才公司关于使用“SIC 实时金融”数据分析格式的合同；（3）被告霸才公司自判决生效之日起 30 日内在《中国证券报》上公开向原告阳光公司赔礼道歉；（4）霸才公司自判决生效起 10 日内赔偿阳光公司经济损失 926 500 元；（5）驳回阳光公司其他诉讼请求。

---

① 郭禾. 北京阳光数据公司诉上海霸才数据有限公司案. 中国民商法律网。http://www.civillaw.com.cn/article/default.asp？id=9853

二审判决:（1）撤销一审判决;（2）被告霸才公司自判决生效之日起10日内赔偿原告阳光公司408 400元;（3）被告霸才公司自判决生效之日起30日内向原告阳光公司公开书面道歉，内容须经法院审核;（4）一审诉讼费35 520元，由原告承担12 520元，被告霸才公司负担23 000元，二审诉讼费20 010元，原告阳光公司负担10 000元，被告霸才公司负担10 010元。

二审法院在审理案件时没有将“SIC 实时金融”系统视为一种商业秘密，而是直接认为阳光公司对于这种电子数据投入了人力和资金，因而法律应当保护其投入所形成的合法权益，通过禁止他人的搭便车行为从而最终保护投资人对电子产品的最终权利。二审法院的判决创造性地借鉴了欧盟的《数据库指令》中的特别保护，为我国今后数据库的法律保护提供了可供借鉴的经验。

本案争议的核心问题在于数据库信息产品交易中的许可人和使用人的权利义务关系。在信息网络时代，信息产品既可以以有形载体存在，也可以以无形的载体存在，而网络又使得没有任何载体的信息交易成为可能。对此，传统法由于其主要规制有形货物或信息交易的局限性，在调整电子信息产品交易时显得力不从心。因此，电子信息产品的交易就成为电子商务领域新兴的、特殊的交易活动，需要相应的法律规范进行规制和调整。本章首先介绍电子信息交易的有关问题，在此基础上论述电子信息交易法律关系及相关法律问题。

第一节 电子信息交易概述

一、电子信息交易的相关知识

（一）电子信息交易的概念

电子信息交易是指就计算机信息或其中的信息权利的生成、修改、转移或许可使用而达成的协议，以及对此种协议的履行。电子交易是一种合同行为，它同时也是发生在当事人之间的一种法律关系，即电子交易法律关系。

（二）电子信息交易的方式[①]

信息产品从载体上可以分为两类：一类是以物理载体形式存在的信息产品；一类是以数字化形式存在的信息产品。由于信息产品存在两种表现形式，因此，电子信息交易也存在两种形式：一种是类似于传统民法上物的转让与交付的形式；另一种是在线信息产品交易方式。在线信息产品交易又分为两种形式：一种是销售书籍、音像制品等有形物理载体形式信息产品；另一种是转移信息本身而不借助于任何固定的载体，这也是通常意义上讲的在线信息产品交易。本书主要讨论这一种情况。从实践中看，在线电子信息交易的模式主要有两种：网

---

① 高富平，张楚. 电子商务法. 2版. 北京：北京大学出版社，2006.

上订阅；付费浏览或下载。

1. 网上订阅

网上订阅模式是指企业通过网页向消费者提供网上直接订阅，消费者直接浏览网上信息的电子商务模式。

2. 付费浏览或下载

企业通过网页向消费者提供计次收费性的网上信息浏览或信息下载的电子商务模式。付费浏览或下载模式能够让消费者根据自己的需要，更加个性化地在网址上有选择地购买电子资源、数据或软件及其他消费者需要的各种信息产品。

此外，广泛意义上的电子信息交易还包括在线信息服务。在线信息服务既有随互联网产生的新型服务业，又有传统服务业通过互联网进行服务或开设网络服务窗口。目前常见的在线信息服务主要有：在线信息发布或者广告服务；网上调查服务；网上理财服务；在线证券交易服务；在线网上就业和招聘服务；网上律师业务；网上咨询服务；网上房地产中介业务；网上医疗与保健服务；网上缴费业务等。尽管上述业务离不开网络信息传递，但是其本质上不是许可用户使用信息，而是更多地趋于服务性质，因此，该部分不是我们在电子信息交易语境下讨论的重点。

二、信息产品问题与数据库问题

（一）信息产品及其特征

1. 信息与信息产品

在人类社会中，一切有价值的东西都以两种不同形态存在着，一种是物质的形式；一种是信息的方式[①]。信息是事物的内容、形式、事物之间的联系及其发展变化的反映，它一般表现为信号、消息、情报、科研成果、资料等。人类进入信息社会后，计算机技术的发明为人们收集、加工和处理各种信息提供方便，而不是以固定的物理载体形式来储存和处理信息，而且使人类社会的所有信息实现了数字化。网络通信技术的发明，使人类不再需要书籍、音像磁带、光盘等物理介质，就可以实现数字化的信息传输或转移。这样，信息和其物理载体在法律上区分开来就成为可能，信息成为一种法律上认可的独立标的物，就意味着信息作为法律承认的交易标的物而存在。

任何信息都可以数字化，即成为电子信息产品。电子信息产品，是指以电子形式、数据电文形式存在的信息，这种信息通过计算机的使用而取得，或者以计算机可以处理的形式而存在。这包括信息的拷贝及与此相关联的任何文件或文件包，包括数据、计算机软件、文本、声音、图形或图像、代码及数据库等。于是，人们把这种数字化的信息，称为信息产品、信息制品。

---

① 高富平，张楚. 电子商务法. 2 版. 北京：北京大学出版社，2006.

据此，信息产品从载体上可以分为两类：一类是以物理载体形式存在的信息产品；一类是以数字化形式存在的信息产品。二者都具有承载信息的功能，只是在信息产品的交付上，前者通过载体物的交付转移信息，后者则通过数字传输方式（如网上下载）转移信息。从法律视角来看，前者可以通过合同法、物权法、知识产权法等传统法律规范加以解决；后者产生的相关法律问题，传统法则不能完全解决。

2. 信息产品的特征

与传统物理载体信息相比，电子信息产品具有如下特点。

（1）不可破坏性。因为信息不可能磨损，一经产生，就可以永久存在，无论使用多久或多频繁，其质量都不会下降。对信息产品而言，不存在新旧之分，购买人无需重复购买，而对于厂商来说，必须与自己的产品竞争，不停地将之升级。只要数字产品能被正确地使用和存储，那么，无论反复使用多少次，数字产品的质量都不会下降，它是没有耐用与不耐用之分的。

（2）易篡改性。信息产品的内容很容易被修改，即使产品的卖方要求使用人未经同意不得擅自修改信息产品的内容，但是用户仍然可以采用特定技术来修改。为了维护产品所有者的权益，根据版权法的要求，应允许他们有维护产品完整的权利。

（3）易复制性。所有信息产品都可以无限次地复制、储存和传输。这里是特指复制的边际成本几乎为零的可复制性，这种特性一方面给数字产品生产者带来了丰厚的利润，另一方面数字产品的可复制性又为数字产品的盗版活动提供了边际生产成本低廉的制造基础，从而给数字产品生产者带来了巨大的经济损失。

（4）低成本性。由于网上下载或订阅信息产品，生产者无须向消费者提供信息产品的载体（如磁带、光盘等），因此销售成本将更低。另外，由于网上销售的市场是覆盖全球的，因此它将激发更多的潜在群体的购买欲望。

（5）易被知性和充分共享性。网络信息产品除通过各种广告和其他媒体的宣传外，一旦它与搜索引擎链接，真正需要它的人会很快通过关键词的检索而得到，这比在传统市场中像大海捞针一样去搜寻效率提高不知多少倍。信息生产商将加工的信息产品存储在数据库中，可以供成千上万的浏览者在同一时间调用，这种由全球大量用户同时享用同一产品的情形只可能在互联网上才能进行。

3. 信息产品上的权利及其交易

作品数字化的行为本身是一种复制行为。对于这种复制行为，其实质是将原有的作品形态进行数字转换，这种转换行为是由计算机完成的，是一种机械性的行为，并没有通过人的智力创作，本身不具有著作权法意义上的独创性，因而不是著作权法意义上的作品。实际上一部作品经过数字化转换，以数字化方式使用，只是作品的形态和载体发生了变化，并未产生新的作品。权利人的作品被上传到网上后，仍是原来的作品，权利人依然对这些作品享有著作权。数字化的转换行为本质上是一种复制行为。

人类社会的信息大致可以分为受著作权保护的信息和不受著作权保护的信息两大类[①]。信息产品，根据其上的信息是否受著作权法的保护，在交易过程当中，受到法律调整的范围是不尽相同的。

涉及著作权法保护的信息产品的交易，一种是版权交易，一种是信息制品交易。版权交易是将一部作品的专有出版权许可给受让人使用，允许其使用或制作副本销售发行。信息制品交易是将出版的书籍、音像制品等信息载体销售或许可使用的行为。在物理载体形态下，通常是通过转移信息载体的所有权来转移或交易信息，这使得信息制品的交易类似于有形货物的交易，受到传统财产权法的调整。而在数字化形式下，它可以单纯转移信息本身，而不转移任何载体，这使得电子信息产品的交易具有独特性。但是，这里的独特性只是因为信息丧失物理载体而单独存在所引起的，主要表现在履行方式上的不同，并不会引起交易性质的不同。这类交易涉及著作权保护和财产权转移的双重法律问题。

在现实中，并不是所有的信息都涉及著作权保护的问题，如国家立法文件、政策等信息、已过著作权法保护期限的作品等。不涉及著作权保护的信息产品就是一种纯粹的财产，从法律角度，其只会涉及财产权保护的问题。那么，关于不涉及著作权保护的信息产品交易一般受财产交易法的调整。

综上，不管信息来源是否涉及著作权，将信息制作成产品本身就会对所制作的信息产品享有财产所有权。由于在网络环境下，信息产品的交易是通过网络进行的，而权利人的信息一般会制作成数据库。一个数据库中一般包括涉及著作权的和不涉及著作权的两类信息，但不管怎样，数据库所有权人对数据库享有所有权。

（二）数据库

1. 数据库的概念

数据库是指经系统或有序的安排，并可通过电子或其他手段加以访问的独立的作品、数据或其他材料的整合[②]。或者可以说，数据库是被收集和整理起来的，从分散变为集中在某个供人们访问的处所或来源的作品、数据、事实或其他能够被系统地组织起来的无形材料。数据库就是信息的集合，从本质上讲，数据库就是信息。

2. 数据库的法律性质

从法律性质上来讲，数据库大致相当于汇编作品[③]。汇编作品属于独创性较低的作品。其内容可能包括一些本来就受著作权保护的作品、数据和资料，但有很多内容是可以自由使用的作品、数据甚至根本就不属于作品范畴的东西。因此，数据库制作和使用时，一般遵守汇编作品的一般规则。对于合法完成的数据库，一般按照汇编作品加以保护。如，世贸组织《与

---

① 高富平，张楚. 电子商务法. 2 版. 北京：北京大学出版社，2006.

② 欧盟《数据库保护指令》第 1 条第 2 款。

③ 高富平，张楚. 电子商务法. 2 版. 北京：北京大学出版社，2006.

贸易有关的知识产权协议》(简称 TRIPS 协议)第 10 条第 2 款规定，数据或其他材料的汇编，无论采用机器可读方式还是其他方式，只要其内容的选择或编排符合智力创作，即应予以保护。但是，并不是所有的数据库都是应受著作权保护的作品。

3. 数据库的著作权保护

根据前文分析，作为一种受著作权保护的作品，数据库也必须符合作品的基本条件，即具有独创性或原创性。这里的独创性是就数据库整体而言的，而不是对构成数据库的内容或资料的要求，即在资料选择或编排上体现出智力创造性。对于独创性的认定，各国的立法标准不尽相同。欧盟的《数据库法律保护指令》3.1 条规定了一项重要原则，即只要对数据材料的“选择及汇编”构成数据库作者独特的智力创作，数据库本身便可以成为著作权保护的对象。该原则可以借鉴作为我国数据库保护的基本规则。

需要注意的是，数据库区别于组成数据库的内容和材料。数据库的内容可以是不受著作权保护的资料，如时事资料、保护期届满的资料、法定的著作权保护例外情形等，也可以是受著作权保护的资料。被收集的资料和数据库本身在著作权法上属于不同的保护客体，是否可以受到保护，应分别予以独立判断。欧盟指令强调，数据库的保护并不包括数据库的内容，且不能对他人对数据库内容所享有的权利造成损害[①]。对于他人享有著作权的作品而言，在未获得权利人的同意前，不得将其纳入数据库中，亦不得在数据库中进行复制；同时并不因作者同意选编入数据库取得新的独立权利后，丧失其原来的权利与保护。同理，数据库与数据库运行的软件也是可以相互独立存在的作品。在著作权法上分属于不同的保护客体。

4. 数据库的特殊权利保护

在著作权框架下，法律保护不包含数据库的内容或资料本身，而对这些资料的析取或再使用也不构成对数据库所有权人的真正损害。在国际上，为了对数据库提供更加广泛的和有效的保护，促进数据库产业的发展，对于数据库的特殊权利保护制度正在形成。例如，1996 年，欧共体推出了《关于数据库保护的指令》，统一了成员国数据库著作权保护的标准，而且确立了一种新型的独立于著作权保护的特殊权利保护制度。

欧盟指令 7-1 条创立了一种独特的权利：数据库制造人有权禁止析取或再使用数据库的部分内容或关键性内容。这种权利包括两种：

一是摘录权，即永久或暂时地将数据库的部分或重要内容转移到另一媒介上的权利；

二是再利用权，即以任何形式向公众提供数据库全部或实质部分内容的权利，包括复制件的发行、出租、网上传播或者其他方式的播放。

这两种权利属于数据库的建立人，即对数据库的建立在质或量上体现出实质性投入的人。因此，保护的对象或客体是对数据库建立的投资——人力、技术、财力或其他资源的投资。数据库特别保护的期限一般在 15～25 年，从数据库完成的次年 1 月 1 日起计算。

---

① 米修. 法国与欧洲信息技术法律实务指南. 北京：中国法制出版社，2000.

据此，未经授权对数据库所含资料的关键性部分或实质性部分汲取或再使用的行为，即构成侵权。但是，欧盟指令也保护公众的合理利用，如果数据库已经以某种方式向公众提供，那么，数据库的合法用户就可以不经权利人的同意而实施如下行为：为任何目的传播或复制数据库的非实质或关键内容；为私人目的，复制或传播数据库内容的实质部分；为教学或科研目的，复制数据库内容的实质性部分，但应标明资料的来源，使用的范围也不能超过实现非商业目的所需的程度；为公共安全、行政管理或司法程序的目的，复制或者传播数据库内容的实质性部分。

第二节 电子信息交易法律关系

一、电子信息交易的当事人

（一）电子信息交易的当事人概念

电子信息交易是一种合同行为，它同时也是发生在当事人之间的一种法律关系，这就是电子交易法律关系。电子信息交易的当事人，即电子交易关系的主体，是直接通过网络缔结买卖合同或服务合同的在线交易主体。其中，转让或许可使用某种财产或提供某种服务的为卖方，或者电子信息产品的开发或服务商，一般称为许可人；而受让某种财产或接受某种服务的为买方，或者接受电子信息服务的一方，一般称为被许可人。

电子信息交易不同于现实交易，这不仅表现在运行的环境和使用的手段不同，而且表现在网上交易主体也具有虚拟性。但是，法律从来不承认虚拟主体，电子商务法的重要任务就是要确保网上交易主体的真实存在，并具备从事相应网上交易的资质。

电子信息交易虽然是交易主体利用网络环境和手段进行交易，但其主体仍然是现实主体，其中有些仍然是实体社会中存在的法人、自然人和其他组织，网络只是其参与交易的一种手段；有些主体是所谓虚拟主体在虚拟市场中设立独立的“摊位”或“门面”，但在现实社会中没有相应的实体的企业。这种虚拟主体应当视为现实主体在网络世界中的延伸。为了保证电子信息交易的安全性，即使现实社会中没有对应的实体“摊位”或“门面”，电子信息交易的主体也必须是真实存在的。因此，电子商务法的首要任务便是确立网上交易主体真实存在的判定规则，保证网上交易主体的真实性。

一般来说，现实中的自然人、法人和其他组织均可成为在线交易当事人，只是他们必须借助网络（也许是通过自设网站，也许仅通过终端设备）互联网，进行通信联络，缔结合同。在线交易当事人与在线企业或虚拟企业是两个概念。因为有时虽然某网络公司设立交易中心，但是它并不是交易当事人，而只是为他人从事在线交易提供服务。当然由网络公司开设在线超市，向其用户销售商品，其本身就构成在线交易的当事人。因此，电子信息交易当事人是承担交易（合同）关系的权利和义务的人。

（二）电子信息交易服务提供者

在电子信息交易中，还有一些重要的参与者——电子信息交易服务提供者，他们虽然不是交易的当事人，他们却是电子信息交易所必不可少的参与者。相对于电子信息交易的当事人，这些主体属于第三人范畴，他们在交易中与交易当事人之间也会形成各种各样的法律关系。这些主体包括金融机构、认证机构、网络服务提供商等。

1. 金融机构

在全电子商务模式下，交易的支付全部在网上实现。银行与银行有关的金融机构从一开始就到交易过程中，成为交易缔结和履行的重要环节。从功能上看，银行的作用仍然与传统银行一样，服务于交易中资金流转的需要；但在提供网络服务或电子货币服务方面，银行实际上直接参与了交易的大部分过程，形成在线交易不可缺少的主体。

2. 认证机构

电子信息交易是无纸贸易，这就需要有值得交易各方都信赖的第三方出面，证明电子签字人的身份及其信用状况，从而消除交易双方疑虑，确保交易的安全。所以，认证机构是对电子签字及其签署者的真实性进行验证的具有法律意义的服务机构。

3. 网络服务提供商

企业既可以自己设立网站直接与他人交易，也可以通过他人设立的交易平台或网上商品交易中心与他人交易。在后一种情形下，网络服务提供商为交易者提供场所等服务，成为交易不可或缺的辅助主体。

二、电子信息交易当事人之间的权利义务分析

电子信息交易关系的内容主要是许可人和信息使用人的权利和义务。但是由于电子信息交易的标的物是电子信息产品，这种电子信息产品在电子商务界被称为“信息流”，而且是通过电子技术手段进行的，因而具有一些特殊的权利和义务。其特殊性集中体现在产品许可人享有的电子控制权，对产品的瑕疵担保义务、在线交付与信息使用费的支付等方面。

（一）许可人的权利和义务

1. 电子控制权

美国《统一计算机信息交易法》的定义是，“电子控制，是指其主观目的是控制信息使用的程序、密码、措施，或类似的电子的或物理的限制”。之所以赋予许可人此种权利，是因为电子信息产品具有易复制、易更改性，许可方使用一定的控制手段，方能保障其权利。

为了保证自身权利的实现或不受非法侵害，电子信息开发或者服务提供方，往往对其提供的信息采取一些技术控制措施，如用户认证程序、软件版本使用的次数限制、信息访问范围与时间限制等。尽管采取的技术手段可能不同，但其功能和目的都是一致的，即根据协议或法律的规定，来保护电子信息开发或服务提供方的自身利益。就使用的范围来看，电子控

制一般发生在电子信息交易合同的履行过程中，也有发生于合同终止时的，如对电子信息使用次数或时限的控制，就是如此。如果电子信息或服务提供方在事先没有法律依据或者合同约定的情况下，对他人的电子信息使用实施干预，则是一种非法行为。

电子控制权通常是由电子信息开发或服务提供方单方合同约定，而在电子信息许可使用方和电子信息使用人之间成立的条款。但是，该权利的行使要有一定条件和限制。美国《统一计算机信息交易法》规定，采取电子控制措施的情况如下。

下列情况下，有权对信息的使用进行限制的一方可以在信息或信息的拷贝中加入一个自动限制措施并使用该限制措施，即使用电子控制措施：

（1）协议中有条款授权这种限制措施的使用；

（2）限制措施阻止的是与协议不一致的使用；

（3）限制措施阻止在规定的合同期限到期后或一定次数的使用之后的使用；

（4）限制措施阻止在合同终止以后，而不是规定的合同期限或一定次数的使用之后的使用，且许可方在阻止进一步使用之前向被许可方发出了合理的通知。

2. 许可人的信息担保义务

传统关于货物合同与服务合同的分类，在信息产品交易中不再适用。因为信息产品合同较难归入这种类合同分类，如某人订制一软件，既要求当事人提供的软件质量合格并适于特定的目的，又要求当事人提供软件的维护服务。

具体而言，根据美国《统一计算机交易法》，电子信息产品的许可方的担保义务主要体现在以下几个方面。

（1）电子信息产品的许可方如是经常性经营同类的商家，则保证所提供的信息免于任何第三方以侵权或侵占为由提出的正当请求，但如被许可方向许可方提供了详细的信息产品规格要求及符合信息产品规格要求的方法，则许可方对因为其遵守此种规格要求或方法而引起第三人的索赔请求不受损害，除非该索赔请求是由于许可方未采用其有理由知道的不具侵权性的替代品，或未将此种替代品通知被许可方。

（2）许可方保证：在许可证期间，没有人会对信息提出基于许可方的行为或疏忽，而不是侵权或侵占的正当请求，且此种请求将影响被许可方对其利益的享有；以及对于排他性地授予被许可方的权利，在许可证范围内；就许可方所知，在作为专利权根据的法律所承认的排他性和有效性的范围内，此种被许可的专利权是有效的、排他的；并且在所有其他情况下，在许可证适用的法域内，根据有关被许可权利的法律，对作为整体的所授予的信息权是有效且排他的。

（3）根据本条所做的保证仅得以明确的语言，或根据使被许可方有理由知道许可方不保证不存在对抗性请求，或许可方仅授予其可能拥有的权利的具体情况予以否认或修改。在一项自动交易中，信息如具有显著性即为足够。此外，一份记录中如有说明“不保证不存在妨碍您对信息的享有或信息被主张侵权的情形”或其他类似此含义的语言，即为足够。

（4）在商家之间如有“放弃索赔”或类似含义的规定，则在授予信息或信息权时不对侵权或侵占行为或许可方所实际占有或转让的权利作出默示保证。

3. 许可人的电子信息交付义务

1）以有形介质为载体的信息交付

第一，当交易的信息以有形介质为载体时，它与传统的动产买卖在交付地点与方式方面没有多大区别，应当按照合同的约定履行。如当事人就合同约定不明确的，首先达成补充协议。第二，按交易习惯或合同的有关条款，仍然不能确定的，按照《合同法》第62条的规定履行；履行地点不明确，给付货币的，在接受货币一方所在地履行；交付不动产的，在不动产所在地履行；其他标的，在履行义务一方所在地履行。

2）以数字化形式的信息交付

对于通过网络在线电子传输电子信息，是电子信息交易独具特点的方式，如仍然适用义务履行方所在地原则，就违背了电子信息的规律，同时也会给当事人带来很大的不便。因此，美国《统一计算机信息交易法》第606条规定：“复本的电子交付地，是许可人指定或使用的信息处理系统。”在这一点上，它是与数据电信的发送、接收时间的确定方式是一致的，即以信息系统作为其参照标准。从交付完成的标准看，则是“提交并保持有效的复本给对方支配”。其最终落脚点，是让信息使用者能够有效地支配合同项下的电子信息。

3）电子信息交付的附随义务

合同关系在其发展的过程中，不仅发生给付义务，还会发生其他附随义务。此类义务的发生，是以诚实信用原则为依据，随着合同关系的发展逐渐产生的。在信息合同的履行过程中，为了使所交付的信息复本达到“商业适用性”，即实现其有效的交付，在交付之中还往往附随有一定的义务。电子信息的交付应将如何控制、访问信息的资料交给客户，使之能有效支配所接收的信息。这些义务对于电子信息的交付而言，是必不可少的。例如，在网上提供某一格式的文件，一般应同时提供打开该文件的方式，或直接提供应用软件，或指示取得软件的方式。否则，客户就无法对文件内容有效利用。

美国《统一计算机信息交易法》第606条规定，复本交付的履行，要求履行方提交并保持该有效的复本给对方支配，并且以合理的方式给对方必要的通知，使之能够访问、控制或处理该复本。如果适当的话，要求必须在合理的时间内提交协议规定的访问材料或其他文件。接受履行的一方应合理地提供适合于接收履行的设施。此外，还应当适用以下规则。

① 如果合同要求交付由第三人持有的复本而不需要转移，履行方应提交协议规定的访问材料或其他文件；

② 如果合同没有要求履行方将复本交付到特定的目的地，而是要求或授权履行方将复本发送给另一方，则适用如下规则：在履行有形媒介上的复本的交付时，履行方应将复本放置于传送人占有，并根据信息的性质与其他的环境，与之签订运送合同，运送费用由接收人负担；在以电子方式交付复本的情况下，履行方应根据信息的性质与其他的环境，合理地启动

传输或致使传输的程序，传输费用由接收人负担；如果要求履行方将复本交付到特定的目的地，履行方应使复本在目的地能够使用，并承担运送或传输的费用。

③ 此外，如果信息附有权利证书的，可通过普遍接受的业务方式予以交付。

在某些情况下，电子信息产品的交付人，在信息交付后仍对信息掌握着一定的控制权，如对使用范围、期限、次数等方面的限制，但这些控制必须是依照合同条款而设置或保留的，否则，将构成对信息接收人的侵权责任。

（二）信息使用人的权利义务

1. 信息使用人的检验权

验收是合同履行的重要环节，包括检验和接收两个阶段，它直接关系到双方当事人权利义务关系的进展方向[①]。依据交易惯例，对有形信息产品的检验，一般是检查其产品的包装状况、产品规格等外表情况，这种检验可以称为形式检验，在检验完毕之后付款。当然，这并不排除当事人约定在付款后检验或在产品的使用后检验。

在交易以在线方式履行场合，由于产品本身不具备物理载体属性，自然接收人也无需对此检验，他所能检验的仅仅是该许可产品的说明，确定有关规格、版本等事项。但是，只有在他下载信息产品或进行安装时，才会知道产品是否与说明相符，如果这种下载以信息接收人付款为前提，那么，在他付款前没有检验的机会，为此，检验期应是在接收人接受信息后的一段合理期间内。在此期间内，如接收人发现产品有问题的，可在该期间内请求退货、解除合同、返还货款并可追究许可使用人的违约责任。

2. 信息使用人的接收权

电子信息的接收，是合同履行的重要阶段，它标志着信息使用人认可了合同标的，并解除了对方当事人交付电子信息的义务。从接收的方式看，有整体接收和分部接收。根据协议，还有经查验的接收和标准版本的接收。接收实际上是当事人对合同标的数量、质量的一种同意的表示。它既可以是当事人以明示方式作出，也可以是当事人以交易习惯方式、特定的行为等默示的方式作出。

1）电子信息接收的一般条件

关于电子信息接收的一般条件，美国《统一计算机信息交易法》规定：“复本的接收发生于向接收方提交复本之时：对履行，或对复本以行为方式表示，是符合合同的，或该当事人愿意接受保留复本，尽管不相同；没有做出有效的拒绝；将复本或信息混合的方式，而使拒绝后再遵守义务成为不可能；以该复本得到了实质的利益，并无法返还该利益；以不符合许可人所有权的方式行事，而只有该行为在许可人将其选择为接收来对待，并认可该行为在合同适用条款范围内，才能作为接收。”

---

① 高富平，张楚. 电子商务法. 2 版. 北京：北京大学出版社，2006.

2）电子信息的分部接收

以上所讲的接收，是在整体接收的情况下进行的。如果合同标的物——电子信息分为几次或几个部分提交，则情况会有所不同。分部接收是相对于整体接收而言的，一般发生于对由多个复本构成的一套电子信息制品接收的情况。鉴于整套电子信息制品属于在使用上视为一个整体的，在法律上一般将其视为不可分物。美国《统一计算机信息交易法》规定："如果协议要求分部交付，而各部分结合起来才构成信息的整体，则每一部分的接收，都以整体接收为条件。"只有接收人对整体的接收，才能使各部分的接受有效，而单就部分的接收，并不构成有效的接收。

3. 抗辩权

从法律视角来看的话，信息产品的提供合同类似于传统买卖合同，而且在履行时也适用同时履行、适当履行的原则。因此，当信息使用许可人有违约行为时，接收人有行使抗辩权的权利，包括同时履行抗辩权、不安抗辩权等。当信息使用许可人有预期违约行为时，接收人可以单方面解除合同，并享有赔偿损失的权利。

4. 支付信息使用费的义务

与信息交付人信息交付相对应的，信息使用人的主要义务是信息使用费的支付。它是信息许可使用的对价支付，体现了合同权利义务的一致性和对应性。两项义务的履行，同样遵循传统合同法上适当履行、同时履行、诚实信用的原则，除非当事人另有约定。这是由信息的共享性所决定的，如果先使用信息，后支付费用，则信息权利人的利益难以得到保障。

5. 按照协议约定接受信息使用限制的义务

如前所述，在某些情况下，为了保护自身利益，电子信息交付人，或者许可人有电子控制权，应当通过明示的协议约定的方式呈现。如果信息使用人在接受合同约束的情况下签订合同并履行的，则应当有按照协议约定接受信息使用限制的义务。这对于保护许可人的著作权等合法权利至关重要。

三、电子信息交易的法律责任

（一）违约责任

电子信息交易是一种存在于电子信息交付人（许可方）和电子信息使用人（被许可方）之间的合同关系。双方当事人在履行合同过程中未能适当履行的一方，应按照协议约定向对方当事人承担违约责任。在存在物质载体的电子信息交易的场合，承担违约责任的方式类似于传统合同法上所规定的承担违约责任的方式，如继续履行、退换货、减少支付价款、补足差额或偿还余额、赔偿损失等方式。但在在线交易电子信息的情况下，这种违约责任一般因交易行为的有偿或无偿性而有所不同，并且在有偿交付电子信息的情况下显得尤为重要。承担违约责任的方式主要有：请求退货、解除合同、赔偿损失、减少支付价款、继续交付符合约定的电子信息产品、撤销认证等。

（二）侵权责任

这主要涉及电子控制权的合理使用的问题。如前所述，电子控制权及其相关限制应当在电子信息交易协议中有明确的体现。如果在事先没有法律依据或合同约定的情况下，许可方对他人的电子信息使用实施干预，则是一种非法行为，对他人使用该信息进行限制不仅可能致使当事人订立合同的目的不能实现，承担违约责任，而且可能承担由此行为产生的侵权责任。同理，被许可方如在协议中接受许可方电子控制权项下的使用限制的，则不应突破该限制，否则即构成违约，同时也构成对许可方在信息上的权利侵犯。上述行为在性质上，属于侵权和违约的竞合。承担侵权责任的方式主要有：赔偿损失，停止侵害等。

四、电子信息交易中的若干特殊问题

（一）电子信息的重复利用问题

原则上，电子信息的接收方在使用信息的过程中，可以自行支配使用的方式。例如，可以卸载或重装这一软件。如果该软件有有形载体的话，使用人可以很容易地做到这一点。如果该软件是以电子形式交付的，使用人一旦卸载之后，就不可能重装。显然，同样是信息许可，而后一种履行方式较大地限制了被许可人的权利，这显然是不公平的。为解决此类问题，有两种办法。一是允许被许可人多次下载。在被许可人支付价款之后，许可人给予被许可人特定的用户名和密码，被许可人可以藉此按约定次数或期限下载，或者经被许可人请求时，许可人应允许再次获得许可；二是允许被许可人备份该信息。被许可人在接受信息产品之后有权做一备份，需要重装时可以使用该备份文件。

（二）风险转移问题

在合同履行过程中，因不可归责于双方当事人的原因产生的损失仍然需要确定承担原则，风险转移就是处理这种风险由谁承担的规则。

1. 风险转移的时间

关于标的物的风险转移的问题，我国《合同法》第142条规定：“标的物毁损、灭失的风险，在标的物交付之前由出卖人承担，交付之后由买受人承担，但是法律另有规定或当事人另有约定的除外。”有形载体的信息的交付时间易于确定，以在线方式交付的信息，其交付时间的确定就是一个难题，具体而言，有以下几种情况。

（1）除非法律另有规定，拟交付被许可方的拷贝灭失的风险，包括以电子形式交付的拷贝，在下载过程中，不论何种原因导致中断的，许可方应允许被许可方重新下载，风险自被许可方收到拷贝时转移给被许可方。

（2）如协议要求或授权许可方通过承运人发送以有形介质存在的拷贝，下列规则应当适用：如协议不要求许可方在特定目的地交付拷贝，灭失风险于拷贝妥善地交付给承运人时转移给被许可方（即使因商品需要检验而致拷贝所有权仍属于许可方）；如协议要求许可方在特定目的地交付拷贝并且拷贝在该处被适当地交给承运人占有，则灭失的风险于拷贝被交到该目的地时转移给被许可方；如果交付的拷贝或运输单据与合同不符，则灭失的风险仍然由许可方承担，直到上述不符被纠正或者接受。

（3）如附件为第三方所持有，并可在无需移动的情况下被交付或复制，或一份拷贝可通过许可对包含该拷贝的第三方资源的访问交付，则灭失的风险在下列情况下转移给被许可方：被许可方收到一份可流通的所有权凭证或对该拷贝的其他访问材料；第三方向被许可方确认被许可方对该拷贝有占有权或访问权；被许可方收到一份记录，该记录按照许可方和第三方之间的协议，指示第三方向被许可方进行交付或授权第三方允许被许可方访问。

2. 风险责任的承担原则

信息产品的风险有灭失的风险和遭受破坏的风险，若信息产品的交付时间明确，则风险承担也较为明确：交付前由交付方承担，交付后由接收方承担。但诸如信息染毒、网络阻断等因素，导致难以确定交付时间和风险承担，因此有必要采取简单明确的原则来确定风险承担的原则：当风险发生的时间较难确定时，若被许可方能证明其所使用的信息处理设备具有符合标准的安全防护措施，可以推定为风险发生在交付前；虽被许可方不能证明其所使用的信息处理设备具有符合标准的安全防护措施[①]，但能证明该信息产品存在明显的安全漏洞或未采用安全有效的履行方式，如传输方式有漏洞等，可以推定为风险发生在交付前；若被许可方其所使用的信息处理设备不具有符合标准的安全防护措施，被许可方有明显过错的，可以推定为风险发生在交付后，但许可方的产品或履行方式有明显漏洞的，按照过错由双方共同分担。实践中，由于许可方履行产品交付较易且无成本，故一般推定为许可方继续履行。

（三）电子信息交易合同终止后当事人的权利义务[②]

根据合同法原理，合同履行完毕之后，当事人在合同上的权利义务关系终止，但是当事人仍然应当承担合同法上的义务，即后合同义务。我国《合同法》第 92 条规定："合同的权利义务终止后，当事人应当遵循诚实信用的原则，根据交易习惯履行通知、协助、保密等义务。"电子信息交易合同终止之后当事人的权利义务存在一些特殊之处。

1. 被许可方的继续使用及限制

被许可方在合同终止后，就无权继续使用合同上的权利，如访问许可方的信息。但在信息许可使用的情况下，尚存在被许可方继续使用的问题。具体如下。

一是该信息经被许可方使用后与其他信息混合，使退还或卸载不可能；或被许可方因为其他情况使退还没有必要时，应当允许被许可方继续使用。[③]此时的继续使用应有所限制。

---

① 这里的安全是指符合有关法律、法规及行业规范规定标准的安全，一般以一方没有主观过错加以判断。

② 高富平，张楚. 电子商务法. 2 版. 北京：北京大学出版社，2006.

③ 本书认为前者可以参照"物的混合"原则和合同法中的基本原则，后者主要考虑了无形信息产品的特点和合同订立的基础，以传统信息产品使用原则，赋予被许可方一定的基础使用权或"物权"。

（1）不能超出合同有效期的使用范围和目的。如合同规定为个人使用的不得扩大到商业使用，不得改变源代码破坏该产品的相应权利，如著作权等。

（2）继续使用仅以维持基本功能为出发点，不享有原合同生效时的其他权利，如升级、维护等权利。

（3）被许可方继续使用应支付必要的使用费，或该继续使用不致使许可方产生相应损失。

另一种情况是许可方违约或合同撤销后，被许可方为减少损失而采取的必要措施。如被许可方获得软件的使用权，在安装后发现与合同约定不符，依约解除合同并失去该软件的使用权。但停用或卸载该软件会使其系统或其他重要处理设备功能丧失或崩溃的，为避免更大损失，在使用者按照新的替代软件前，可以继续使用。但这种使用同样有一定的限制。

（1）不能超出合同有效时的使用范围和目的，使用是为了避免或减少损失而采取的合理措施。

（2）不违反许可方在合同中约定的解除合同后的处理办法或未给许可方产生相应损失。

（3）该使用基于善意且未超出必要的时间，即被许可方获得阻止损失扩大能力所需要的时间，被许可方继续使用应支付合理的使用费并继续履行原合同中相关善意义务及后合同义务。若许可方禁止使用，则应对禁止使用所扩大的损失承担赔偿责任。

2. 被许可方义务的存续

原则上，在合同终止时双方未履行的所有义务将被解除，但是下列权利义务在合同终止后仍然存续：被许可方应当遵循许可方的指示，退还标的物及相关的材料、文件、记录、复制件或其他有关资料，或者销毁有关的复制件等。被许可方不得在合同终止后，继续持有信息或复制件，或采用技术手段非法改变、移除许可方的电子标识信息或自助控制信息，以继续非法使用。

此外，在合同终止后，许可方有采取电子控制的权利，以防止非法利用。根据我国法的规定，当事人还应履行通知和保密的义务。

本章小结

本章主要介绍了电子信息交易的概念、方式，电子信息交易的对象，电子信息交易中的当事人及其法律关系。电子信息交易是指就计算机信息或其中的信息权利的生成、修改、转移或许可使用而达成的协议，以及对此种协议的履行。交易对象主要是电子信息产品和数据库信息。电子信息交易权利人和使用人之间由于在线交易形成合同权利义务关系。这种法律关系由于交易特殊性而使交易活动在遵循合同法基本原则的情况下，又有其特殊之处。许可人具有电子控制权、取得对价权，承担信息担保义务和信息交付义务。使用人具有接收权、检验权，同时承担支付信息使用费和按照协议接受信息使用限制的义务。

课后练习

一、单项选择题

1. 我国首次承认传真、电子邮件等数据电文具有法律效力的法规是（　　）。

A.《电子签名法》　　B.《计算机软件保护条例》
C.《合同法》　　D.《电子签章条例》

2. 对数据库除采取著作权保护外，还提供“特殊权利”保护的国家（地区）是（　　）。

A. 欧盟　　B. 美国　　C. 日本　　D. 中国

3. 数据用户指的是（　　）。

A. 合法地收集、拥有、控制和利用有关数据者
B. 收集或获取他人的个人数据者
C. 合法的数据主体
D. 专门收集个人信息的机构或个人

4. 在电子信息交易中，与以数字化形式交付的规则不符的是（　　）。

A. 通过网络在线电子传输电子信息
B. 以电子方式交付拷贝的地点为许可方指定或使用的信息处理系统
C. 所有权凭证可以通过惯用的银行渠道交付
D. 以电子信息介质存在的拷贝的交付地点为交付方的营业地

5. 对于电子信息交易合同，一方违约后，可以采取的救济方式不包括（　　）。

A. 实际履行　　B. 责令改正　　C. 继续使用　　D. 中止访问

二、多项选择题

1. 从交易标的看，在线电子交易可分为（　　）。

A. 在线货物销售　B. 电子信息交易　　C. 在线服务　　D. 完全在线交易

2. 数据库特殊权利，包括数据库制作者的（　　）。

A. 传播权　　B. 摘录权　　C. 获得报酬权　　D. 再利用权

3. 电子信息交易关系的内容具有特殊性，集中体现在信息产品许可人享有的（　　）等方面。

A. 产品控制权　　B. 电子控制权
C. 对信息产品的瑕疵担保义务　　D. 对电子商务交易产品的瑕疵担保义务

4. 具体来看，信息权包括以下权利（　　）。

A. 数字化产品的复制权　　B. 信息中的著作权
C. 网络隐私权　　D. 数据库权利

5. 信息之所以成为交易的标的物，是因为（　　）。

A. 信息可以在线交易

B. 信息可以作为交易的手段

C. 这些信息具有价值和交换价值，可以满足当事人的需求

D. 信息载体形式具有可复制性

三、思考题

1. 试述用著作权方式保护数据库的缺陷。
2. 电子信息交易的内容有哪些特殊性？
3. 信息包括哪些含义？
4. 电子信息交易当事人承担违约责任的方式有哪些？

第九章

电子支付法律制度

【学习目标】通过本章的学习，使学生理解电子支付的基本概念，了解电子支付的法律问题和法律关系，以及当事人之间的权利义务，掌握电子支付中的法律责任。

【关键概念】电子支付；电子货币；电子支付法律关系

【引导案例】

广东省的周先生通过华天购物中心网站 www.yajojo.com 订购了一台 IBM T43 2668-44C 的笔记本电脑，网站的出售价格仅为 2 800 元。当周先生付清款后，等待了近半个月还是没有收到货物，于是便投诉到海淀区消协。

消协接到投诉后，立即对该公司进行核查。登录该公司的网站，发现所售的全部产品都是超低的价格，而且点击网站下方显示的红盾标志，显示出工商局经营性网站备案信息的内容，而在北京市工商局官方网站上根本查不到该网站的备案信息。点击该网站下方的企业营业执照认证的标识后，也出现了该网站在北京市工商局登记注册的企业法人营业执照，可是经海淀区消协与北京市工商局核实，该公司根本未在工商局注册。因此该网站伪造工商局的备案信息和营业执照，以此来提高自己的信誉度，使消费者很容易上当受骗。该公司的网站上还注明公司地址就在工商局附近的紫金大厦，当消协以消费者购买产品为由，与该公司联系询问公司地址要求见面时，该公司的人员称公司在紫金大厦旁边的仓库里，而且坚决拒绝与消费者见面，理由是所售的产品都是走私货，为了公司人员的安全，与初次打交道的消费者都不能见面。

网上购物，我们已不陌生，网购的平台即电子支付的过程是每个进行网购的消费者必经的一个阶段，如何避免电子支付过程中的交易危险，是本章要重点讨论的问题。

第一节　电子支付概述

电子支付是电子商务系统的重要组成部分，日益成为当今社会人们普遍采用的一种支付方式。

一、电子支付的概念及特征

（一）电子支付的概念

目前，对于电子支付还没有一个统一的定义，以下是一些常见的定义。

电子支付是指电子交易的当事人，包括消费者、厂商和金融机构，使用安全电子支付手段，通过网络进行的货币支付或资金流转。[①]

1989 年美国法律学会批准的《统一商业法规》对电子支付定义如下：电子支付是支付命令发送方把存放于商业银行的资金，通过一条线路划入受益方开户银行，以支付给受益方的一系列转移过程。[②]

（二）电子支付的特征

电子支付与传统支付方式相比具有以下特征。

（1）电子支付采用先进的技术通过数字流转来完成信息传输，其各种支付方式都是采用数字化的电子信息指令方式进行款项支付的；而传统的支付方式则是通过现金的流转、票据的转让及银行的汇兑等物理实体的流转来完成款项支付的。

（2）电子支付的工作环境是基于一个开放的系统平台中，通过看不见但先进准确的数字流来完成相关支付信息传输，即采用数字化的方式完成款项支付结算；而传统支付则是在较为封闭的银行系统中进行运作。

（3）电子支付使用的是最先进的通信手段，如互联网、企业外部网络等；而传统支付使用的则是传统的通信媒介。

（4）电子支付具有方便、快捷、高效、经济的优势。用户只要有一台联网的计算机，就可以足不出户，在几秒钟内完成网上支付；而传统支付方式除了现金交易可以在短时间内完成支付过程外，不管是使用票据还是通过汇款等方式支付，都需较长时间。

（5）电子支付的成本费用较低；而传统的支付方式成本较高。

（6）电子支付涉及多方当事人，主要包括消费者、商品或服务的提供者，金融机构及认证机构。而传统支付方式主要包括消费者、商品或服务的提供者或金融机构等。

二、电子支付的主要法律问题

（一）国外电子支付立法状况

1. 美国

美国的电子计算机、网络、通信产业在世界上处于领先地位，电子支付得到了广泛运用。因此，美国关于电子支付的立法也走在其他国家之前，对全球电子支付法律制度具有根本性的影响。

1978 年美国颁布的《电子资金划拨法》适用于美联储电子资金划拨系统与消费者电子资金划拨，成为世界上最早出台电子支付专项立法的国家。这部立法仅适用于客户是自然人的

---

① 尹衍波. 电子商务法规. 北京：清华大学出版社；北京交通大学出版社，2007.

② 宋君远，顾东晓. 电子商务法原理与案例教程. 北京：对外经济贸易大学出版社，2009.

小额电子资金划拨，而不适用于商人客户通过银行办理的大额电子资金划拨与跨国电子资金划拨，为了填补《电子资金划拨法》在大额电子支付上的空白，1985 年美国全国统一州法专员及美国法律学会批准了《统一商法典》第 4A 篇，对大额电子支付系统进行了调整，详细规定了电子支付命令的签发与接收、接收银行对发送方支付命令的执行、电子支付当事人的权利和义务，以及责任的承担等，成为美国规范大额电子资金划拨最重要的法律，对联合国国际贸易法委员会起草《国际贷记划拨示范法》产生了重大影响。

除此之外，美国犹他州于 1995 年颁布了世界上第一部《数字签名法》，该法适用于网络金融交易数字签名。1999 年，美国全国州法统一委员会通过了《统一电子交易法》，供各州在立法时采纳。

2. 欧盟

1997 年 7 月 30 日，欧盟委员会发布了关于电子支付方式的建议，特别集中于出票人和持票人之间的关系。建议确定了这种关系中合同形式、责任、法律援助、顾客信息等方面的最低要求。1998 年 7 月 29 日，欧盟委员会又发布了两个关于发行电子货币的机构活动的指令，这两个指令的目的是为电子货币发行机构建立规范性的法律框架，对电子货币进行了定义。

3. 联合国

联合国作为世界上最大的政府间国际组织，一直致力于统一国际电子支付的规则，减少各国相关电子支付法律的差别。1986 年联合国国际贸易法委员会大会批准了联合国国际贸易法委员会国际支付小组起草的《电子资金划拨法律指南》，该法于 1987 年正式发布，对电子资金划拨系统，资金划拨协议和划拨指示，欺诈、错误、划拨指示处理不当和有关责任，划拨的完成和法律责任五个方面作出了规定。

随着跨国电子资金划拨日益普遍，1992 年联合国国际贸易法委员会根据美国《统一商法典》第 4A 篇，制定了有助于减少各国相关电子支付法令的差异，并为提供各国立法依据的《国际贷记划拨示范法》，它对命令发送人的义务、接受行的义务，银行为履行某项事务的责任及贷记划拨的完成和后果等作出了规定，以供各国在国内立法时参照采纳。

国际商会很早就致力于电子商务惯例的收集和整理，但主要工作大多集中在电子签字的登记和认证等方面。目前，国际商会负责电子商务工程的工作小组，正在起草制定《电子贸易和结算规则》，该规则对电子支付的安全性、数字签字、加密及数字时间签字作了规定，一旦正式通过，将成为全球电子商务及电子支付的指导性交易规则。

4. 我国电子支付立法状况

我国金融电子化程度较以上国家、地区相对落后，相关立法也较滞后，尚无电子支付的专门立法，相关电子支付的规定散见于《合同法》、《票据法》，虽然各大商业银行及中央银行正在努力发展完善电子支付系统，但银行业规范的制定和法律转化必然要经过较长一段时间。因此，我国电子支付方面的法律规范必然是局部修正型的法律规范，而不可能像美国那样，是系统的专门法律。

1997 年我国的中国人民银行颁布了《中国金融 IC 卡卡片规范》和《中国金融 IC 卡应用

规范》，1998 年又颁布了与金融卡规范相配合的 POS 设备的规范，这些规定主要集中在技术标准和应用方面，还不能算是关于电子支付活动的直接立法。

中国人民银行于 1999 年 1 月 26 日颁布了《银行卡业务管理办法》，对银行信用卡、借记卡等作出规范，但是缺乏对信用卡用于网上电子支付的直接规定。为规范和引导我国网上银行业务健康发展，有效防范银行业务经营风险，保护银行客户的合法权益，中国人民银行 2001 年 7 月 9 日颁布了《网上银行业务管理暂行办法》，并且第三章专门规定了“网上银行业务的风险管理”，规定银行开展网上业务应当遵守国家有关计算机信息系统安全、商用密码管理、消费者权益保护等方面的法律、法规和规章；“应采取合适的加密技术和措施，以确认网上银行业务用户身份和授权，保证网上交易数据传输的保密性、真实性，保证通过网络传输信息的完整性和不可否认性”等风险管理措施。

2004 年 4 月 6 日第十届全国人大常委会第八次会议上，《电子签名（草案）》首次被提请审议，电子认证制度立法浮出水面，2005 年《电子签名法》正式实施。这部被称为“中国首部真正意义上的信息化法律”共 5 章 36 条，从三方面阐述了电子签名的相关内容：① 确立了数据电文与纸质数据均有同等的法律地位；② 电子签名与手写签名均有同等的法律地位；③ 确立了导致身份认证机构的法律地位和管理问题。

（二）电子货币的法律问题

1. 电子货币的概念和特征

电子货币是指将一定的金钱价值以电子方式储存而发行的证券或证券信息。[①]

电子货币作为一种货币形态的革命，是信用货币的新发展。电子货币与传统的纸币相比，具有以下特征。

（1）电子货币脱离了货币的传统形态，是能控制的加密电子数据；而纸币是以可感知的物的形态存在的。

（2）电子货币的发行、流通、回收采用的是电子化手段，可以实现网上在线支付。为了保障交易的安全，还采用了加密、签名、认证、数字时间戳等最新的电子信息技术；而纸币的发行、流通等未大量采取电子化手段。

（3）电子货币资金的流转依托于现代高新科学技术，资金的支付不留痕迹、不易察觉，具有隐秘性。

（4）电子货币的当事人一般由发行者、使用者、中介机构等组成。其发行者可以是金融机构，也可以是商业组织，而中介机构一般是金融机构。

2. 电子货币的法律问题

1）电子货币交易安全问题

前述提到的《电子签名法》为我国电子商务的发展提供了安全保障，但目前网上交易仍

---

① 参见 2006 年 4 月 28 日颁布的韩国《电子金融交易法》第 2 条，该法于 2007 年 1 月 1 日生效。

存在很大的问题，安全性得不到保障。鉴于目前市场秩序混乱和信用程度不高的现实，我国应该进一步完善有关的法律法规，以确保电子商务交易安全，包括电子货币交易的安全。

2）电子货币交易所带来的隐私权问题

电子货币交易中的个人隐私主要表现为个人数据，如个人姓名、年龄、联系电话等。隐私权的保护在各国民法中都有相关规定，但是因为电子货币与计算机网络存在密切联系，保护网络中的个人资料问题对传统的隐私权保护法律提出了挑战。如掌握个人信息的机构以牟利为目的出卖所持有的资料，无疑对客户的隐私权构成很大的威胁。如何保护电子货币交易中的客户隐私权就成为人们必须面临的重大技术问题和法律问题。

3）电子货币的发行主体问题

当今各国在电子货币的发行主体问题上并无统一的解决方案，而是根据具体国情而定。

美国联邦储备委员会认为由非银行机构来发行电子货币应该是允许的。欧洲货币机构工作小组则认为只有由主管机构所监管的信贷机构才可发行电子货币。例如，欧洲货币基金组织（EMI）于 1994 年 5 月公开发表的欧共体结算系统业务部提交的《关于预付卡的报告书》中指出：电子钱包发行者收取的资金应视为银行存款，原则上只允许金融机构发行电子钱包。德国在对《信用制度法》的修正案中规定：所有电子货币的发行只能由银行开办。

在我国，1996 年 4 月 1 日起实施的《信用卡业务管理办法》中规定，信用卡的发行者仅限于商业银行。对于信用卡之外的其他电子货币种类，我国尚无法律规定。现行法律对电子货币发行主体的资格没有严格限制。如果任何主体都有权发行电子货币，即不仅具有正常兑付能力的主体有权发行电子货币，没有正常兑付能力的主体也有权发行电子货币，甚至可以使电子货币的发行成为一种筹措资金的手段，而电子货币的使用人是难以全面了解这些情况的，那么必然会使使用人权益无法得到保障。

4）电子货币的流通问题

纸币的流通具有匿名性，电子货币是否应像纸币一样具有匿名性以便于流动？如果电子货币也具有匿名性的话，很可能为违法犯罪打开方便之门，如洗钱、贩毒、恐怖活动、买卖军火等将大肆猖獗，有关国家机关则无法在网络中查出这些电子货币的来源或去处。因此，对电子货币的流通应如何规定是面临的另一个重大问题。

三、电子支付的主要方式

电子支付的类型按电子支付指令发起方式细分为自动柜员机交易、销售点终端交易、电话支付、移动支付和网上支付。

（一）自动柜员机交易

自动柜员机（简称 ATM），是银行提供给持卡人自助式存取款及查询等服务的一种现代化设备。目前，我国的 ATM 均由各商业银行安装、管理，并与所属的商业银行主机相连。

ATM 是银行传统私人柜台业务的延伸，是银行客户自助服务的起源。

（二）销售点终端交易

销售点终端交易（简称 POS）安装在商户端，通过通信线路与发卡银行、收单银行的主机相连，能够自动鉴别银行卡的真实性、合法性、有效性，具有自动授权和自动转账的功能，是实现消费不用现金、将纸币交易转化为电子流的一种银行专用电子设备。银行通过销售点终端向客户提供自动的扣款服务，这是现阶段电子支付的主要形式。

（三）电话支付

电话支付是指消费者从商家订购商品后，拨打银行客服电话，如工商银行的 95588，根据语音提示完成资金查询和转账的过程。它是一种全新的离线支付手段，节省了提现和奔波的时间，并且无需担心互联网病毒侵入，安全可靠。与在线支付相比，使用电话付款方式还能更好地保护消费者的个人隐私和购物信息。

（四）移动支付

移动支付指用户使用移动电子设备通过移动运营商向约定银行提供的计算机网络系统发出支付指令，由银行通过计算机网络将货币支付给服务商的一种消费支付方式。例如，目前许多商业银行与移动运营商合作，推出了手机银行业务。客户只需利用自己的手机，随时随地获得银行提供的各种金融服务。在移动电子支付过程中，主要涉及移动运营商、银行金融机构、商户和用户等四方当事人。其中，银行在这四方当事人中角色最为重要。

（五）网上支付

网上支付是电子支付的最新发展阶段。网上支付是以互联网为基础，利用银行所支持的某种数字金融工具，发生在购买者和销售者之间的金融交换。

网上支付还可以依据电子商务模式的不同而细分为 B2C 型网络支付和 B2B 型网络支付。

B2C 型网络支付方式是企业与个人进行网络交易时采用的网络支付方式，它的主要网络支付工具有信用卡、智能卡、电子钱包、电子现金等。这种方式的特点为适合不是很大金额的网络交易支付结算，应用起来较为方便灵活，实施也比较简单，风险也不大。B2C 型网络支付方式也适用于 C2C 电子商务模式。

B2B 型网络支付方式是企业与企业进行网络交易时采用的网络支付，电子支票是它的主要网络支付工具。这种支付方式适合较大金额的网络交易支付结算。

第二节　电子支付法律关系

一、电子支付主要当事人之间的权利义务分析

（一）电子支付的当事人

电子支付法律关系的当事人即为电子支付法律关系的主体，主要指享有商务交易结果的权利和承担电子支付义务的法人或自然人。通常分为三类人：一是付款人，即在电子支付过程中通常是消费者或买方。二是收款人，即在电子支付过程中通常是商家或卖方。三是参与电子支付活动的银行。即在电子支付过程中处于付款人、收款人之间的中介人，通常为网上银行或金融机构。在电子支付系统中，参与电子支付活动的银行可同时扮演发送银行和接收银行的角色，完成信用中介、支付中介和结算中介等方面的金融服务，电子支付活动也可以是由两个或两个以上的金融机构来承担。发出电子支付指令的付款方客户的开户银行称为"发起行"；收款人开户银行称为"接收行"，它是电子支付指令接收人的开户银行。接收人未在银行开立账户的，"接收行"则是指电子支付指令确定的资金汇入银行。"转发人"是指在发起行和接收行以外，有资格从事接收、传送电子支付指令或有关电子支付数据交换的机构。四是电子认证服务机构，即电子认证服务提供者，是指为电子签名人和电子签名依赖方提供电子认证服务的第三方机构。电子认证服务机构为参与电子商务各方的各种认证要求提供证书服务，以确认支付各方的真实身份。

（二）电子支付的当事人的权利

电子支付当事人在电子支付过程中所发挥的作用不同，他们各自的权利也不相同。

1. 付款人的权利

（1）开户权。资金支付人有在网络银行开户的权利，这是电子支付的必要条件。电子支付中付款一方必须在网络银行中开户，并在账户中存一定数量的资金，这样才能保证电子支付活动的顺利进行。开户权是电子支付中付款人一方对网络银行的主张。

（2）指令权。付款人有权要求接收银行按照其指令的时间及账户，及时准确地将指定的货币金额支付给指定的收款人。这是电子支付的核心工作。没有指令权，电子支付就不存在了。

（3）获得电子支付信息反馈权。电子支付活动发生后，作为电子支付活动支付一方，有权获得电子支付活动是否成功的反馈信息。这是电子支付中付款一方的一个基本主张。

（4）个人信息保护权。在电子支付活动中，支付款项的一方将其各种信息上传到网络银行，其中涉及许多个人信息，如个人自然信息、账号、资金数量等，对于本人不愿公开的信息有权获得保护。

（5）指令错误纠正权。虽然电子支付活动高速快捷，但是也有出现由于某种原因而发出错误指令的可能，在这种情况下，发出指令一方应当有纠正其错误的权利。指令错误纠正权是保证电子支付活动推广普及的重要条件，特别是目前电子支付活动正处于概念和技术都不十分成熟的阶段，指令错误纠正权显得尤为重要。

（6）投诉权。当电子支付活动中反抗一方的权利或利益受到损害时，应当有投诉的权利。投诉权是对电子支付活动中当事人的一种监督和约束。

2. 电子支付银行的权利

（1）开户者信息审查权。电子支付活动必须依靠付款方和收款方在网络银行开设账户。接受指令的银行在执行指令前，有权对开户者的信息进行审查。这种审查是为了保证电子支付活动的主要当事人的利益不受虚假用户的欺骗或错误信息的损害。

（2）资金划拨权。当接收银行接到付款人的付款指令后，有权将指定资金从付款人账户转到指定账户。资金划拨权中规定了接受指令银行的基本工作权利。

（3）收取电子支付服务费用权。电子支付是一种由网络银行提供的资金结算服务，在这种服务中，接受指令的银行就是提供服务的一方，当接受指令的银行提供服务后，有要求指令人支付所指令资金并承担支付费用的权利。费用收取权是接受指令的银行生存和发展的基础和条件。

（4）接受或拒绝交付指令。在电子支付中，电子支付银行可以接受指令人的支付指令，也可以拒绝支付指令或要求指令人修正其发出的无法执行的、不符合规定程序和要求的指令。银行决定接受还是拒绝支付命令在一定程度上是一种判断信用的过程。

3. 收款人的权利

电子支付活动中的收款人具有特殊的法律地位。电子支付收款人与指令人和接受指令的银行之间所体现的法律关系并不相同。电子支付收款人与接受指令的银行之间并不直接存在支付合同上的权利义务关系，电子支付收款人仅仅是接受指令银行的工作对象。因此，电子支付收款人不能基于电子支付行为，向接受指令银行主张权利。电子支付收款人与电子支付付款人之间，也不存在支付合同中的权利义务关系。电子支付收款人与付款人之间的经济法律关系，只能是基于电子商务活动中的行为所形成的债权债务关系。收款人作为债权人，有向债务人也就是付款人要求支付相应款项的权利，但是没有电子支付合同中的权利主张。在电子支付活动中，电子支付收款人的权利义务关系大多表现为接受款项后的义务方面。

4. 电子认证机构的权利

1）申请者进行资料审查的权利

如果申请人为个人，审查的内容包括申请人的姓名、身份证号、联系电话、通信地址、邮政编码、电子邮箱等资料；如果申请人是单位，除对具体的申请人审查上述材料外，还要审查单位的名称、主页地址、营业执照号、工商税号、单位地址、单位电子邮箱、单位所属行业类别、机构代码、电话、传真等。

2）发放电子证书的权利

电子认证服务机构对证书申请人经过资格审查后，有权发放电子证书。根据《电子认证服务管理办法》第 28 条规定：“电子签名认证证书应当准确载明下列内容：签发电子签名认证证书的电子认证服务机构名称；证书持有人名称；证书序列号；证书有效期；证书持有人的电子签名；验证数据电子认证服务机构的电子签名；信息产业部规定的其他内容。”

3）撤销电子证书的权利

根据《电子认证服务管理办法》第 29 条规定：“有下列情况之一的，电子认证服务机构可以撤销其签发的电子签名认证证书：证书持有人申请撤销证书；证书持有人提供的信息不真实；证书持有人没有履行双方合同规定的义务；证书的安全性不能得到保证；法律、行政法规规定的其他情况。”

4）收取费用的权利

根据《电子认证服务管理办法》的规定，电子认证服务机构是企业法人，所以电子认证服务机构向申请人提供电子认证服务后，有权向申请人收取相关的费用。

（三）电子支付的当事人的义务

1. 付款人的义务

（1）开设电子账户的义务。电子账户是电子支付的必要工具，没有电子账户，网上银行不可能在接受付款人指令后，完成资金划转工作。所以，付款人必须履行开设电子账户的业务，以保证电子支付活动的顺利进行。

（2）提供真实可靠的个人信息、接受审查的义务。付款人在开设电子账户和申请电子证书时，应当提供真实可靠的信息，并接受相关部门的审查。对于提供虚假的、不可靠信息者，应当视为网络诈骗行为，承担相应的法律责任。

（3）受自身指令约束的义务。付款人一经发出付款指令，应当受到自身指令的约束，不得随意变更或不执行指令。这一义务是对电子支付活动其他主体的保护和保证。

（4）修改错误指令义务。付款人有按照接受银行的程序，检查指令有无错误或歧义的义务，并对发出的错误指令有发出修正指令的义务。

（5）交纳费用的义务。付款人应向电子认证服务机构交纳服务费用，向电子支付银行交纳电子支付手续费用。电子认证服务机构服务费用主要在接受证书时交纳，电子支付银行支付手续费在支付活动指令发出时交纳。

2. 电子支付银行的义务

（1）审查客户的指示是否为一项合法、有效的支付指令，支付方式是否正确。银行行使审查义务是基于下列目的而进行的：对该指令予以认证，鉴别发出支付指令客户的身份的真实性，即证实支付指令或修改或取消支付指令的信息是客户发出的；检测支付指令或信息在传送过程中或在内容上是否存在错误。

（2）按照指令人的指令完成资金支付。除系统故障和其他不可抗力外，金融机构应当就未按照消费者的指令完成资金支付给消费者造成的全部直接损失向消费者承担责任。如果金融机构能够证明未按照消费者的指令完成资金支付是由于系统故障或金融机构所不能控制的其他情况所引起，金融机构则可以免除其责任。

（3）对客户资料保密的义务。电子支付银行使用客户资料、交易记录等，不得超出法律许可和客户授权的范围并对客户的资料信息、交易记录等保密。除国家法律、行政法规另有规定外，银行、转发人有权拒绝除客户本人以外的任何单位或个人的查询。

3. 收款人的义务

收款人在得到支付后，有告知付款人已收到款项并发出货物，请求消费者查收及查验的义务；在消费者告知已完成支付而收款人未收到款项时，收款人有义务及时告知消费者，请其核实支付的完成情况。

4. 电子认证机构的义务

（1）颁发证书的义务。认证机构应向符合条件的申请者颁发证书，并将证书内容存储于认证机构的存储器内。认证机构在向申请人颁发证书前应确认下列情况：列于即将颁发的证书中的人就是未来的签署者；将颁发的证书中的信息是正确的；未来的签署者合法拥有私人密钥，此私人密钥与证书中列的公开密钥构成功能性密钥对，并且可以用来生成数字签名；证书中所列的公开密钥可以用来验证由签署者拥有的私人密钥生成的数字签名；数字证书中所使用的公钥算法在现有技术条件下不会被攻破。

（2）使用可信赖系统的义务。认证机构应该使用可信赖系统来完成上述证书的颁发、软件和程序，它们满足以下要求是相当安全的，可防止侵扰和滥用；具有较高的可用性和可靠性，并提供了正确的操作；非常适合执行它们的固有功能；符合通常公认的安全程序。

（3）妥善保管自身私钥的义务。认证机构自身的私钥对于验证机构作为颁发数字证书机构的身份具有不可或缺的作用，一旦丢失，该认证机构所发出的所有数字证书都将作废，因此应妥善保管。

（4）担保的义务。认证机构一旦将证书颁发给用户，就承担着担保证书所述内容真实、准确的义务。担保义务不仅针对证书持有人，也包括证书信赖人。

二、电子支付中的法律责任

电子支付法律责任是指在电子商务活动中产生的，由电子商务及相关法律规范所规定和调整的，在电子交易过程中付款人、收款人、电子支付银行和电子认证服务机构等电子支付当事人的行为对其他当事人带来损害时所应承担的不利后果。

电子支付法律责任有三种形式。一是电子支付中的民事法律责任，即在电子支付中的民事主体违反民事义务所应承担的法律后果。电子支付民事责任有违约责任和侵权责任两种。违约责任是当事人不履行或不完全履行合同债务时，所应承担的赔偿损害、支付违约金等责任。侵权责任是指侵权人侵犯公民人身权利、财产权利所应承担的停止侵害、排除妨害、消除危险、返还原物、恢复原状、消除影响、恢复名誉及赔礼道歉等责任形式。二是电子支付行政责任，即在电子支付过程中具有行政管理职能的主体因违反相关行政法规而应承担的法律责任。三是电子支付刑事责任，即电子支付当事人在电子支付过程中因违法行为构成犯罪应当承担的法律责任。

（一）付款人的法律责任

付款人是电子支付过程中的一般主体，在电子支付活动中主要有民事责任、行政责任、刑事责任。

（1）付款人在电子支付过程中相当于《合同法》中要约的发出者，是电子支付活动的起点。如果付款人未按合同规定发出指令而违反《合同法》相关规定，应当按照《合同法》的规定承担违约责任。

（2）付款人在电子支付过程中对接受电子支付指令银行发出支付令，并请求其提供电子支付服务。如果付款人发出错误指令，侵犯电子支付银行的相关权利，给其他相关当事人带来损失的，付款人应当承担相应的侵权责任，如终止不当行为；采取挽救措施；弥补相应的损失等。

（3）若付款人故意发出错误指令，给其他相关当事人带来损失，构成网络盗窃或网络诈骗等犯罪行为，则应承担相应的刑事责任。

（二）收款人的法律责任

收款人在电子支付过程中主要是承担义务，如果收款人没有履行其义务，给电子支付活动其他当事人造成损害，也应承担必要的法律责任。

（1）电子支付收款人向电子支付银行申请开设电子银行账户，或指定收款账户，对于拒不申请电子银行账户或不能指定收款账户者，银行可拒绝为其提供电子支付收款服务。

（2）收款人在申请电子银行账户或电子证书时，应当向电子银行或电子证书服务机构提供真实有效的信息，确保电子签名依赖方能够证实或了解电子签名认证证书所记载的信息，接受电子认证服务机构的审查。对于提供虚假信息，骗取电子银行账户或电子证书的，其电子银行账户或电子证书应当予以撤销；利用骗取的电子证书和电子银行收取的款项，一经查出应当予以收回；涉及网上诈骗的，还应当依法追究其刑事责任。

（3）电子支付收款人，在收到款项后，应当及时提供回执。对于未能及时提供相关回执的，银行可按向收款人发放贷款处理。

（三）电子支付银行的法律责任

根据中国人民银行同中国银行业监督管理委员会发布的《电子支付指引》，电子支付银行在电子支付活动中产生的差错和应当承担的法律责任如下。

（1）若银行或银行工作人员保管使用不当，造成客户资料信息泄露、破坏，导致客户资金受到损害，银行应承担侵权责任。

（2）客户发现自身未按规定操作，或由于自身其他原因造成电子支付指令未执行、未适当执行、延迟执行的，应在协议约定的时间内按照约定程序和方式通知银行或转发人。银行或转发人不承担责任，但应积极调查，告知客户调查结果。银行和转发人发现因客户原因造成电子支付指令未执行、未适当执行、延迟执行的，应通知客户改正或配合客户采取补救措施。

（3）如果接收银行到位的资金金额小于支付指示所载数量，则接收银行有义务补足差额；如果接收银行到位的资金金额大于支付指示所载数量，则接收银行有权依照法律提供的其他方式从受益人处得到偿还。

（4）客户按规定已变更或撤销指定办理电子支付义务账户的，如果银行已确认该账户被变更或撤销后，仍发生电子支付交易并造成资金损失，银行应承担全部责任。

（5）转发人或银行因自身系统、内控制度或按协议为其提供服务的第三方服务机构的原因造成电子支付指令无法按一定时间传递、传递不完整或被篡改的，应承担相应责任。因第三方服务机构造成损失的，转发人或银行可根据与第三方服务机构的协议进行追偿。

（6）接收银行由于自身系统或内控制度等原因对电子支付指令未执行、未适当执行或迟延执行，致使客户款项无法按协议约定处理时间准确入账的，应承担相应的违约责任。

（7）非资金所有人盗取他人存取工具发出电子支付指令，并且其身份认证和交易授权通过了发起行或转发人的安全程序，发起行或转发人对该指令进行处理所产生的后果不承担责任，但应积极配合客户查找原因，尽量减少客户的损失。但下列情形除外：使用数字证书和电子签名等作为安全认证方式的；因转发人或银行造成客户安全认证数据被盗的。

（8）非资金所有人盗取他人存取工具发出电子支付指令，且其身份认证和交易授权通过了发起行或转发人的安全程序，如果该数字证书由合法的第三方认证服务机构提供，且第三方认证服务机构不能证明自己无过错的，应承担相应责任。

（9）因不可抗力造成电子支付指令未执行、未适当执行、延迟执行的，银行和转发人不对客户承担赔偿责任，但应当采取积极措施防止损失扩大。因该差错取得不当得利的，应履行返还义务。

（四）电子认证服务机构的法律责任

电子认证服务机构是为电子签名人和电子签名依赖方提供电子认证服务机构的第三方机构，其在电子支付过程中应当依法承担如下法律责任。

（1）电子认证服务机构向信息产业部隐瞒有关情况、提供虚假材料或拒绝提供反映其活动的真实材料的，由信息产业部依据职权责令改正，并处警告或五千元以上一万元以下罚款。

（2）信息产业部和省、自治区、直辖市的信息产业部门的工作人员，不依法履行监督管理职责的，由信息产业部或省、自治区、直辖市的信息产业主管部门依据职权视情节轻重，分别给予警告、记过、记大过、降级、撤职、开除的行政处分；构成犯罪的，依法追究刑事责任。

（3）电子认证服务机构违反《电子认证服务管理办法》规定，未能按照公布的电子认证业务规则提供电子认证服务或未能根据信息产业部的安排承接其他机构开展的电子认证服务的，由信息产业部及职权责令限期改正，并处警告或一万元以下罚款，或者同时处以以上两种处罚。

（4）电子认证服务机构违反《电子认证服务管理办法》第 33 条规定的，对于已经取得电子认证服务许可的电子认证服务机构，在电子认证服务许可的有效期内降低其设立时应具备的条件。由信息产业部依据职权责令限期改正，并处三万元以下罚款。

第三节 电子支付的安全保障

为了避免在电子支付过程中出现有损付款人、收款人、电子支付银行及电子认证服务机构利益、安全的行为发生，出台相关法律法规为其“保驾护航”必不可少，必须在充分利用已有的法律体系，保持现有法律关系的完整性与稳定性的基础上，参照国际惯例，创建适合我国电子支付实际情况的新的规则。

一、宏观层面的安全保障

（一）加大相关法律制定的步伐

电子支付是种新事物，而围绕电子支付发生的一系列法律问题存在“无法可依”的尴尬局面，因此，制定或修订相应的成文法迫在眉睫。如现有的《票据法》已无法适应电子支票的发展需要，修改现有《票据法》，增加相应的内容，或制定独立的《电子票据法》已是当务之急。我国可以借鉴联合国的《电子资金划拨法》、《国际贷记划拨示范法》与美国的《统一商法典》第 4A 篇，制定我国的电子资金划拨法。另外，还应修订现有的《合同法》，以适应现在电子金融合同的发展。我国《合同法》第 11 条虽然确立了电子数据可以作为合同的文本或是作为证据，但对于如何操作，合同双方在履行合同过程中的权利义务问题，还没有具体的说法，需要进一步规范。而各个部门法之间的制定、修订工作不能完全独立进行，相互之间应互相配合，《刑法》也应对这些内容予以关注，这样才能形成我国电子支付方面的成文法体系。

（二）借鉴判例

我国不是判例法国家，但判例是我国的法律渊源之一，针对目前电子支付发展已大大超过成文法制定的速度这一现状，借鉴判例的精神显得尤为重要。

（三）加强国际合作，借鉴国外先进经验

我国的电子支付及其法律法规起步较晚，与发达国家的立法水平相距甚远，因此，在制定电子支付的法律法规时，切不可闭门造车，必须加强与国外同行的合作，借鉴他们的先进

经验，共同探讨电子支付立法问题。对于国际已经产生和即将产生的国际公约、国际惯例，我国在电子资金划拨的立法中应主动求同存异，在上述诸问题方面与国外法例保持基本协调。当然，立法不可照搬国外法律特有的东西而不加以消化，应既立足于国情，又要大胆引进、吸收和消化，以确保电子支付的发展在一个安全和谐的空间中进行。

二、微观层面的安全保障

（一）加强中央银行、银监会对电子支付各种风险的监管和控制

电子支付必定要通过电子支付银行完成交易，而四大国有银行、各商业银行均已开设网上银行业务，中央银行和银监会应该加大对各银行网银业务的监管和控制，若发现行业风险应及时采取有效措施加以防范，从源头上切断电子支付过程中的不安全因素。

（二）建立行业自律规则及业务惯例

每个行业或组织都有其自律规则，同样，参与电子支付的各成员也应订立自己的自律规则。目前，我国还未建立相应的行业自律规则，而英国的清算所自动支付系统、美国的联储电划系统都已逐步成熟，对银行与客户之间产生的纠纷可以依照行业自律规则自行裁决，法院也认同裁决的结果。我国应该建立符合我国国情的电子支付行业自律规则，以便及时解决银行与客户之间的纠纷，提高电子支付的效率，同时保障电子支付交易安全。

本 章 小 结

本章讲述了电子支付概述、电子支付法律关系及电子支付的安全保障三个问题。电子支付是采用先进技术通过数字流转来完成信息传输的，其各种支付方式都是采用数字化的方式进行款项支付的。

为了保证电子支付的顺利进行，必须制定相应的法律法规，以分清电子支付中的法律关系和法律责任。电子支付法律关系的当事人即付款人、收款人、电子银行和电子认证机构，由于这四种人在电子支付过程中所发挥的作用不同，因此，他们各自有相应的权利和义务，形成多种当事人之间的法律关系，如交易关系、合同关系、债权债务关系、借贷关系、委托代理关系、认证关系等。这些法律关系均是建立在平等的经济关系基础上，受法律的保护。电子支付法律责任的承担实际上是在电子支付的整个程序中，在实施操作和技术保障的各环节上法律责任的分工：法定权利的行使，法定义务的履行，法定责任的承担，电子支付的安全保障。电子支付的法律责任有民事责任、行政责任、刑事责任。

鉴于我国目前在电子支付立法方面尚不完善的现状，对于电子支付的风险防范，维护电子货币支付系统的稳定与安全，必须从宏观层面和微观层面对电子支付系统可能面临的各种风险进行管理和控制。在宏观层面上，加大相关法律制定的步伐、借鉴判例、加强国际合作，

借鉴国外先进经验；在微观层面上，加强中央银行、银监会对电子支付各种风险的监管和控制、建立行业自律规则及业务惯例。

课后练习

一、简答题

（一）简述电子支付的主要方式与特点。

（二）简述电子支付各方当事人的法律责任。

二、案例分析

2005 年 9 月 1 日 9 时，备受关注的电子支付业界竞争第一案“网银在线公司起诉云网网上支付公司虚假宣传案”，在海淀法院第 45 法庭正式开庭审理。随后，云网另案起诉网银不正当竞争的案子也被受理。第二天，海淀法院作出两案合并审理的决策。经法院判决，云网赔偿网银 6 831 元。网银则赔偿云网 7 881 元。折合后，网银给云网 1 050 元。中国电子支付行业第一起关于不正当竞争的案件以“乌龙”的结尾告终。这说明了什么？在这场不甚高明的创作背后，真正让其兵戎相见的原因又是什么？

2005 年 3 月下旬，北京云网无限网络技术有限公司播放了一则 Flash 广告，该广告的链接页面将云网在线支付系统的日成功交易笔数、交易成功率、运营经验及服务承诺与其他企业的同类产品进行对比宣传。6 月 24 日，网银向北京市海淀法院提起诉讼。当时，网银在线总裁赵国栋信誓旦旦地公开表示：“我们坚决反对一切非良性竞争手段！并呼吁同行们同心协力，营造一个透明、公平、有序的市场环境和氛围，还中国网上支付市场一片净土。”但随后，网银也被云网告上法庭，理由依然是——“污染净土”。原来，2005 年 7 月，网银在其网站上发布文字及广告，并在相关链接上进行虚假宣传，网页上多次、多处出现“国内同行最具性价比的网上支付平台”、“国内支持银行卡最多、覆盖范围最广、结算速度最快的支付平台”等相关虚假宣传和广告的文字。

网银的投诉其实有很大的炒作嫌疑。在起诉云网的案件中，第二被告赫然是新浪。“从声誉与影响看，网银与新浪都不在一个量级上，因此，网银起诉的目的到底是否放在追求正当竞争环境上不好讲。”一位分析师对记者说。

“打官司只是一个竞争手段，就像价格战及宣传一样。正是因为在线支付企业生存不易，才有这场不甚高明的炒作。”一位业内资深人士告诉记者。目前我国的在线支付市场，尚处于初级阶段，市场份额也不大。据内部员工透露，2004 年底，国内最大的电子商务在线支付服务提供商——工商银行的在线支付 B2C 业务交易额累计突破 57 亿元。同年，在个人业务中，仅个人住房贷款投放一项就达 1 708 亿元。虽然市场份额小，但巨大的商业前景使得这个行业竞争残酷，生存环境非常恶劣。这个被当作笑谈的官司背后便是这个无奈的事实。身为国际第一大电子支付平台的 eBay 易趣，缘于生计，也被迫于今年 5 月份下调了手续费。“eBay 易趣下调手续费完全是因为淘宝免费。每个在线支付企业至少要付给银行 0.8%的手续费，对用户零手续费就等于赔钱。这样的做法使市场变得非常混乱!”eBay 易趣一经理告诉记者。YeePay 首席执行官唐彬向本刊记者抱怨道:“其实支付宝还不算最狠的，甚至有的在线企业不惜倒贴钱也要抢到更多用户及市场份额。”

据资深人士透露，目前，除了银行之外，比较成熟的第三方支付公司大概有 30 多家。首信等有官方背景的支付平台，资金实力雄厚，可信度高，虽然费用较高，但大多积累了一些用户。而类似淘宝、易趣和云网一类的企业，基本上是在用商务上的利润补贴在线支付的亏损，以商务养支付。YeePay、网银等则纯粹属于第三方支付企业，知名度小，资金实力不足，进入产业也晚，积累的用户有限，做一天赔一天，未来如何立足是个大问题。

“目前国内有 50 万家网站，其中有 2 000 万商家需要支付，所以在线支付市场前途光明。而且，央行圈定了金融监管的范围，将推行电子支付牌照。因此，大家都认为赔钱是暂时的，只要拿到电子支付牌照，拥有了非银行类金融企业的资格，就等于拥有了一棵摇钱树。”著名 IT 财经专家吕伟钢对本刊记者分析道。

央行将以牌照的形式提高企业进入的门槛，对于已经存在的企业，第一批牌照发放后若不能成功持有牌照，就将面临被整合或收购的危险。因此，现阶段牌照对于很多企业至关重要。

名声重要，利润更甚。根据央行今年 6 月 10 日颁布的《支付清算组织管理办法(征求意见稿)》，后简称《管理办法》，设立全国性支付清算组织的注册资本最低限额为 1 亿元人民币，这也是能够拿到牌照的资金底线。“目前在线支付公司最低注册资金有的才 100 万。有的公司可能收到几百万的资金就会卷款逃跑，不太稳定。”一位业内人士告诉记者。

但是，对于很多公司来说，却又没有办法筹到数目如此巨大的资金。于是，在这样一个阶段，某些企业为了盈利，选择了剑走偏锋的道路……

此外，目前实行的电子支付牌照政策，以及国家对于金融业务的管理规定，也在一定程度上影响了网络支付企业的发展。

(资料来源：于莉娟. 电子支付第一案以乌龙结尾　凸显行业不规范. http://www.sina.com.cn 2005 年 12 月 08 日 10:50《IT 时代周刊》杂志)

分析：(1)造成我国目前电子支付行业困境的原因是什么？

(2)针对上述困境应出台哪些措施促进电子支付行业的发展？

第十章

电子商务与隐私权

【学习目标】通过本章的学习，使学生认识电子商务的发展引发网络隐私权法律保护的现实意义。了解网络隐私权的基本内容，明确网络服务商在侵权行为中的责任和义务，掌握网络隐私权的法律保护制度并了解个人信息资料保护的一般规则、收集和利用。

【关键概念】隐私权；个人信息资料；网络服务商

【引导案例】

2007 年 12 月 29 日晚，北京女白领姜某写下“死亡博客”后跳楼身亡，在博客中，姜某将丈夫王某与一名案外女性的合影照片贴在博客中，认为二人有不正当的两性关系，并在自己的博客日记中显示出了丈夫的具体姓名、工作单位、地址等信息。事发后，大旗网自 2008 年 1 月开始刊登《从 24 楼跳下自杀的 MM 最后的日记》专题。在该专题中，大旗网将王某的姓名、照片、住址、工作单位等身份信息全部披露。一些网民发起了对王某的“人肉搜索”，使王某的姓名、工作单位、家庭住址等详细个人信息逐渐被披露。同时，姜某的大学同学张某在其注册的网站“北飞的候鸟”上刊登了《哀莫大于心死》等文章。海南天涯在线网络科技有限公司注册管理的天涯虚拟社区网出现了题为《大家好，我是姜某的姐姐》一帖。每篇网文后，都有大量网友留言，对王某的行为表示不齿和痛骂，更有部分网民到王某和其父母住处进行骚扰，在王家门口墙壁上刷写、张贴“无良王家”、“逼死贤妻”、“血债血偿”等标语。

2008 年 3 月 18 日，王某将大旗网、天涯网、北飞的候鸟三家网站起诉至法院，索赔工资损失 7.5 万元、精神损害抚慰金 6 万元及公证费用 2 050 元，首次将“人肉搜索”和“网络暴力”推向司法领域，催生出“人肉搜索”中国第一案。

2008 年 12 月 18 日，北京市朝阳区法院对中国“人肉搜索”第一案一审判决，判令被告大旗网赔偿因“人肉搜索”受到伤害的原告王某精神抚慰金 3 000 元等；被告张某赔偿原告王某精神损害抚慰金 5 000 元等。另外，法院认为鉴于互联网具有的广泛、迅速、即时、随意、互动等传播特点，被告天涯公司在王某起诉前及时删除有关内容，履行了监管义务，不构成侵权。

第一节　电子商务中的隐私权问题

一、电子商务中的隐私权问题

随着计算机的普及与网络技术的飞速发展，人们的生活有了巨大的变化。在虚拟的网络世界，个人的信息与活动在一定程度上可以被简化为一系列的符号、信息与数据，人们在享受高效、便捷的同时，个人信息的泄露逐渐成为电子商务快速发展引发的负面现象。因此，网络隐私权这个全新的词汇成为学界关注的热点。

“网络隐私权”在立法上并没有定义，只是从学理角度在传统隐私权的基础上提出的一个全新的概念。由于这一领域的研究正处于起步阶段，关于网络隐私权确切而统一的定义并没有形成。我国有学者普遍认为，网络隐私权是指自然人在网上享有的私人生活安宁不受干扰，个人私事不受非法传播、网络的私有空间不被他人非法侵犯，以及与网络活动有关的个人信息数据资料受到保护，不被他人非法获取、篡改、利用的一种带有财产属性的人格权。网络隐私权既包含了网络用户享有网络私人生活的安宁和私人信息数据的安全不被他人非法侵害的消极权利，又包括主动的支配、控制、维护自己的个人数据信息，并从中收益的积极权能。[①]

由于网络空间的虚拟性、快捷性、传播性、全球性等特点，网络隐私权的存在有独立的价值与意义，表现出与传统隐私权截然不同的特征。

（一）网络隐私权的主体

关于隐私权的主体的界定，存在着不同的观点。本书认为，作为传统隐私权的一种新的补充和扩展形式，网络隐私权主体仍然是自然人。虽然在网络环境下，人具有“虚拟性”和“真实性”的二重性，但每一个网络虚拟人的背后都是一个真实的人物，网络上的一切个人资源均可定位现实中相应的网络用户，因此对网络个人的隐私保护最终是要回归到保护现实中的个人的情感和利益。但是这里的自然人仅限于虚拟网络空间享有独特隐私利益的自然人，那些在网络空间中无独特隐私的自然人是不享有网络隐私权的。还要注意的是，行为能力的有无不会影响自然人的网络隐私权的享有，无行为能力或限制行为能力人都能成为网络隐私权的主体。

（二）网络隐私权的客体

网络个人隐私不同于传统个人隐私，其形式基本是以个人数据的形式存在的。综合来看，国内外研究的很多学派基本上都是把网络隐私权保护的客体界定为以个人数据信息的保护为基础，只是在个人数据信息的范围、大小以及侧重点等方面有所不同。因此，本书认为，网络隐私权的客体是网络环境下的以个人数据形式存在的网络隐私，即网络个人信息、私人领

---

① 谢波．论我国网络隐私权的法律保护．信息化与电子商务法律资讯，2005（05）．

域、私人空间三者中所包含的隐私权的结合，其内容比传统隐私更为广泛，也呈现出扩大化的趋势。

（1）网络个人信息。指在网络环境中，一切可能被网络技术监控或信息收集者得到的有关个人的一切资料和资讯。主要包括个人识别资料、背景资料、网络活动踪迹及其他与个人相关的一切事项的事实、判断、评价等信息。

（2）网络私人领域。指在网络空间中，完全由个人支配的领域。在网络世界，网民拥有"虚拟的个人空间"，如电子邮箱、聊天QQ、个人网页、个人网站、博客等。这些个人空间，都在不同程度地表达着网民的思想和意愿。这些虚拟空间的个人信息和资料，都应当保证安全，不得受到非法的泄露与使用。

（3）网络私人活动。即网络用户通过网络进行的一切个人的、与公众利益无关的个人行为活动。这些活动主要包括网上浏览、网上购物、网上发表言论等。在网络上，网民应当享有自我选择的权利，可以按照自己的意愿从事网络活动，只要这种活动不影响到他人的生活，在法律允许的范围之内，就不应该受到他人的干扰和左右。对于这种网络的个人活动，非经本人的同意，不能被非法地公开和利用。

（三）网络隐私权的法律属性

在网络空间中，对个人隐私的侵犯不仅仅是基于窥探他人隐私的好奇心，而大多数是基于利益的驱使。正是因为个人数据具有了经济价值、财产属性，所以才会被网络经营商收集、利用、买卖。因而隐私权也已经具有了物质性或财产权属性。需要指出的是，权利主体对个人数据的财产权不同于传统的财产权，并不存在有形的占有。因此，网络空间中的个人隐私已经成为一种无形财产，隐私权也就兼具无形财产权与人格权的双重属性。

二、网络隐私权与网络服务商

何为网络服务商？这一概念在法律上并没有界定。本书认为，依照网络服务商提供的内容不同，可将网络服务商分为网络内容提供商和网络服务提供商两类。前者指的是经自己经营和选择信息传播并通过网络向公众传播的主体；后者指的是为网络提供信息传播中间服务的主体。由此可见，网络服务提供商在互联网服务中扮演的是信息传播媒介的角色。

由于网络的复杂性和网络服务提供商的多样性，网络服务提供商可能从事的在网络传播中侵犯隐私权行为形式繁多，可分为三类：

（1）主动的侵权行为；

（2）帮助第三人实施侵权活动的行为；

（3）不作为从而导致第三人直接侵权，后果严重的行为。

对于不同侵权行为的形式，网络服务提供商的侵权责任可分为直接侵权责任和间接侵权责任。第一种行为所导致的侵权责任就是直接侵权责任。在网络传播中侵犯隐私权的行为，如非法收集用户信息、非法监视用户及主动入侵他人计算机窥视、泄露他人信息，这些都是直接侵权的行为。由于侵权人在此类违法行为中，主观故意明确，且行为均直接导致了严重的损害结果，无论是根据相关民事立法，还是侵权法的相关理论，网络服务提供商要承担直接侵权责任，都是十分明确的。那么，后两种行为会导致怎样的责任呢？这两种行为有两个特点：第一、网络服务提供商在侵权行为发生的过程中只是建立和运行一套能使网络正常运行的系统；第二、网络服务提供商没有主动参加侵权行为。这显然不是一种直接的侵权行为，而是一种间接侵权行为。因此，该行为产生的法律责任也应当是间接侵权责任，而非直接侵权责任。在间接侵权责任认定方面，仍有不少争议。网络服务提供商在为用户提供信息交流通道、空间和技术中介服务时没有主动参与侵权行为，为何需要为他人的侵权行为承担民事责任呢？

从法理的角度看，法律的基本理念之一就是权利与义务相对应。网络服务提供商依照自己的意志提供了相应的服务并从中获取利益，即享受了权利，那么就应当相应地承担义务。网络服务提供商的义务表现在以下几个方面：

（1）中立。指的是网络服务提供商应通过技术化的自动化过程提供服务，一般不参与或干涉网络用户的信息交流。但这一“不参与、不干涉”在其知道或应当知道违法行为的发生或存在时除外；

（2）合理的注意义务。包括及时制止显而易见的侵权信息等；

（3）防止损害结果扩大的义务。网络服务提供商在知道或被告知侵权或违法行为发生或存在的时候，应当及时采取措施，如删除信息、屏蔽信息或禁止访问等措施；

（4）协助有关机关调查的义务；

（5）保护用户通信秘密和个人隐私的义务；

根据我国民法通则的规定，过错责任原则是侵权责任归责的一般原则，无过错责任是特殊原则。从世界范围看，网络服务提供商承担侵权责任的归责原则亦不外乎这两种。无过错原则对当事人的要求更为严格——只要行为和结果之间具备因果关系，则侵权责任成立，而过错原则尚需考虑当事人从事行为时的主观状态。本书认为，对于网络服务提供商适用无过错原则有失严厉，是对网络服务提供商监控侵权行为能力的过高估计。

首先，网络服务提供商对系统或网络的监控是通过技术手段实现的，而技术手段本身就具有极大的局限性。网络服务提供商所面对的信息量是巨大的，网络全球化的特点使其每天、每小时、每分钟甚至每秒都接收数以千万的信息。相对于海量的信息，网络服务提供商的过滤处理能力是有限的。

其次，网络服务提供商在利用技术手段进行监控时，这些技术手段是没有法律判断能力的。如果让网络服务提供商承担了过重的监控义务，那么他们必须常年聘请不同的法律顾问，结果运营成本也随之增加，而这些增加的运营成本最后必将全部转嫁到网络用户头上。

再次，在严格的义务压迫下，网络服务提供商为了避免麻烦和损失，有可能对客户进行选择，只对那些可靠的用户提供服务，极大地限制了个人使用网络的自由。

最后，如果法律对网络服务提供商设置严格责任，他们必将耗费大量的时间与精力在应对各种可能的侵权行为上，从而影响整个信息产业的发展，不利于科技进步和生产力的发展。

因此，基于技术、控制成本及经济发展等各方面因素的考虑，利用无过错归责原则让网络服务提供商承担超出其实际能力的义务，弊大于利。但是，让网络服务提供商对侵权行为放任自流，则必然导致侵权行为的损害进一步扩大。在均衡网络空间各行为主体的利益后，对网络服务提供商适用过错责任原则是比较合适的。

三、网络隐私权的法律保护制度

进入电子商务时代后，许多国家政府和世界组织已经认识到，制定专门的隐私权保护的法律法规对于电子商务的健康发展来说是非常必要的。因此，各国已经或正在着手针对电子商务中的隐私权保护问题制定专门的法律法规。

（一）欧盟的法规主导模式

欧盟的网络隐私权保护模式是以法规为主导的模式，欧盟制定了一系列的法律法规来赋予公民权利保护其网络隐私权。例如，《互联网上个人隐私权保护的一般规则》、《欧洲联盟个人数据保护指南》、《信息公路上个人数据的处理》、《私有数据保密法》，其中，欧盟在1995 年制定的《欧洲联盟个人数据保护指南》规定了自然人、法人或其他组织在收集公民的个人数据信息时各方的权利和义务，强化了欧盟对公民网络隐私权的保护。[①]欧盟的网络隐私权保护模式侧重对个人数据资料的法律保护。个人数据信息的知情同意、控制与支配、信息使用的最小化等原则都在这些法律法规里有所体现。[②]《欧洲联盟个人数据保护指南》第 25 条规定："对于个人信息向第三国传递的情形，只有当该第三国在个人网络隐私方面达到了足够的水平，才能许可用户数据资料向第三国转移，尤其应当考虑信息的性质、运行操作的目的和时间、来源国和目的国、在哪些一般或特殊的领域才生效及该国的安全措施等。"[③]这则规定把法律保护公民网络隐私权的效力扩展到其他国家。网络社会和现实世界一样都需要法律来维护其秩序，使其可持续地发展。法律的强制力使公民保护网络隐私权的能力增强。一个法治的互联网社会必须由法律来规范网络上自然人、法人或其他组织的行为，对于网络隐私权侵权事件的发生应该明确规定其法律责任，严厉制裁侵权人。法律规制为主导的模式也存在不足，主要表现在以下几点：首先，法律本身就滞后于现实社会的发展。互联网科技的进步使网络法律法规的滞后性越发明显。计算机技术的日新月异给网络隐私权侵权案件调查取证造成困难，法律要遏制侵权行为的发生必须针对各种亟待解决的问题制定相应的规则。其次，以公权力为保障实施的国家法律法规如果过于严苛，不仅起不到保护公民网络隐私权的效果，而且从长远的发展来看也阻碍了网络经济的发展和互

① 杨宗建. 对网络上隐私权法律保护的思考. 集美大学学报，2003（3）.

② 欧洲联盟个人数据保护指南，http://journal.chinalawinfo.com.

③ 蓝蓝. 关于隐私权网络保护几点问题的思考. 河北法学，2007（3）.

联网社会的进步。

（二）美国的行业自律模式

美国对公民网络隐私权的保护模式主要是以行业自律为主导的模式。美国在1997年制定的新的《全球电子商务架构报告》中指出："政府当局支持私人企业开发有意义的、使用方法简单的保护隐私权的自律机制；对于自律机制不能解决的部分，政府将与产业合作，共同研商解决之策。"①美国的行业自律模式发挥了互联网行业的监督功能，从自我约束的角度规范电子商务商家收集用户网络隐私的行为，它主要包括建设性的行业指引、网络隐私认证计划、技术保护和安全港模式。②这些具体的计划和措施都是以自律为基础的，行业商会或其他行业组织对其会员进行管理监督，规范其会员的收集网络用户个人信息资料的行为。

在网络隐私权保护方面，美国的行业自律模式起着重要作用。网络用户总是在其合法权益被侵害后才寻求法律保护，而行业自律模式起到预防网络隐私权侵权事件发生的作用。因为行业自律与法律的他律相比更具有保护的直接性，而且网络隐私权的行业自律具有灵活性的特点，行业组织可以通过灵活多变的自律规则解决各种在保护公民重要的个人信息方面遇到的问题；自律行业组织在处理网络用户数据资料收集和使用的问题上具有较强的专业性，而且自律组织之间经常保持交流与合作，因此他们制定的规则能与实践密切联系，可以更有效地保护公民的网络隐私权。由于电子商务的行业自治组织制定的行业规则一般对其会员有比法律更严格的要求，所以它比国家法律规范保护公民网络隐私权的水平更高，范围更广。行业自律模式在保护网络用户个人数据信息资料时也有不足的地方：行业自律有赖于行业商会有效的监督和其会员自觉的遵守，但是商会的监督和会员的自觉性总是缺乏一个强有力的外部监督，内部的自检自律如果没有外部独立的监督和控制就无法做到完全杜绝网络隐私权侵权行为的发生；行业自律有着自身的规律，规律一旦失灵就无法起到保护互联网用户个人信息资料的作用。在网络社会中电子商务的服务商或经营商仍是以盈利为目的，投入资金来保护互联网用户的网络隐私权必然增加其经营成本，因此有许多商家出于眼前的利益会损害用户的网络隐私权。几乎所有大型门户网站都张贴关于保护隐私的申明，商家在为网络用户提供商品或个性化服务的时候都要求用户签订相关协议并同意商家对其个人信息资料进行收集或使用，但是许多隐私条款或协议都含有损害公民网络隐私权的霸王条款，无法真正保护公民的网络隐私权。综上所述，行业自律对互联网用户个人信息资料的保护也不是万能的。

（三）我国对于网络隐私权的保护途径

由于长期以来受封建专制主义的束缚，我国隐私权的文化、法律基础相当薄弱，我国对个人隐私权的保护也较为淡漠，至今没有隐私权保护的专门立法，就更谈不上网络隐私权的

① 王云斌. 互联法网——中国网络法律问题. 北京：经济管理出版社，2001.

② 齐爱民，刘颖. 网络法研究. 北京：法律出版社，2003.

专门立法了。20 世纪 70 年代末和 80 年代初，随着我国政治、经济和法律生活逐步走上正轨，隐私权和与之相关的一系列权利才逐步开始散见于我国的宪法、民法、刑法、诉讼法和最高人民法院的司法解释等法律法规之中。

关于计算机信息网络的隐私权保护，我国也有一些法律、规章作出了相应规定。如《计算机信息网络国际互联网管理暂行规定实施办法》第 18 条规定："用户应当服从接入单位的管理，遵守用户守则；不得擅自进入未经许可的计算机系统，篡改他人信息；不得在网络上散发恶意信息，冒用他人名义发出信息，侵犯他人隐私；不得制造、传播计算机病毒及从事其他侵犯网络和他人合法权益的活动。"我国《计算机信息网络国际联网安全保护管理办法》第 7 条规定："用户的通信自由和通信秘密受法律保护。任何单位和个人不得违反法律规定，利用国际联网侵犯用户的通信自由和通信秘密。"而在《中华人民共和国电信条例》第 57 条规定："任何组织或者个人不得利用电信网络制作、复制、公布、传播含有下列内容的信息：(一)……(八)侮辱或者诽谤他人，侵害他人的合法权益的；……"同法第 58 条规定，任何组织或者个人不得利用电信网从事窃取或破坏他人信息、损害他人合法权益的活动。信息产业部 2000 年 11 月 6 日公布施行的《互联网电子公告服务管理规定》第 12 条规定："电子公告服务提供者应当对上网用户的个人信息保密，未经上网用户同意不得向他人泄露，但法律另有规定的除外。"其中 19 条又明确指出："违反本规定第十二条的规定，未经上网用户同意，向他人非法泄露上网用户个人信息的，由省、自治区、直辖市电信管理机构责令改正；给上网用户造成损害或损失的，依法承担法律责任。"2000 年 12 月 28 日通过的《全国人民代表大会常务委员会关于维护互联网安全的决定》也作了类似规定。

从上述的这些有关网络隐私权保护的规定可以看出，大部分都属于原则性的规定，过于笼统，而且其中大部分规定都是出于保护国家安全和社会稳定的角度，很少有从网络用户个人的角度。同时，在司法实践中，这些规定对网络隐私权的保护规定不便于操作，力度也不够，无法从根本上对网络隐私权进行保护。还需从以下途径寻求解决的办法。

1. 明确隐私权法律地位

在制定新的民法典时，应当明确将隐私权规定为一项独立的具体人格权加以规定，而且还应当具体规定隐私权的法律概念、侵害形式及救济方式，否则执法者和司法者将出现难以适从的现象。只有把隐私权保护的内容上升到法律的高度，才能突出隐私权的地位和价值，权利人的合法权益也才可能得到及时、有效的保障和维护。因此，从根本上明确隐私权的法律地位，并对其采取直接保护的方式，这不仅有利于提高权利主体的自我保护意识，也能有效地惩戒侵权行为发生，同时也符合国家立法的潮流。

2. 制定网络隐私权专门保护法

网络隐私权的专门立法已经成为国际立法的趋势。我国现有的网络隐私保护的法律法规层次上较低，大部分都是公安部、信息产业部、文化部等部委办局制定的行政法规，而且对网络隐私的保护只局限于概括性的规定。我国的民法典是不可能对网络空间的个人隐私权保护详加规定，因而我国应该借鉴国外的做法，尽快制定一部有关网络隐私权的专门个人数据保护法。所谓个人数据保护法，就是“通过立法及相应的执法手段和司法程序保护个人数据免受不当的收集、处理、传输和利用，对于违反该法律规定者予以相应法律制裁的一种法律制度”。[①]专门立法的内容应该包括详细地规定个人对其个人信息资料的占有、使用、排他等权利；网络服务商、网站服务商、政府机关及其他主体收集、储存、处理、使用和传播个人数据的条件和程序；侵权的法律救济，如停止侵害、消除影响、赔礼道歉、赔偿损失等，构架起一套自上而下的网络隐私权法律保护体系，填补隐私权在网络保护中的空白；针对个人信息收集、存储、传播、修改、删除等使用方式作出规范，并可用除外性规定列举特定机构在特殊情形下对个人信息可以采集的方式。同时，鉴于网络技术的特殊性质，在立法上，还要有一定的前瞻性，以便应对不断飞速发展的网络世界所带来的新问题和新矛盾。

3. 增加法律法规的技术性

由于网络的特殊性，立法者进行立法时，必须要与高科技的网络技术相接轨。立法者懂得法律不懂得技术，而技术者懂得技术却不懂立法。如果不把立法和技术结合起来，就难免会出现一些网络法规与网络实际相脱节的现象，那么，制定出来的法律容易成为书架上的摆设，缺乏可操作性，也就很难发挥实效，不利于受害者请求司法救济。所以，应注意加强立法者与技术专家之间的相互沟通，注意立法时技术性的加强，以便能制定出符合土壤生长条件的法律法规。

（四）我国对于网络隐私权的原则

由于网络的开放性、虚拟性、技术性等特征，侵权行为手段的智能化、隐蔽化，网民对于个人隐私的控制能力较低，加上没有相关法律法规的保护，因此网络隐私一旦遭到侵害，个人想追究侵权责任是十分困难的。这个时候，往往需要政府出面对于网络隐私加以保护，为受到侵权的当事人提供救济。因此，在法律不能及时到位和完善的今天，政府各部门自身必须承担更多的责任。

1. 遵循行政法治原则

政府对隐私权的保护主要采用的是行政手段。根据行政法治原则，要求政府无论是使用罚款、隐私安全检查还是限制经营等手段，都必须要由法律加以事先的规定。此外，需要明确政府只是在传统的民事侵权法律难以保护的网络隐私，或者虽能保护但只是成本过高的情况下，才进行补充性的干预。

2. 遵守公开原则与保密原则

政府作为管理机关，出于维护社会，保护人民利益的目的，可能需要搜集个人信息，存储在互联网的数据库里。这就需要政府在公开收集人们的信息之前，需要告知当事人哪些信息可能被搜集、搜集的目的及公民个人享有查阅的权利。此外，由于网络上风险无处不在，导致这些数据库的安全性令人怀疑。因此政府在收集个人信息时，除了让隐私权人了解自己

---

① 张新宝. 隐私权的法律保护［M］. 北京：群众出版社，1997.

的隐私保护状态，还要采取新的安全技术和方式，增加网络的安全性，增强公民个人隐私的保密性，维护个人网络隐私资料的准确性和安全性。

3. 建立检查监督制度

政府对于网络隐私权的保护，不同于普通民事维权行为。普通的民事维权行为大多为事后的救济，在得到法律的保护之前，当事人往往已经受到了精神上的损害。这种精神上的损害又是难以用金钱赔偿等民事补救措施平复的。政府对于网络隐私权的保护，可以在侵权行为产生以前，通过事前的检查监督，及时发现问题，将网络隐私权行为消灭在萌芽状态。

4. 发挥其他方面的作用

政府要扶持和发展网络自律组织，通过网络自律措施来规范自己在个人资料、收集、利用、交易方面的行为，达到保护网络隐私权的目的。同时，要借鉴美国对保护网络隐私权在行业自律方面的做法，教育网络用户提高自己的隐私保护意识及商业网站的自律意识，争取在网络社会中不断掀起开拓创新的技术开发风气，并逐步树立起正确的网络伦理道德观；要加强对儿童网络隐私权的保护，在学校对儿童进行专门的网络隐私权教育，提高儿童的网络隐私权的自我保护能力和保护意识；要通过加强对网络广告商和网站的管理，严厉打击不正当网络广告行为。

第二节　个人信息资料的保护

一、个人信息资料保护的一般规则

对于“个人信息”这一词汇，无论在国际国内的立法例上还是在理论研究中，对其称谓都有不同的表述。在国内理论界，有称之为“个人信息”，有称之为“个人隐私”，有称之为“个人资料”或“个人数据”。在立法例上，采用“个人信息”称谓的立法例主要有 1984 年英国《自动化处理个人信息的利用与将其提供于公务规范法》；采用“个人隐私”称谓的立法例主要有 1974 年美国《隐私权法》；采用“个人资料”称谓的立法例主要有 1977 年德国《资料保护法》。除此之外，国外立法上还有其他一些不同的称谓，如拉美第一个制定信息保护法的国家智利于 1999 年 10 月制定的《个人生活保护法》。目前，国内理论界对于究竟采用何种称谓分歧甚大，尚未形成统一的认识，当前国内理论界对于究竟采用哪一种称谓的争论也主要集中于信息、隐私、资料、数据这四个名词本身的基础含义之间的区别，从目前我国出台的两部《个人信息保护法》专家建议稿中也都采用了“个人信息”的称谓。

到目前为止，我国还没有一部专门的法律对公民个人信息加以保护，个人信息保护内容只是散见于相关的法律及司法解中。如我国《宪法》规定，国家尊重和保障人权，信息权、隐私权是人格权的表现，因此当然地受到法律的保护。《宪法》第 40 条明确规定公民享有通信自由和通信秘密的权利，更为直接地表明国家对公民信息安全的态度。再如《护照法》第 12 条规定，签发机关及其工作人员对因制作、签发而知悉的公民个人信息应当予以保密。《护照法》第20条还规定，如果泄露因制作而知悉的公民个人信息，侵害公民合法权益的，应当给予处分，构成犯罪的，依法追究刑事责任；我国的《刑法修正案（七）》对侵犯公民个人信息构成犯罪的行为作出了规定。此外，对个人信息进行保护条款的法律法规还有《中华人民共和国行政法》、《中华人民共和国电信条例》、《中华人民共和国居民证法》、《中华人民共和国商业银行法》、《中华人民共和国传防治法》、《中华人民共和国执业医师法》、《中华人民共和国条例》、《中华人民共和国未成年人保护法》等。发达国家已制定有系统的《个人信息保护法》或《个人隐私法》，有的国家还特别出台了通信领域的《个人隐私法》，这些法律从保护范围、保护原则、保护方法等方面都作出了明确规定。而我国的个人信息保护法律法规还处于零星散落的状态，而且还有很多侵犯公民个人信息的行为没有规范到，在适用过程中，缺乏系统性和完整性，因此制定一部完整意义上的《中华人民共和国信息保护法》将有望填补我国个人信息保护的法律空缺。

其次，应在民法当中明确对隐私权的保护。隐私信息作为个人信息的主要方面，理应得到重点保护，而在我国《民法通则》当中，对隐私权的保护只属于一种间接保护，也就是说只有当侵犯公民隐私信息的行为达到侵犯公民名誉权、姓名权或肖像权的时候，才能适用民法加以规制。本书认为，民法是我国的基本法，只有在民法中将隐私权作为公民的一项基本人格权确立下来，才能提高隐私权的法律地位，使之得到更好的保护。

最后，还应继续完善相关行业的法律法规。在个人信息背后，代表着各种各样的利益，一部《个人信息保护法》无法全方位地覆盖对所有权利的保护，因此在涉及个人信息较多的敏感领域，如政府、金融、电信、教育、医疗等部门，在现有的法律法规基础上，针对层出不穷的新问题、新现象，还应在现有规定的基础上不断补充完善，加强对重点行业的监督，构建更为合理的信息保护体制。

二、个人信息资料保护的收集和利用

网络的开放性同时给个人隐私权的保护造成了极大的困难。很多在线服务提供者能够收集到有关用户的各种信息，包括姓名、地址、信用状况、统计数据，以及线上交易的各种细节，如交货日期、数量等。服务提供商能够将这些信息存储在网络上的任何地方，随时调取使用，为顾客提供新的服务。收集过程有时是公开的，有时却是在用户不知晓的情况下进行的，由此而产生了隐私权的保护问题。而且，还有许多网上的电子产品，甚至可以通过客户购买该产品的时机进入客户的计算机系统，任意妄为，盗取用户的系统信息。因此，在立法中，应当重点规定网络服务商的法律义务。他们应承担如下义务：

（1）依法收集和使用个人信息的义务。经营者在收集和使用消费者个人信息前，应就其收集和使用的目的向网民进行说明，在收集和使用之后，应告知消费者有关情况，要及时让网民知道其个人资料的使用方法、储存方式及使用期限，并且要避免未经同意而擅自使用所采集的资料及擅自转让、散布网民资料的行为；

（2）履行告知和检查的义务。当网民登录网站并享受网站提供的服务时，告诉其在享受本网站提供的服务时所享有的权利和应承担的义务，要告诉其可能存在的风险及降低风险的技术方法。对用户输入的信息要进行经常性地检查，一旦发现有违禁的信息输入，要及时作出处理，以便使违禁信息及时得到查处；

（3）不得滥用权力。经营者为某种合法的目的收集、使用个人信息，应在实现其目的的前提下，最低限度地收集和使用消费者个人信息。如超出必要的限度使用个人信息，即为个人信息的滥用，经营者应承担相应责任；

（4）保证消费者个人信息安全的义务，经营者有义务对所收集的资料采取必要的安全保护措施，确保公民的个人信息不受到他人的盗用、篡改、监视、窃听等侵害。

本章小结

网络隐私权是传统隐私权在网络环境下新发展的结果，网络隐私权在客体和内容上都出现了新内涵，侵犯隐私权的行为愈加多样，侵权手段愈加隐蔽。对电子商务条件下网络隐私权的保护体系，除了完善上述立法的保护外，也应考虑充分发挥行业自律的作用。鼓励业界制定行业内普遍遵守的规则，建立行业自律监管机构。同时，提高网民的隐私权保护意识，教育公民既要保护自身隐私权，又要尊重他人隐私权，要了解网站的隐私保护政策，不要随意泄露个人数据等。我国处于电子商务和网络经济发展初期，建立和完善电子商务环境下个人隐私权的保护体系，对于个人和商业机构而言将是双赢的结局，现在有不少网民由于担心网络安全的问题，放弃了网上交易、网上金融服务等，若能解决网络隐私权保护问题，将有利于电子商务的繁荣和信息网络产业的发展。

课后练习

一、单项选择题

1. 现代意义上的隐私权概念起源于（ ）。

A. 英国　　B. 法国　　C. 瑞典　　D. 美国

2. 我国的第一部计算机安全法规是（ ）。

A.《互联网信息服务管理办法》

B.《全国人大常委会关于维护互联网安全的决定》

C.《计算机信息网络国际互联安全保护管理办法》

D.《中华人民共和国计算机信息系统安全保护条例》

3. 我国《刑法》规定：非法侵入计算机信息系统罪的犯罪主体为年满（ ）岁以上且具有刑事责任能力的自然人。

A. 14 周岁　　B. 16 周岁　　C. 18 周岁　　D. 20 周岁

4. 下列各项不属于电子商务中所涉及的隐私权保护问题的是（ ）。

A. 个人资料的收集　　B. 个人资料的不合理开发利用

C. 个人资料的侵害　　D. 个人资料的无意泄露

5. 将行业自律与立法规制相结合的网络隐私权保护模式是（　　）。

A. 技术保护模式　　B. 网络中介隐私认证服务

C. 建设性行业指引　　D. 安全港模式

二、简答题

1. 什么是网络隐私权？

2. 网络服务商在保护网络隐私权中的责任和义务？

三、案例分析

2011 年 3 月初，兰州的李女士生了宝宝，就在一家人为此高兴时，李女士发现，宝宝的出生，还牵动了一些素不相识的人。4 月 20 日，李女士刚出院回家，她的电话就响了起来。“是李×女士吗？恭喜您喜得贵子！在向您表示祝贺的同时，向您介绍一下本公司的产品××牌奶粉……”“我们已经选好了奶粉！谢谢！”虽然有些纳闷，但李女士还是礼貌地挂了电话。“这卖奶粉的怎么知道我的电话号码，而且还知道我生的是男孩？”采访中，李女士告诉记者，起初她并没有太在意，但随后的几天里，打电话来推销奶粉的越来越多，几乎包含了所有品牌。后来，抑制不住怒火的李女士对着一个满怀热情给她介绍产品的业务员怒吼起来：“你告诉我，是谁把我的电话给你的！”“我们听说的！您不需要就算了！”对方不等李女士再次发作，就立即挂了电话。

李女士告诉记者，被奶粉推销者骚扰近一月后，自己又被那些经营儿童摄影的商家瞄上了，对她和丈夫的称呼也改成了：×××的母亲、×××的父亲。“孩子的名字起好后，除了至亲知道外，只有到医院填写出生证明时才使用过。”李女士告诉记者，这些人信息灵通的程度让她惊诧。为了一探孩子资料泄露的渠道，在一家儿童摄影城拨打电话时，她和丈夫便一口答应下来。在接洽过程中，李女士和丈夫试图探问摄影城的信息来源，却又被那个精明的业务员以一句“我们听说的”给搪塞了过去。同样的事情还发生在孙先生身上，“我的孩子还没出生，他的资料就已经外泄了。恐怖吧！”孩子已过百天的孙先生苦笑着告诉记者，2009 年 4 月妻子怀孕，第一次去医院建立档案进行检查时，他留下了自己的电话。谁知妻子在医院接受检查后不久，他就接到了形形色色的推销电话，有卖孕妇防辐射服的、胎教教材的，还有推销孕妇营养品的。（资料来源：人民网 www.people.com.cn，2011 年 5 月 25 日）

问题：从本案中，你认为个人信息在收集和利用过程中，网络服务商应当履行哪些义务？

第十一章

电子商务与知识产权

【学习目标】随着计算机网络技术和数字技术的广泛应用，电子商务活动快速发展。电子商务活动是在网络环境下使一部分商品流通“隐形化”。在计算机网络上进行谈判、签合同、订购商品，乃至最终取得商品的这种商务活动，已经使知识产权保护产生了新的问题。通过本章的学习，要求学生掌握著作权的内容及电子商务环境下著作权的侵权行为；商标与域名的区别，商标与域名的冲突形式；计算机软件的基本内容及专利新颖性的判断，专利的电子申请等相关法律问题。

【关键概念】著作权；域名；专利权；抵触申请；电子申请

【引导案例】

绫致公司是“杰克·琼斯”商标的注册人，同时经许可在中国生产、经销和出售“JACK&JONES”商品，两件商标均注册于第25类服装等商品上。绫致公司发现一个域名为jackjonescn.net，自称为“JACK&JONES 中文官方网站”、“杰克琼斯中文网”的网站，利用上述商标进行搜索竞价排名，并在网站内大量使用上述商标销售服装，并声称为专柜正品。该网站的经营者为崔焕所，域名注册者为杜兴华。法院经审理认为，二被告未经许可，在同一种商品的宣传、介绍和交易中使用与涉案商标相同或近似的商标，并销售侵犯涉案商标专用权的商品，足以导致相关公众误认为其域名、网站的所有人及服装的提供者为绫致公司，构成商标侵权。据此，法院判决二被告停止侵权、消除影响，赔偿经济损失及合理支出共计199余万元。

该案是一起典型的利用电子商务侵犯商标权的案件。被告实施了仿冒商标、域名侵权、假冒官网、竞价排名等一系列侵权行为，并通过网络销售侵权产品和网络支付等方式获得巨大非法利益。法院在审理中采取了财产保全、证据保全、调取电子销售记录等多种措施，最终确定了近200万元的赔偿额，充分保护了商标权人的合法权益。

第一节　电子商务中的著作权保护问题

一、著作权基本理论

著作权也称版权，是指作者或其他著作权人依法对文学、艺术或科学作品所享有的各项权利的统称。[①]《伯尔尼公约》中对文学和艺术作品一词作出了解释：文学和科学作品包括文学、科学和艺术内的一切成果，包括文学、科学和艺术内的一切成果，不论其表现形式或方式如何……不论其表现形式或方式如何。同时，著作权法还强调法律所保护的作品必须具有独创性，即能以某种有形形式复制作品。我国《著作权法》第 2 条对作品的种类进行了规定："本法所称的作品，包括以下列形式创作的文学、艺术和自然科学、社会科学、工程技术等作品：（一）文字作品；（二）口述作品；（三）音乐、戏剧、曲艺、舞蹈、杂技艺术作品；（四）美术、建筑作品；（五）摄影作品；（六）电影作品和以类似摄制电影的方法创作的作品；（七）工程设计图、产品设计图、地图、示意图等图形作品和模型作品；（八）计算机软件；（九）法律、行政法规规定的其他作品。"

二、著作权的内容

作品在产生之后，著作权的内容便成了著作权制度中最为核心的部分，它通常是指著作权人基于作品所享有的各项人身权利和财产权利。

（一）著作人身权

著作人身权包括发表权、署名权、修改权和保护作品完整权，其内容之广泛，保护期限之长，均在世界上处于领先地位。

1. 发表权

我国《著作权法》第 10 条第 1 款第 1 项作出规定：发表权是指决定将作品公之于众的权利，即作者决定作品是否公之于众，何时、何地及以何种方式公之于众的权利。在著作人身权中，发表权具有其独特的特点：发表权只能行使一次，作品一旦以合法方式公之于众，即构成已发表的作品，产生相应的法律后果。

2. 署名权

我国《著作权法》第 10 条第 1 款第 2 项作出规定：署名权，即表明作者身份，在作品上署名的权利。署名权是作者享有的一项重要的权利，它可保障作者的身份受到尊重。我国《著作权法》第 11 条第 4 款规定：如无相反证明，在作品上署名的公民、法人或其他组织为作者。换言之，作者以署名的方式表明了自己的作者身份。《著作权法实施条例》第 19 条对此具体规定：使用他人作品的，应当指明作者姓名、作品名称；但是，当事人另有约定或由于作品使用方式的特性无法指明的除外。署名权的内容包括：作者有权决定是否在作品上署名，是署真名还是假冒名，以及署名的顺序等。署名权的保护期不受限制，作者去世后署名权依然受到保护。

3. 修改权

我国《著作权法》第 10 条第 1 款第 3 项作出规定：修改权，即修改或授权他人修改作品

---

① 吴汉东. 知识产权法. 北京：北京大学出版社，2011.

的权利。修改权是作者享有的一项权利，只有作者才有权修改其作品，他人未经许可不得擅自修改作品。其他人如果要对作品内容予以修改，应征求作者的同意。但是，报刊、杂志社对作品作文字性修改、删节，无需征得作者的同意；对内容的修改，则应当经作者许可。应当指出，在某些情况下，作者的修改权会受到限制。例如，为了使计算机程序在特定的计算机上发挥更好的作用，法律允许他人对计算机程序作必要的修改。

4. 保护作品完整权

保护作品完整权，是指保护作品内容完整，使作品不受歪曲、篡改的权利。作品是作者思想情感的反映，作者有权保护其作品不被他人丑化；未经作者同意，他人不得擅自删除、变更作品的内容，或者对作品进行破坏内容、表现形式或艺术效果的变动，以防止作者的名誉、声望受到损害，维护作品的纯洁性。

（二）著作财产权

著作财产权，是指著作权人自己使用或授权他人以一定方式使用作品而获取物质利益的权利。

1. 复制权

复制权是指以印刷、复印、拓印、录音、录像、翻录、翻拍等方式将作品制作一份或多份的权利，它是著作财产权中最基本的权利。著作权人有权复制其享有著作权的作品，同时也有权禁止他人复制其作品。任何人未经许可复制他人作品的行为，均构成侵权行为。

随着新技术的发展，一些发达国家提出了扩大复制。因为，当信息在计算机中“暂存”时，信息仍然显示在屏幕上，作品的内容出现了“再现”，因为该行为与传统意义上的“复制”具有共性。所以一些国家主张将其纳入“复制”之列。

2. 表演权

表演权是指著作权人公开表演自己创作的作品或许可他人表演其创作的作品的权利。此处的表演形式包括口头表演，借助放映机、录像机、录音机等机械设备公开播送作品的表演等。

3. 广播权

广播权是指以无线方式公开广播或者传播作品，或以有线传播或者转播的方式向公众传播广播的作品，以及通过扩音器或者其他传送符号、声音或者图像的类似工具向公众传播广播的作品的权利。

4. 展览权

展览是指公开陈列展出美术作品、摄影作品的原件或复制件。展览权也称公开展出权，是指公开陈列展出美术作品、摄影作品的原件或复制件的权利。

5. 发行权

发行权是著作权人所享有的一项重要传播权，是指以出售或赠予方式向公众提供作品的原件或复制件的权利。随着科技的进步，发行的含义也发生了变化。目前，某些发达国家如美国已建议将信息传输——将作品从计算机某一端通过网络以数字信号形式发往另一终端的行为也视为发行，由著作权人专有。这种传输，仅有信息的传递，并无载体的实际转移，该信息仍存在于输出计算机的内存或相连的存储设备之中，因此将它列入发行的概念中显得有些苛刻。

6. 改编权

改编权是指在原作品的基础上，通过改变作品的表现形式，创作出具有独创性的新作品的权利。原作品与改编作品的区别仅在于表现形式存在差异，但二者在内容上是基本一致的。

7. 翻译权

翻译权是指将作品从一种语言文字转换成另一种语言文字的权利。

8. 汇编权

汇编权是指将作品或作品的片段进行选择或编排，汇集成新作品的权利。

9. 摄制权

摄制权是指以摄制电影或类似摄制电影的方法将作品固定在一定的载体上的权利。将表演或景物机械地录制下来，不视为摄制电影、电视、录像作品，因为该行为没有产生有独创性的作品。

10. 出租权

出租权是指著作权人有偿许可他人临时使用电影作品和以类似摄制电影的方法创作的作品、计算机软件的权利。

11. 信息网络传播权

信息网络传播权是指以有线或无线方式向公众提供作品使公众可在其个人选定的时间和地点获得作品的权利。我国在 2006 年 5 月 10 日通过了《信息网络传播权保护条例》，该条例于 2006 年 7 月 1 日正式施行。其主要内容有以下几个方面。

第一，明确规定信息网络传播权受法律保护。除法律、行政法规另有规定的外，任何组织或个人将他人的作品、表演、录音录像制品通过信息网络向公众提供，应当取得权利人许可，并支付报酬。

第二，明确规定技术措施和权利管理电子信息受法律保护。任何组织或个人不得故意避开或破坏技术措施，不得故意制造、进口或向公众提供主要用于避开或破坏技术措施的装置或部件，不得故意为他人避开或破坏技术措施提供技术服务。故意删除或改变通过信息网络向公众提供的作品、表演、音像制品的权利管理电子信息，或者通过信息网络向公众提供明知或应知未经权利人许可被删除或改变权利管理电子信息的作品、表演、音像制品，均构成侵权。

第三，规定了合理使用。我国《著作权法》第 22 条将合理使用的情形作出了明确规定。

第四，规定了法定许可。我国《著作权法》第 23 条将法定许可的情形作出了明确规定。同时，还包括为扶助贫困，通过信息网络向农村地区的公众免费提供中国公民、法人或其他组织已经发表的种植养殖、防病治病、防灾减灾等与扶助贫困有关的作品和适应基本文化需求的作品，网络服务提供者应当在提供前公告拟提供的作品及其作者，拟支付报酬的标准。

第五，规定了侵犯信息网络传播权应当承担的法律责任。主要有承担停止侵害、消除影响、赔礼道歉、赔偿损失等民事责任。对于情节严重的，著作权行政管理部门可以没收主要用于提供网络服务的计算机等设备；构成犯罪的，依法追究刑事责任。

12. 放映权

放映权是指通过放映机、幻灯机等技术设备公开再现美术、摄影、电影和以类似摄制电影的方法创作的作品等的权利。此项权利是《著作权法》修改时新增加的一项权利。

13. 应当由著作权人享有的其他权利

随着社会的发展，可能会出现一些新的作品利用方式，因此修正后的《著作权法》规定了这一弹性条款。

三、电子商务中著作权侵权行为与保护

（一）电子商务著作权概述

电子商务从参与对象的不同可分为三类。

第一，企业内部的电子商务，主要用于加强企业内部管理，如生产计划的制定、成本核算、销售管理、零库存的实现等。

第二，企业与企业之间的电子商务，主要是企业之间的商务谈判、合同签订、服务信息等。

第三，企业与个人之间的电子商务，主要是面对个人的网上购物，包括产品介绍、商品选购、部分商品的网上发送、售后服务等。由于在商品的交换中，涉及著作权的商品很多，如图书、音乐、报刊等，因此第二类、第三类才涉及著作权保护的相关问题。

根据传统商务的特点，选购商品一般要经过产品介绍、商品选择、支付货款、提货或送货等环节。同样要完成电子商务必然包括信息流、资金流和物流三个环节。根据电子网络的特点，在网上传播的主要是数字化信息，一切可以转变为数字化的信息均可以实现网上传送。从目前情况来看，电子商务的实际发展状况如下所述。

（1）信息流主要是商品介绍和演示、网上谈判、签订贸易合同等，这些与商品的各种信息均可以数字化的形式存在，完全可以在网络上直接传播并得到适时处理。这里有两类问题涉及著作权保护：其一，一些网站为了吸引更多的网络用户，从而实现其更多经济利益（浏览商品信息或联机广告等），在网上发布大量的信息服务，如新闻、图书杂志、音乐、图片、电视及电影等，这些信息大多数是免费浏览甚至可以免费下载，而在网上所进行的信息服务有许多涉及著作权保护，未经著作权人同意随意将受著作权保护的作品上传到网络上，显然是一种违法行为；其二，为了介绍受著作权保护的作品，在网络上适当引用一些作品片段，这属于著作权法合理使用的范畴。

（2）资金流主要是用于购买商品的电子支付和结算手段，从目前情况看大体可分为两类：

其一，可通过网络直接支付，这里需要有银行参与的电子认证手段并实现网络上的适时转账业务，一切商业交易的支付均可通过电子网络完成，现在已有多家国内外银行实现了电子支付，如 VISA、MasterCard 等公司建立的 SET 协议和中国建设银行等。其二，非网络直接支付，它可以通过网上进行购买意向的签订，在实际交货中完成支付业务。以上两情况均不涉及著作权保护问题。

（3）物流主要是实际物品的配送，目前许多进行电子商务的网站，虽然可以通过网络进行贸易洽谈、合同签订甚至电子支付，但实际物品无法通过网络传送，不能想象计算机网络里会下载衣物、汽车等。同时，对于一些特殊的商品，它们的表现形式可以转化为无形的数字化形式，可以通过网络传送，如报纸、计算机软件、音乐等。这些特殊的商品多是涉及著作权保护的与娱乐有关的无形商品，因此通过计算机网络传送的无形商品是著作权法保护的一个重点。

（二）电子商务中著作权侵权行为

根据通过计算机网络传播的物品具有可数字化的特点，《著作权法》第 3 条所列受保护的作品，它们的存在形式均可以转化为数字化形式。对于与著作权有关的邻接权，如出版社、报社、杂志社出版的图书、报刊，表演者的表演，录音录像制作者出版的录音录像制品，广播电台、电视台播放的节目等，同样具有可数字化的特点。如果不考虑目前的计算机网络的传播速度，著作权法所涉及的保护对象非常适用于电子商务。通过以上分析，可以看出无论是信息流、资金流，还是物流，它们可以利用计算机网络传播的共同特点，就是这些传播对象是可以以数字化形式存在的，这是前提，而计算机网络只是一种传输工具。

1. 信息流环节侵犯著作权的行为

具体到电子商务中信息流环节的著作权侵权行为，主要表现为三种。

第一，将著作权保护的作品进行数字化，即将受著作权保护的作品，如文字、图像、音乐等，通过计算机转换成为计算机可读的二进制代码表示的数字信息，以便供网络传输或制作成为数据库等。由于在数字化转换过程中，并没有进行创造性的工作（由计算机直接完成），数字化后的作品并没有改变原作品的根本属性，因此可以认为是一种复制行为，即将作品数字化侵犯了作者的复制权。

第二，将数字化后的作品或本身就是以数字形式存在的作品上载到网络上（即输入作为网络服务器的计算机中），一旦将作品上载到网络中，根据网络的特性，在世界上任何地点、任何时间，都可以通过与网络相连接的计算机得到该作品。这显然是会使该作品作者合法利益受到损失，侵犯了该作品的著作权。

第三，在网站的网页或广告中使用受著作权保护的图像或音乐作为背景。

网站的网页或广告为了更加吸引人，往往用受著作权保护的图像或音乐作为背景图案或音乐，这其中不可避免地用于商业目的，如同在广播或电视中使用受著作权保护的图像或音乐一样，显然是对该作品著作权的侵犯。

伴随着互联网的广泛应用，出现了新的有关著作权保护问题，而这些问题有待法律的解决。

1）非法使用其他网站的网页

网页的设计需要投入大量的创造性的智力劳动，是网页设计者思想感情的表达，也存在被复制的可能性，因此网页也应成为著作权法保护的客体。在网页的设计中，如果未经网页所有者同意而擅自使用其他网站的网页，是对网页所有者复制权的侵犯，是一种典型的著作权侵权行为。

2）非法修改网络上的版权管理信息

众所周知，出版一本书或一套 VCD、录像制品等，都会在版权页上找到有关著作权的管理信息，同样在网络上传输的著作权保护的作品也需要标明著作权管理的有关信息，这样有利于合法使用者找到著作权人，同时有利于维持在网络上四通八达、无处不在大量作品的秩序。但作品一旦变为数字形式在网络中传输，就存在非常容易对其进行修改的问题，这是由数字化信息的特点所决定的。如果任其对作品的著作权管理信息随意修改，就会造成网络上的极度混乱，既损害了作者的合法利益，又不利于网络的健康发展，更谈不上电子设备的正常进行，因此可以说，非法修改网络上版权管理信息应是一种侵权行为。

3）应重视网络中超文本链接的法律责任讨论

网络之所以四通八达，其原因之一就是存在超文本链接，通过一个网站就可非常便利地到达其他网站，获取其他网站的信息资源。现在网络的链接方式大体有两种：一是直接将其他网站的地址设置在自己的网页之中，用户可以依靠鼠标单击到达其他网站；二是将其他网站的部分内容通过链接直接显示在自己的网页中，成为自己网页的一部分。超文本链接是否侵犯著作权情况比较复杂。对于第一种情况，由于在链接网站上并没有形成其他网站内容的复制件，也没有对链接网站的内容进行任何修改，只是为用户进行了引导，似乎并不存在对著作权的侵权。但如果被链接的网站发生了对著作权侵权行为，而且有理由知道被链接的网站侵犯著作权的存在，根据著作权的基本原理，也应该承担一定的法律责任。对于第二种情况，由于链接可以获得其他网站的有用信息，甚至可以获得可观的经济效益，而这些信息的取得是利用其他网站的成果，并没有进行多少创造性劳动，同时在链接过程中，可能伴随着复制、改编等行为，因此应视为一种侵权行为。究竟如何来认定超文本链接是否侵犯著作权，要具体情况具体分析。这是一个值得重视的问题。

4）网络内容提供者（ICP）和网络服务商（ISP）的法律责任问题

在网络世界里，ICP 和 ISP 经常是合二为一的。在网络上，每天大约要增加 10 万个主页，并且增加的速度不断加快，其原因之一就是存在大量的 ISP 平台，它们提供了大量的内存空间（甚至是免费的），为主页设计提供大量的服务，使得制作网络主页成为每一个网络用户非常容易的事情。随着 ISP 平台主页数量的扩大，其影响力就会不断增加，必然会带来可观的经济效益。在这个过程中，ISP 不可能对每一个使用其内存空间用户的网页内容进行审查，不可避免地会出现一些主页设计者侵犯了别人的著作权的行为。在这种情况下，许多主页的设计者是不容易被找到的，著作权人只能找 ISP 说理，如何来认定 ISP 的法律责任，就是一个难题。目前，有两种截然相反的看法，一种看法认为，网络侵权日益严重，ISP 应负有把住网络大门的责任，在一定条件下对使用者的网上侵权行为承担法律责任；另一种看法认为，ISP 只是提供了链接，并没有直接参与侵权，不负有审查使用者内容的责任，因此也应同电信服务者一样，对其使用者的侵权行为不应承担法律责任。

2. 物流环节侵犯著作权的行为

具体到电子商务中物流环节的著作权侵权行为，主要表现为以下三种。

1）非法下载网络上传输的作品

随着电子商务的发展，越来越多的数字化商品（多为受著作权保护的作品）通过网络传送给用户；网络上各种各样的信息也会非常丰富，大有取代传统媒体成为“第四媒体”之势。如果未经权利人同意，擅自下载网络上的信息（作品）并用于其他商业目的，就会产生对著作权的侵犯。但这里有一问题值得注意，网络作为一个信息库，要有利于信息的传播，有利于人们获取信息，在保护著作权人利益的同时，也应注意维护公众利益，因此对于通过网络浏览或下载只供个人使用，应视为合理使用，是对著作权的一种权利限制，而不应视为对著作权的侵权。

2）非法转载网络上的作品

对于有些网站，由于自己的信息资源不足只能依靠转载其他网站的信息来维持，这个问题既有与传统媒体中的转载有相同之处，也与上文提到的超文本链接有关联。在这个过程中，网站的作者没有经过创造性的劳动就获得了他人所创造的成果，根据著作权保护的基本原则是绝对不允许的，应视为对著作权的侵权行为。

3）非法破坏网络的加密措施

由于网络上传输的数字化作品非常容易获得和修改，为了维护网络秩序和权利人的利益，在网络传输作品时往往增加一些保密措施，对于一般的加密措施不属于著作权法调整的范围，但如果是为了实现著作权所赋予的权利而设置的加密措施应该受到著作权法的保护。否则网络上著作权人的合法权益将不能得到保障。

（三）电子商务中著作权保护

要完成电子商务活动，一般应经过将受著作权法保护的作品进行数字化处理、上传到网站服务器、经互联网络传播、最终用户下载应用四个环节。每个环节都会涉及著作权保护问题。在数字化处理阶段，将版权作品数字化是否在著作权法的调整范围内；数字化后的作品，经数字技术再加工形成的数据库是否受到著作权法的保护。在上传网站服务器阶段，是否可以将数字化后的作品或数字化作品直接上传到服务器上，而不需经过原著作权人的许可。在网络传播过程中，根据网络传播的特点，为了加强传播中的著作权保护，对于增加的保密措施和著作权管理信息是否可以任意更改；网络服务商对于网络平台出现的著作权侵权问题应承担什么样的责任；网络之间的超文本链接在著作权法中如何认定？在最终用户下载阶段，如何平衡著作权人、网络传播服务者和公众的利益，重新考虑著作权法中的“合理使用”在网络环境下的特殊性。

1. 版权作品数字化转换的法律认定

传统的版权作品，要实现在网络进行的电子商务，首先遇到的问题就是将版权作品进行数字化处理，即将文字作品、美术作品、摄影作品、电影作品、音像作品等以数字技术处理转换成用二进制数字编码表示的形式，这种转换在著作权法中如何来界定，是法律所必须解决的问题。

在版权作品的数字化转换过程中，原创版权作品与数字化转换后的用二进制表示的数字化作品之间存在一一对应的关系，不存在独立创作的空间，其转换过程是由机器独立完成的，因此数字转换过程不存在独创性，也就不存在产生新的客体的可能，只是客体的载体发生了变化。由于著作权的产生是随着客体的出现而存在的，数字化后的作品受著作权法保护的客体仍是数字化前的原创版权作品，因此数字化后的作品的著作权仍属原创作品的著作权人所有。再次，数字化转换应属于原创版权作品著作权人的什么权利？既然数字化后作品的著作权仍属于原创版权作品的著作权人，那么未经著作权人许可将版权作品进行数字化转换就是一种侵权行为。

2. 数据库的著作权保护

在版权意义下的数据库包含电子数据库和非电子数据库，其定义为：按照一定的形式组合在一起的数字集合。在电子商务中，要通过互联网络完成一系列的商务活动，离不开各种数据库的建立，这里所涉及的仅仅是电子数据库。

对于数据库所包含的内容是版权保护的作品，建立数据库的过程，既会涉及对原创作品的复制行为，又需在此基础上融入创作人员的创造性劳动，涉及原创作品的复制权和演绎权，具有汇编物的特征，因此可以作为汇编作品受到著作权法保护。对于数据库所包含的是一些不受版权保护的数据、事实，要从中选择出所需要的内容并按一定的结构排列，同样需要花费艰苦的创造性劳动，这样的数据库同样需要得到保护。因此，数据库是否应受到版权法的保护，不应以其所含内容单元是否受到版权保护为前提，都应作为汇编作品受到版权保护。

3. 作品上载网络的法律适用

根据计算机互联网络的发展特点，网络上传输的主要是信息服务，而版权所保护的作品更是网络中的主要信息内容。将传统版权保护的作品数字化后“上传”到计算机互联网上，是否仍受著作权法的保护？答案是肯定的。目前网络传输的版权作品主要是文字、音乐、美术和摄影作品等，对这些作品进行数字化转换不存在独创性，网络上传播的这些作品同样是原作者思想情感的表达，不论是否“上传”到互联网上，都是著作权保护的对象。将版权保护的作品“上传”到互联网上，扩展了作品传播的广度，加快了作品传播的时间，对作品的传播是有积极意义的，这正是版权作品在网络上迅速传播的原因所在。但由于互联网开放的特性，作品一旦“上网”就使得网络用户通过网络非常容易地接触到该作品，既可以浏览也可以下载，随着网络技术的发展，网络传播很可能是作品的主要使用形式，对作品的其他发行形式带来冲击，对著作权人经济权利的影响是显而易见的，因此将作品“上传”到互联网上是对作品的一种使用，理应受到著作权人的重视和关注，应该受到作者的控制，列为一种专有权利。

4. 网络传播中加密措施的保护

随着作品的数字化、数据库、多媒体和信息网络传播的出现，无论什么作品形式都统一用二进制的数码所表示，使得人们利用数字处理技术对作品的复制、传送、修改和访问更加便利，同时，利用数字处理技术也很容易对作品进行侵权，被侵权的风险增加，因此权利人为了保障权利的正常实现，往往在数字化后的作品中增加技术保护措施。但在现实生活中，总有一些人出于不同的目的，专门针对这些技术措施进行破坏，出现了技术措施不断完善和破坏活动不断升级的怪现象，甚至出现了将破坏技术措施的方法制成产品非法出售、专门提供反技术措施的服务机构等，严重侵害了权利人的合法利益。如果不对反技术措施的行为加以制止，那么权利人的信息网络传播权就会形同虚设，根本得不到保障。因此，为了权利的实现，在增加技术措施的同时，对技术措施也应给予法律保护。

现实中，有三种情况应属禁止之列：其一，未经许可对技术措施实施的破坏行为并直接侵犯权利人的相关著作权（如复制、发行等）；其二，仅仅未经许可对技术措施进行反向行为提供服务的（不直接侵犯相关权利）；其三，提供的制品或设备的主要目的是为了进行破坏技术措施的行为（只提供设备，不直接参与具体行为）。

5. 管理版权信息的保护

在数字环境下，权利人为了防止别人假冒自己的作品或制品，加强对其著作权的管理，便于使用者寻求合法使用，帮助社会公众避免无意侵权，从而保护权利人的合法利益，往往在其作品或制品及其复制件中注明著作权管理信息，主要包括权利归属、首次发表时间、使用条件、统一编码等。随着计算机互联网的迅速发展，作品越来越多地被转换成数字编码形式通过网络传播，在这种情况下，著作权管理信息在保护著作权中正在发挥越来越重要的作用。同时，利用日益普及的数字加工技术，非常容易地对作品的管理信息进行删除、篡改，甚至伪造管理信息，给著作权的管理和作品的使用带来混乱，不仅侵犯了相关权利人的经济利益，也对权利人的精神权利带来损害。如果不加强对著作权管理信息的保护，互联网上传播的作品或制品将是一片混乱，人们辨不清网络上传播作品的真伪，无法找到相关的权利人，使得权利人的“信息网络传播权”形同虚设。因此建议将著作权管理信息纳入著作权法保护的范畴。

6. 网络传播中接入服务商的法律责任

网络接入服务商（ISP）是指通过提供网络平台，将用户接入互联网的从业者。由于网络著作权侵权存在成本低、效率高、举证难的特点，而网络著作权侵权必须经过网络接入服务商才能实现，因此著作权人及其相关的权利人在愤怒之余，强烈要求网络接入服务商承担制止网络侵权的法律责任。网络传播服务商既不是传统意义上的电信服务者（只提供接入服务，不负责审查通话内容，不承担法律责任），也不是传统意义上的媒体（有审查内容的责任和义务，应承担完全的法律责任）。由于网络接入服务商每天要传播大量的信息内容，都要承担审查责任显然是不现实的，如果对传播的侵权内容放任不管，也是不合适的，因此网络接入服务商的法律责任是一个有待探讨的问题。

7. 超文本链接的法律责任

超文本链接就是在网络环境下通过单击由 HTML 语言编写并含有 URL 地址的词汇、图像，在本机浏览器上得到其他网址的信息内容（网页、文字、图像、音乐等多媒体形式）。在目前情况下，超文本链接有两种不同的形式：其一，直接链接。就是单击目前网页上超文本链接符号，使浏览器的内容从一个网页直接转换到另一个网页或另一网页的一部分内容。这个链接是明显的，用户是可以感受到的。其二，隐含链接。就是在浏览器显示一个网页时，而网页的一部分是通过超文本链接将另一网页的部分或全部内容显示在本网页中。这个链接是隐蔽的，用户是感受不到的，也就是说网页的一部分内容是虚拟的。

由于超文本链接的方式还在不断发展，在著作权范畴的讨论是不完整的，但有一点可以得出结论，为了使互联网健康发展而不陷入著作权的陷阱，在做超文本链接时最好得到链接对象的许可，这对于链接、被链接双方都是有益的。

第二节　电子商务中的商标权保护问题

一、域名概述

（一）域名的基本概念

CNNIC（中国互联网信息中心）将域名定义为：域名是互联网上识别和定位计算机的层次结构式的字符标志，与该计算机的互联网协议（IP）地址对应。

从技术角度来看，域名是在 Internet 上用于解决 IP 地址对应的一种方法。一个完整的域名由两个或两个以上部分组成，各部分之间用英文句号“.”来分隔，如 yahoo.com，yahoo.ca.us，yahoo.co.uk。其中第一个域名由两部分组成，第二个域名和第三个域名由三部分组成。在一个完整的域名中，最后一个“.”的右边部分称为顶级域名或一级域名（TLD），在上面的域名例子中，com、us 和 uk 是顶级域名。顶级域名左边部分称为二级域名（SLD），如.com/.ca，二级域名的左边部分称为三级域名，三级域名的左边部分称为四级域名，以此类推。顶级域名由 ICANN 定义，它们是两个英文字母或三个英文字母的缩写。顶级域名分为三种：① 通用顶级域名（gTLD，General Top Level Domain）。通用顶级域名中 .com（适用于商业公司）、.org（适用于非营利性机构）、.net（适用于大的网络中心）向所有用户开放。上述三个通用顶级域名也称为全球域名，因为任何国家的用户都可申请注册它们下面的二级域名。Internet 采用域名系统（DNS，Domain Name System）将域名解析为 IP 地址。DNS 是一个分布式的域名服务系统，分为根服务器、顶级域名服务器和域名所有人的域名服务器。目前全球有 13 个根服务器，根服务器负责找到相应的顶级域名服务器；.com、.net、.org 顶级域名服务器由 ICANN 管理，现已委托 Network Solutions 公司维护这些服务器，各国家代码域名服务器由各个国家自己管理；域名所有人可以建立自己的域名服务器，也可将域名的解析工作放在别人的域名服务器上。顶级域名由美国政府控制的 ICANN 来定义和分配，分为通用顶级域名（gTLD，General Top Level Domain，国内也称为国际域名）、国际顶级域名和国家（地区）代码顶级域名（ccTLD，Country Code Top Level Domain）。通用顶级域名中向用户开放的只有.com、.net 和.org 三个通用顶级域名，由 Inter NIC 来管理，国家（地区）代码顶级域名有 240 多个，它们由两个字母缩写来表示，分别代表不同的国家（地区），.cn 是中国的国家代码顶级域名，由 CNNIC 来管理。

从商业角度来看，域名是“企业的网上商标”。企业都非常重视自己的商标，而作为网上商标的域名，其重要性和其价值也已被全世界的企业所认识。美国 Greatdomains 是目前互联网上最著名的域名交易商之一，Loans.com 等好几个价值几百万美元的域名就是通过这家公司出售的。域名所包含的商业价值大小将直接推动域名的价格，例如，cars.com 要比 camping 值钱。简单、人人皆知的英文单词和词组也很值钱，因为它容易打品牌，如 monster.com。而且，域名长度越短越值钱，因为短域名容易记忆和拼写。域名和商标都在各自的范畴内具有唯一性，域名和商标相比又具有更强的唯一性，并且随着互联网的发展，从企业树立形象的角度看，域名和商标有着潜移默化的联系。所以，许多企业在选择域名时，往往希望用和自己企业商标一致的域名。从域名价值角度来看，域名是互联网上最基础的东西，也是一个稀有的全球资源，无论是做 ICP 和电子商务，还是在网上开展其他活动，都要从域名开始，一个属于自己便于宣传推广的域名是互联网企业和网站成功的第一步。

（二）域名的法律特征

域名的法律特征主要表现在以下几个方面。

1. 标志性

域名的设计与使用初衷是为了用识别性标记来区分网络上的计算机，以方便网络寻址和信息传输，故标志性应为其基本特征之一。与商标标志性的显著性要求不同，域名的标志性是计算机识别，只需存在细微差别即可，有较强的技术性特征法。

2. 唯一性

域名的唯一性是绝对的、全球性的，这是由网络覆盖的全球性和网络 IP 地址分配的技术性特征所决定的。商标、商号等传统标识可因行业、商品等的不同而存在不同主体拥有相同标识的情形，域名的唯一性则不因行业、商品等的不同而有任何不同。由于域名本身具有“专有”特性，而每个域名就与某个网站或公司相联系，这就使得存在于虚拟世界（网络）中的域名地址具有了识别、标识现实中的企业的作用。因此，国际上均要求域名的使用必须经过申请注册。在注册登记程序上，一般采纳“先申请先注册原则”和“域名由申请人选择和负责原则”。《中国互联网络域名注册管理暂行办法》也采用这种办法。

3. 排他性

域名的排他性是其唯一性的延伸与保证。在任一个注册机构注册的域名均具有全球的通用效力，同时，“先申请先注册”的域名注册原则保证了一个域名只能被成功注册一次，这些使得域名必然产生全球范围内的排他性。

应当说，域名是作为一种技术性手段建立起来的，它本质上并不是一种知识产权，就像一般的地址不能受到知识产权制度的保护一样，域名不能像商标那样被作为知识产权受到保护。但是，由于域名具有唯一性、排他性、识别性等特点，使得域名成为一种稀缺资源，其商业价值不断增强，法律已经开始将某些知识产权的权利内容赋予域名，以保护权利人的利益。同时，也对域名的使用作出规范性的规定，防止由于域名的错误使用而产生的侵犯、干扰或削弱商标或其他名称的价值。因此，尽管目前对域名的法律性质还有待深化，但它实际上已被看作是类似于企业名称和商标的一种工业产权，是网络中非常重要的无形资产，应当被纳入到知识产权法律制度的保护范围之内。

二、域名与商标权的冲突及其解决

（一）域名与商标权的冲突

商标是指商品的生产者、经营者或服务的提供者为了将自己生产、经营的商品或提供的服务与他人生产、经营的商品或他人提供的服务区别开来，而使用的文字、图形或其组合的标志。现行的商标法体系将商标分为不同的类别，并允许在每个类别中有一家民事主体具有商标权利。这就意味着法律允许两个民事主体在一个国家领域内可能使用相同的商标，但该商标在一定的市场中标识着不同类的商品或服务，以让消费者识别。又由于商标制度的地域性，在全球大市场中也可以有不止一家公司在不同的国家拥有相同的注册商标。而域名本身是联入网络的计算机在因特网中的特定标识符，是易被人记忆的网络计算机标识符，或者说是计算机 IP 地址的外部代码。因特网商业化后，域名功能不再是找到网上计算机的简单标识符。当商家将这种简单标识符用于商品服务的种类、信誉、声誉、形象等的载体的时候，域名已经完全具有网上商标的作用。与传统商品市场上靠商号及商标标示商品服务一样，当域名在因特网上发挥标识作用后，许多人自然将其与商标联系起来。这样的联系孕育了域名和商标的冲突。因特网域名的唯一性与商标权法商品或服务分类制度的差别早已埋下了域名与商标发生冲突的必然性。域名必须唯一，而商标不必如此。同时，域名制度与知识产权制度隔绝，双方注册、登记各成体系，又为域名与他人商标或商号会出现相同或近似情形创造了条件。

从目前来看，常见的域名与商标的纠纷有三类。

（1）域名抢注或恶意注册行为。一般是指行为人明知或应知其所申请注册的域名是他人享有权利的商标，仍抢先在商标权人之前予以注册的行为。其基本特征，是将他人知名的商标抢先注册为域名、抢注数量众多的域名、公开出租或出售被抢注的域名以牟利。

（2）注册并使用与他人在先的商标相同或相似的域名的行为。这种行为与域名抢注行为具有明显的不同，它并非为了“待价而沽”，而是为了“搭便车”，注册与他人在先的商标相同或相似的域名。该行为不仅可能使域名与商标相混淆，造成假冒，而且也淡化了商标的知名度，减弱了商标的标志作用和与商标权人之间的联系，或者贬损了商标及其权利人的声誉。

（3）若干权利人就相同商标分别享有商标权，而其中一个权利人将与该商标相同的字符组合注册在某一顶级域名下的二级（或更下级）域名，导致其他商标权人无法使用其商标在相同的顶级域名下注册。

当然，域名的注册也与商标注册一样，实行“先申请原则”，即先申请者有权优先于后申请者获得注册。因此上述三种行为并不必然是侵权或不正当竞争行为，而必须具备一定的要件，才能构成侵权或不正当竞争。

（二）域名与商标权冲突的法律适用

解决域名与商标权利冲突的方法是指，通过界定恶意注册域名的方式而将冲突域名清除出市场交易场所，从而解决域名与商标之间的权利争议。要界定恶意注册域名的行为，必须清晰地界定构成恶意注册域名的要件。《最高人民法院关于审理涉及计算机网络域名民事纠纷案件适用法律若干问题的解释》第 4 条规定，人民法院审理域名纠纷案件，对符合以下各项条件的，应当认定被告注册、使用域名等行为构成侵权或不正当竞争。

（1）原告请求保护的民事权益合法有效。

（2）被告域名或主要部分构成对原告驰名商标的复制、模仿、翻译或音译；或者与原告的注册商标、域名等相同或近似，足以造成相关公众的误认。

（3）被告对该域名或其主要部分不享有权益，也无注册、使用该域名的正当理由。

（4）被告对该域名的注册、使用具有恶意。

对于“争议域名与商标权人的商标相同或近似”的要件，商标权人得证明其商标系合法注册，被告注册的域名与其商标相同或具有误导性的相似。对于“域名注册人不存在注册域名的合法权利或利益”要件，如果要商标权人来彻底证明是非常困难的，因为大部分信息只有被告知道且掌握在被告手中，一般认为，只要商标权人提出被告对该域名不享有权利或合法利益，举证责任将转移给被告。

第三节　电子商务中的专利权保护问题

一、计算机软件的专利保护

计算机软件包括文档部分和计算机程序部分，计算机软件如果具备原创性和形式性（或可复制性），经过简单登记即可取得著作权，并获得相应的保护。著作权人有权阻止、排斥他人对计算机软件编码进行复制或销售该侵权编码复制品。对于计算机软件是否受专利法保护这一问题，各国的规定大致是相同的。《欧洲专利公约》第 52 条第 2 款明确规定，计算机程序不属于专利法保护的范围。我国《专利法》第 25 条也规定，对智力活动的规则和方法不予保护。在这些法律体系中，将计算机程序本身仅理解为一种智力活动的规则和方法，因而不授予专利权。但是，随着软件工程的发展，计算机程序的应用越来越广泛，并往往与机器设备、工业过程等硬件结合在一起，产生了新的技术效果。对于这样的与硬件紧密结合的计算机程序发明，各国近年来的立法和判例动向，都更倾向于用专利保护。因此，目前各国通行的做法是，对于作为一种抽象的智力思维结果的单纯的数学算法或数学方法，不能被授予专利权。然而，如果计算机软件除了涉及数学算法或数学方法之外，更与某一技术领域相关，涉及了某些技术问题，并且还可以产生某种实用效果，那么，这种具有技术性的计算机软件就可能成为专利法保护的客体。专利制度成为保护计算机软件的一种法律手段，已经成为一种趋势。

我国专利局于 1993 年发布了《审查指南》，根据《专利法》规定的“专利法所称的发明是指对产品、方法或其改进所提出的新的技术方案”。含有计算机程序的发明专利申请也必须是符合这一条款要求的新的技术方案。如果发明专利申请只涉及计算机程序本身或是仅仅记录在载体上的计算机程序，则就其程序本身而言，不论它以何种形式出现，都属于智力活动的规则和方法，因此是不能授予专利权的。但是如果一件含有计算机程序的发明专利申请的主题能够产生技术效果，构成一个完整的技术方案，就不应仅仅因为该发明专利申请含有计算机程序而不授予专利权。例如，将一计算机程序输入一公知计算机来控制该计算机的内部操作，从而实现计算机内部性能的改进；或者使用一计算机程序来控制某一自动化技术处理过程、测量或测试过程等的发明专利申请的主题。只要符合上述要求，都不应排除在可授予专利保护的范围之外。

综上所述，含有计算机程序的发明专利申请可以被授予专利权的标准是：① 构成了发明主题；② 该发明主题具有技术效果；③ 该发明主题构成了完整的技术方案。

二、电子商务中专利新颖性的判断

我国专利法规定，授予专利的条件是“三性”，即新颖性、创造性和实用性。而在这“三性”中，新颖性是最核心的构成要件。

新颖性是指该发明或实用新型不属于现有技术；也没有任何单位或个人就同样的发明或实用新型在申请日以前向国务院专利行政部门提出过申请，并记载在申请日以后公布的专利申请文件或公告的专利文件中。而电子商务中的新颖性只能产生发明新颖性的判断，而不涉及实用新型新颖性的判断。现有技术是指申请日以前在国内外为众所周知的技术。

新颖性的时间标准是以申请日划定的，凡是在申请日以前已经有相同的发明创造，由他人完成并公开或发明人自己公开，如在新闻发布、科研鉴定会、展览会上披露了其实质性内容，该发明创造便会丧失新颖性，不能再申请专利。但在申请日当天公开的技术不属于专利法所说的现有技术。

新颖性的地域标准按公开的方式可分为下列四种情况。

（1）出版物公开。是指那些在正式出版物上已经记载了同样发明创造的情况。出版物公开的地域标准是全世界范围内的，属于"绝对新颖性"，不论在世界上哪个地方，只要在申请日以前找到相同发明创造在出版物上有过记载，该发明创造即不具有新颖性。这里所说的"出版物"，具有广泛的内容，它不仅指一般的书籍、杂志、专利文献、正式公布的会议记录和报告、报纸、产品目录及样本等纸质出版物，还包括影片、照片、唱片、磁带、软盘等其他载体的出版物。一些标有"内部资料"字样的期刊，只要能为不特定的人获得，也被认为是公开出版物。

（2）使用公开。如果由于使用导致一项或多项技术方案公开或处于任何人都可以使用该技术方案的状态，这种公开方式就被称为使用公开。即使所使用的产品或装置需要经过破坏才能得知其结构和功能，仍然属于使用公开。使用公开的地域标准也是全世界范围，关于"绝对新颖性"这样的制度设计是为了防止出现在国外已经公开的技术仍可以在我国取得专利的法律后果，在市场竞争中不利于我国企业。

（3）其他方式公开。是指那些能为公众所知的其他公开方式。它主要是口头公开，如以口头交谈、报告、讨论会发言、广播或电视播放及科研鉴定、科研总结、设计文件、图纸、展览、展销广告等方式公开。这种方式公开的地域标准限于我国国内，在国外的这种公开方式不对新颖性构成威胁。

（4）抵触申请。主要是指他人在申请日以前以相同内容向国务院专利行政部门提出过申请，并在申请日之后公布的情况。出现抵触申请时，视先申请案为后申请案的现有技术，故后一申请不具备新颖性。但如果前一申请没有公开而中止申请，则不属于抵触申请。抵触申请仅指由他人在申请日以前提出的申请，不包括他人在申请日提出的申请，也不包括申请人本人在申请日以前提出的同样的申请。

据统计，我国专利申请量迅速增长的20个门类中，有9类属于信息技术领域，占将近二分之一。而电子商务无论是对专利制度还是专利法律的理论，都具有较大的影响。新颖性是针对专利申请中权利要求所要求保护的技术方案而言的，因此被判断的那一发明或实用新型专利申请的权利要求内容是判断新颖性的依据。新颖性的判断是进行一种比较，也就是将各项权利要求所要求保护的技术方案与各个现有技术进行对比，看看一项权利要求的内容是否已经为单独一份现有技术所公开。新颖性的判断需要注意如下几点。

第一，专利申请或专利中的每一项权利要求是判断新颖性的最小单元，也就是必须将一项权利要求的所有内容作为一个整体来看待。不能将权利要求记载的内容分割开来，仅就其中一部分内容，如前序部分的技术特征或特征部分的技术特征判断其新颖性，更谈不上对单个的技术特征判断其新颖性。

第二，在判断新颖性时，只能将权利要求的内容与单独一份现有技术中所公开的技术方案单独进行对比，不能将两份或两份以上的现有技术公开的技术方案结合起来，与一项权利要求进行对比。所谓"单独一份现有技术"，通常是指物理意义上独立存在的各个现有技术。

以专利审查中应用最多的专利文献为例，是指每一份由其说明书、附图、权利要求等文件所构成的单独一份专利文件。对于科技文献来说，是指在期刊上或学术研讨会上发表的单独的各份论文、文章。不允许将多份现有技术结合起来，具体说来，就是不允许将多份专利文件、多份科技论文结合起来，形成一个技术方案，用于判断一项权利要求所要求保护的技术方案的新颖性。对于以公知公用方式为公众所知的现有技术来说，"单独一份现有技术"，一般是指单独的一台设备或一个产品，不允许将不同设备、产品或其部分结构组合起来，判断一项权利要求所要求保护的技术方案的新颖性。但是需要注意的是，如果一项权利要求所要求保护的技术方案本身就是多个设备的组合，则现有技术中同样的设备组合可以用于判断该权利要求的新颖性。

三、专利的电子申请

（一）专利电子申请含义

专利电子申请是指以互联网为传输媒介，将专利申请文件以符合规定的电子文件形式向国家知识产权局提出的专利申请。国家知识产权局于2004年3月正式开通专利电子申请系统，于2010年2月上线运行新电子系统申请。新的电子申请系统在注册方式、接收文件格式、其他服务等方面更加方便、人性化。新的专利电子申请系统在功能、服务等方面都进行了改进和优化。使用电子方式提交专利申请，不仅能有效节约能源，降低成本，缩短审查周期，受到社会公众的关注和欢迎，其特点主要表现在以下几方面。

（1）功能更加完善。随着信息化时代的到来，专利电子申请以其方便、快捷、环保、低耗等优点，成为国际专利审查业务模式的主流趋势，专利电子申请的发展程度也成为衡量各国专利审查信息化水平的重要指标之一。目前，专利电子申请以纸件申请无法比拟的优越性，为美、欧、日、韩等国家的专利局所使用，并成为其提交专利申请的主要形式。我国的专利电子申请系统于2004年正式上线，期间经历了多次的调试和完善过程。此次对正式上线的新的电子申请系统在广泛听取了用户的意见后进行了全面的改进。从目前申请人或代理人到专利局注册的单一注册方式，优化为到专利局注册、到代办处注册、邮寄注册、网上注册4种注册方式，方便各地申请人根据情况选择适合的用户注册方式。

（2）格式多元化。增加电子申请接收文件格式是新系统的另一大特点。专利局可以接收的文件格式增加了PDF、Word等格式。申请人既可以选择通过客户端编辑器编辑并提交符合规定的XM格式的文件，也可以直接向专利局提交PDF、Word等格式的文件。此外，新系统还将开通短信提示服务。申请人可根据个人需要，免费订制个性化短信服务，及时获取相关信息。提示信息的内容主要包括通知书名称、申请号、发文日等。考虑到不可预测的突发事件给专利电子申请系统可能带来的影响，专利局未雨绸缪制定了多种应对措施，力争最大限度地保护用户的权益。专利电子申请系统还将陆续开通辅助审查等其他功能。新系统的服务功能可以根据用户提出的合理化建议随时进行调整，努力为用户提供优质服务。

（3）周期缩短除了方便、快捷、节约成本等优点外，电子申请还具有审查周期短的突出优势。记者对现行审查系统中分别以纸件和电子方式提交专利申请的流程进行了比较。以邮寄或面交形式提交的纸件申请文件需经过数据采集、纸件扫描、代码化等流程，才能进入审查程序中。而以电子方式提交的XML格式的申请文件则省去了上述流程，直接进入后续审查流程。此外，以电子方式提交专利申请后，确认符合自动受理条件的专利申请，系统会自动发出受理通知书、缴费通知书或费用减缓审批通知书，申请人或代理人在发文日当天就能够接收到专利局发出的各种通知和决定，使专利局和用户之间的沟通更加高效、顺畅。

电子申请以方便快捷的优势，提高了专利审批的速度，使用电子申请的申请人可以更快地获得与专利申请相关的信息并及时办理各种手续。电子申请将成为我国未来专利申请的主要形式。在可以预见的较短的时间内，电子申请数量将实现极大的突破，电子申请所占的比例有望接近或达到国际先进水平。

（二）专利电子申请程序

1. 办理电子申请用户注册手续

办理注册的方式为当面注册、邮寄注册和网上注册三种方式。其中，当面注册包括专利局受理大厅注册和代办处注册。其次，用户注册应具备的材料包括电子申请用户注册请求书、电子申请用户注册协议和相关证明文件（如加盖公章的代理机构注册证的复印件等）。

2. 制作电子申请文件前的准备

需要用户下载、安装客户端系统。下载并安装完成后，还需根据具体环境进行网络设置，同时下载用户数字证书。

3. 制作电子申请文件

首先，用户应了解并学会使用电子申请客户端系统的功能，即电子申请文件制作（客户端编辑器）、案卷管理、通知书管理、数字证书管理、系统设置等功能。其次，使用客户端编辑器，选择表格模版进行编辑。

4. 提交前检查文件

保存文件后，用户可以使用编辑器重新打开文件进行检查，以确保文件内容完整、准确，图片显示正常。

5. 使用数字证书签名

用户在客户端首界面的【签名】项中，选择签名证书并单击“签名”按钮，则成功完成签名操作，文件进入待发送目录。

6. 提交文件并接收回执

用户在待发送目录下选择要提交的文件，将其送入发送目录。文件提交成功后，用户可以接收并查看回执，回执的内容主要包括接收案件编号、发明创造名称、提交人姓名或名称、国家知识产权局收到时间、国家知识产权局收到文件情况等。

7. 接收电子申请通知书

用户在客户端首界面上完成接收行为，并单击将要下载的通知书，即可查看该通知书。

8. 提交证明文件

根据专利法及其实施细则、专利审查指南规定的应当以原件形式提交的相关文件，申请人可以只提交原件的电子扫描文件；因条件限制无法提交电子扫描文件的，可以提交原件。对前一情形，必要时审查员可以要求申请人在指定期限内提交原件。

9. 登录网站查询相关信息

首先，可进行提交案件情况查询，包括基本信息、案件提交信息、通知书信息等。其次，可进行电子发文查询，包括申请号、发明创造名称、通知书名称等。

本章小结

知识产权包括专利权、著作权、商标权，本章主要结合电子商务环境对知识产权的基本内容进行了介绍。著作权由著作人身权和财产权组成，在电子商务交易过程中将著作权侵权行为可能发生的区间进行了讲解。商标权部分主要通过与域名的对比及冲突的表现形式进行理论知识的介绍。通过计算机软件，对专利新颖性的判断进行了介绍，对专利的电子申请进行了简要的描述。

课后练习

一、单项选择题

1. 我国著作权法将具有独创性的数据库作为哪种作品加以保护？（　　）

A. 合作作品　　B. 汇编作品　　C. 合成作品　　D. 演绎作品

2. 域名抢注是指（　　）

A. 反向域名侵夺的行为

B. 出于从他人商标（商业标志）中牟利的恶意注册并出卖域名的行为

C. 盗用和淡化域名的行为

D. 同一商标的合法拥有者都想用他们的商标作域名

3.《著作权法》根据网络环境下著作权保护的需要，采纳的一个全新的法律术语是（　　）。

A. 信息网络使用权　　B. 信息网络收益权

C. 信息网络复制权　　D. 信息网络传播权

二、案例

某公司使用 chinaswarovski.cn 等 4 个域名在网上销售仿制的“施华洛世奇”水晶饰品，被施华洛世奇公司发现，遂起诉该公司，要求其无偿转让涉案域名并索赔 40 万元。施华洛世奇公司经中国商标局核准注册 SWAROVSKI 及天鹅图形系列 4 个商标，该品牌的水晶饰品在全球享有美誉度。该公司调查发现，2008 年 6、7 月间，被告未经许可注册了 4 个带 SWAROVSKI

的域名，且指向的网站也冠以“施华洛世奇水晶专卖”、“施华洛世奇网”等名号进行水晶饰品销售。施华洛世奇公司认为，被告侵犯其注册商标专用权，应停止侵权行为，将涉案域名无偿转移给原告，公开赔礼道歉，并赔偿经济损失40万元。被告辩称，4个涉案域名均为合法注册并支付相关费用，属于善意、合理使用。被告在网上销售的施华洛世奇水晶饰品来自淘宝网上一名皇冠级卖家，提供的是奥地利发来的裸水晶，而且承诺“假一罚十”，不存在销假情况。在接到施华洛世奇起诉后，被告已停止使用涉案域名并停止销售相关商品，总共卖掉的货品也只有区区3 200元，赔偿40万元显然没有依据。请回答：被告注册的域名是否侵犯原告的注册商标专用权？

第十二章

电子商务纠纷的解决

【学习目标】通过本章的学习，要求学生掌握电子商务纠纷管辖权的确认规则，掌握电子证据的概念，特征，分析电子证据的认定，了解电子证据的相关法律规定。了解现代电子商务的解决方式，特别是掌握 ODR 的特征和表现形式，熟悉 ODR 的发展和相关立法。

【关键概念】电子证据；ODR

【引导案例】

2006 年 4 月，原告福州沃克斯物流有限公司受富利源实业有限公司的委托，安排两个出口集装箱从厦门海运至印度孟买港。原告将该笔业务委托给被告嘉宏国际运输代理有限公司福州分公司，被告嘉宏公司又将业务委托给地中海航运公司（缩写为 MSC）承运。船舶开航后，因印度的收货人要求在印度新德里清关货物，于是沃克斯公司要求富利源实业有限公司将目的港改为新德里。

据沃克斯公司称，其业务人员与嘉宏公司工作人员通过 MSN 取得了联系，要求更改货物的目的港。在 MSN 上，一名网名为“晨枫－嘉宏”的嘉宏公司工作人员表示，可以让 MSC 航运公司帮忙将货物转运到新德里，收货人自己去当地的 MSC 航运公司办理就可以了，并表示航运公司提供这个服务。

沃克斯公司提交的打印的本公司职员施小姐与嘉宏公司职员的 MSN 对话记录显示：2006 年 5 月 12 日，被告公司业务员“晨枫－嘉宏”表示转运事宜可以由收货人直接向地中海航运公司要求办理。聊天记录显示了这样的内容：“可以叫 MSC 帮你弄到新德里，叫你 CNEE（即收货方）自己去联系 MSC 的就可以了”，“MSC 提供这个服务”。但货物到达孟买新港后，沃克斯公司却发现船公司并没有提供该项服务，货物无法转运，只好滞留在孟买新港，由此导致收货人弃货。富利源公司被迫将货物在当地降价转卖，产生了货物在港口的滞期费、改单费、重新报关等费用和损失。为了减少损失，货物不得不在孟买以低价处理转卖，损失 4 000 美元。后富利源公司向沃克斯公司发函索赔，经双方协商确定，该公司从应付沃克斯公司的其他业务的运费中扣除 4 000 美元作为赔偿。随后，沃克斯公司对嘉宏公司提起诉讼，要求赔偿其该项损失。

沃克斯公司认为，嘉宏公司在 MSN 聊天中，向他们传递了错误信息，是造成损失的最直接原因，为证明其诉求，他们还向法庭提供打印的 MSN 聊天记录。但他们的说法遭到被告嘉宏公司的否认。他们不承认与原告有通过 MSN 进行过联系，没有更改交货地点，所以不应承担任何责任。同时还对原告的 MSN 对话记录的真实性提出异议。富利源公司一开始委托原告时所要求的目的港就是孟买港，本案的情况是原告自己操作失误所导致的后果。而有关损失，原告只有富利源公司的索赔函作为证据，即使 4 000 美元确已支付，也只属于原告与富利源公司之间内部协商解决的范畴，并非经法院判决应付的款项，不能作为要求被告承担责任的依据。

针对被告的抗辩理由，原告代理人认为，在国际海运实践中通过 MSN 进行业务联系，已经成为各方及时沟通信息的常用做法，被告也应保有该项记录，应提供相应的证据，如拒不提供，应推定原告的主张成立。

本案中的纠纷应该由哪个法院管辖？确定管辖权时应该适用什么样的规则？本案双方围绕是否有通过 MSN 这一通信手段，更改目的港各执一词。可以看出，本案认定的关键在于原告提供的 MSN 上的聊天记录是否具有法律效力。那么这种电子证据又该如何认定，国内外有何相关规定，我们该如何解决这种纠纷，这些都是本章需要研究的内容。

第一节　电子商务纠纷的司法管辖

“网络空间”（Cyberspace）一词成了目前国际社会对 Internet 为人们提供各种信息活动场所，又相对独立的非物理空间的称呼。网络空间有五个主要特性：客观性、全球性、管理的非中心化及交互性和实时性。其中，全球性是网络空间最重要的特点，传统的国界地缘在网络空间中不复存在，因此，跨国法律问题大量产生。一旦发生纠纷，当事人首先考虑的就是司法管辖问题，即该纠纷究竟该由哪个国家的法院审理，如果有两个或两个以上国家的法院主张管辖权，则应该由哪个国家的法院审理？在一个国家内，所发生的纠纷应由哪一地区、哪一级的法院管辖？电子商务纠纷的范围很广，既会涉及民事诉讼法，也会涉及刑事诉讼法和行政诉讼法，鉴于篇幅关系，本节内容将以有关国际民商事诉讼管辖的内容为主，具体分析电子合同和网上侵权的司法管辖。

国际民商事案件管辖权是指一国法院或具有审判权的其他司法机关受理、审判具有国际因素或涉外因素的民商事案件的权限。在电子商务广泛使用之前，有关管辖权的规则和法律选择是以固定住所的人处理有形“物品”为基础的，由于电子商务的使用，跨国纠纷具有了新性质，传统的已形成完整体系的确定管辖权的规则，受到了极大的动摇。由于管辖权涉及到一国的主权问题，各国关于电子商务纠纷管辖权协调的国际公约尚未达成。因此，如何在现有的法律秩序中修正、补充和更新既有规则，适应网络空间的特殊性，是当前摆在立法人面前的一项重要任务。

一、管辖权确认的国内规则

电子商务无论形式如何，它都主要借助合同的方式进行，所以，电子商务的管辖权确定问题也即电子合同这种特殊的合同形式的管辖权确定问题。按照我国民事诉讼法的规定，可能会影响管辖权确定的重要地点有五个，即合同缔结地、合同履行地、标的物所在地和双方当事人住所地或营业地。下面将逐一进行讨论。

（一）被告住所地或营业地规则

以“原告就被告”原则确定的由被告住所地或营业地法院管辖规则是我国民事诉讼法的一般地域管辖规则。但是，具体到电子商务这一特殊的情况，由于双方当事人住所地或营业地只能依靠当事人的说明或调查，在电子商务活动中通过网络技术手段难以得知，且其在电子商务领域与合同联系的紧密程度较弱，运用这种规则反而与民事诉讼法所追求的便利当事人诉讼、便利法庭审判及保证案件公正等基本价值目标不符。所以，本书主张，在电子商务领域，除非当事人有特别的选择，否则不宜由被告所在地的法院管辖。

（二）物之所在地规则

物之所在地，即电子商务合同标的物的具体所在地点，在国际私法领域，物之所在地法是物权关系最普遍适用的法律，在国内法中，它也是确定管辖的重要依据。在涉及现实交付的电子商务领域，由于合同标的物是现实存在，可以从客观上加以感知的，它的现实所在地即为物之所在地。而在不涉及现实交付的电子商务领域，大部分的标的物都只能被认为是一种虚拟物，这种物虽然无实体，多表现为一定的二进制的代码，但是，它并不能在空间飘缈的存在，也要依附于一定的储存介质存储于其中，就像现实的货物存放于仓库中一样。所以，这种储存介质的地点就可以被认为是物之所在地，而依据IP地址特定的指向功能，这个地点是十分容易确定的。

但是，由于类似于现实货物寄存的虚拟物“托管”的大量存在，又使问题复杂化了。虚拟物的托管是ISP（Internet服务提供者）拥有和负责管理安装有存储介质的系统，电子商务行为人将虚拟物委托其储存。由于ISP自身的系统配置往往很复杂、很庞大，数据的具体存放地址多不为托管人所知，在ISP拥有多台处在不同地区、甚至国家的系统主机时，托管人更无法预知其物的存放地。在交易发生时，由于标的物所在地不确定也同样导致法律适用的不确定。但是，这种不确定性完全是由于ISP内部的管理行为，对外来说，物的管理者仍被认为是ISP本身，所以，在这种情况下，可以推定以双方当事人均可以预知的ISP所在地作为物之所在地。

按照我国现有法律的规定和习惯做法，在不动产交易场合一般由物之所在地法院管辖，而在非不动产场合仅为当事人选择适用。对于电子商务这种特殊的交易来讲，认为上述规则也一样可以适用。

（三）合同缔结地规则

合同的缔结地，即合同的签订地，由于承诺的生效意味着合同的成立，所以一般认为承诺的生效地即为合同的缔结地。对于其认定，《电子商务示范法》有以下规定：“除非发端人与收件人另有协议，数据电文应以发端人设有营业地的地点视为其发出地点，而以收件人设有营业地的地点视为其收到地点。”但是，在不涉及现实交付电子商务领域，特别是在小额合同及适用定式合同的B2C贸易中，准确地确定当事人，尤其确定顾客的营业地或真实住所地是很困难的且不经济的。如果苛求当事人在每一笔交易之前都认真核实对方真实的营业地和住所地，显然是与电子商务所追求的高效、廉价相悖。在此种情况之下，由于当事人进行交易、缔约时的IP地址可知，进而当事人当时所在的地理位置可知，即要约、承诺的发出、到达地可以被认定，这个地点应当被认为是合同的缔结地。虽然此地点很容易为当事人变更，但是这种变更一直是为双方当事人所知晓的，是由其默示所认可的，在此种情况下，缔约地是双方真实意思选择的结果，和双方约定去某特定城市缔约没有根本的差别，而在其他情况之下，可以以《电子商务示范法》的规定相补充。但是，在现代的商事交易中，缔约更多的是一种形式，往往和交易的联系仅在于订立了合同，合同的最终履行等并不一定都在此地。如果简单地由缔约地所在法院管辖，也会面临着不利于法院审判和当事人诉讼的情况。因此，按照我国现行法律的规定，将其作为当事人可以通过合意选择的管辖地，既尊重当事人的意思自治，也不妨碍正常的诉讼和审判，不失为明智之举。

（四）合同履行地规则

合同的履行地，指合同约定的履行义务和接受履行的地点，是合同标的物交、接的地点，它在合同领域是住所地规则之外的重要管辖权确定方法。由于上文已经指出，对涉及现实物交付的电子商务，其网络上的活动仅为合同订立的一种途径，而合同的履行行为完全是在现实世界中以实体物交换的方式进行，根据一般的贸易规则由合同履行地法院管辖并无障碍。然而，对于不涉及现实物交付的电子商务，传统理论认为由于网络交付涉及众多过程，使特征履行的地点不能确定，使履行地也无法确定。[①]但是，如果排除数据传输过程中的各种路径和服务器选择不谈，那么整个交付关系就显然十分简单了，即由标的物占有人从自身的系统或发出指令要求ISP从标的物储存地将数据传输至交易相对方的系统或其指定的ISP系统处，其特征履行的地点为数据的发送处或接收处。同时，完全可以排除传输中的各种因素直接认定上述的交付过程。因为，数据的传输方式和路径是对电子商务的法律关系没有直接的具有法律意义的影响，数据传输中的路由器、服务器的位置及传输线路的所在地也并不对整个交付行为有实质的影响，不能作为特征履行地。完全可以将网络上数据传输的基本单位——IP数据包视作现实中的车辆，而路径和服务器选择无非就是现实中的道路选择问题，至于标的物的占有人自身或ISP的系统，功能上也与现实中的工厂和仓库等同。那么既然在选择准数据法时对现实物交付的车辆和道路的选择基本不予考虑，又何必在网络的虚拟世界中纠缠呢？基于此，不涉及现实物交付的电子商务的履行地，应当认定为数据发送方或接收方发送、接收数据时的所在地或其指定的ISP所在地。

---

① 肖永平，李臣. 国际私法在互联网环境下面临的挑战. 中国社会科学，2001（01）

在上述两个地点都可以作为履行地的情况下，到底由哪个地点的法院来管辖就完全是一个法律选择问题了。在这点上，我国法律并没有明确的规定，学术界和实务界一般认为应由义务履行地法院管辖，这也是由2000年海牙国际私法会议确认的合同纠纷的管辖权规则。因此，本书认为在不涉及现实物交付的电子商务领域，应该以数据发送方发送数据时或提供服务时的所在地或其指定的ISP所在地的法院管辖。

二、管辖权确认的国际规则

电子商务合同的出现和广泛运用给国际私法带来了挑战，特别是管辖权的确认方面。由于电子商务合同具有不同于传统合同的特点，传统的管辖权确认原则的运用受到了限制。

（一）传统的国际管辖权的确认规则

国际管辖权的确认规则是指一国法院受理涉外案件的权限范围及法律依据，它要解决的是按照哪些标准或原则来确定某国法院是否有权受理某一涉外案件的问题。目前的主要制度有：

（1）普通管辖，又称一般管辖，是指根据“原告就被告”的原则，由原告向与被告有关的国家的法院起诉。它又可分为：

① 由被告住所地法院管辖。德国、奥地利、意大利、日本、泰国、前苏联和东欧国家以及中国等国家采纳；

② 由被告国籍所属国法院管辖。法国、比利时、荷兰、西班牙、葡萄牙等国家采纳；

③ 由被告所在地法院管辖。英国、美国及其他一些普通法系国家采纳。

（2）特别管辖，即以案件的特定性质或特定的联系因素为标识确定法院管辖权，特定联系形式主要是物和行为。物指作为诉讼标的的财产或当事人的财产，行为指可以产生法律后果的行为，如侵权行为、缔结与履行合同的行为等。

（3）专属管辖，指一国法律规定其法院对某些涉外民商事案件有独占的或排他的管辖权。

（4）协议管辖，指涉及民商事案件的当事人可以达成协议将其争议提交某国法院审理，以此确立法院管辖权。

（二）构筑新的管辖权基础

由于传统的管辖权基础不再适应电子商务环境的要求，学术界一直在探讨建立新的管辖权基础，其中网址为众多学者所关注。对于网址是否能成为新的管辖权基础，学者们有不同观点。

有的学者认为，网址可以作为管辖权的基础，理由为：① 网址具有相对稳定性；② 网址与管辖区域之间存在一定的关联度。所以，将网址作为管辖依据是可以肯定的，只不过不是绝对的。网址不能作为确定管辖权的唯一根据，单纯地对该网址的进入也并不能必然导致异地法院对网址拥有者享有管辖权，但是鉴于网址在因特网上的重要地位，在确定管辖权时可以作为管辖权基础。

有的学者认为网址不能作为管辖权基础，主要理由如下。

（1）网址与地理空间的关联毕竟只是一种虚拟的联系，它有别于传统的实质意义上的“联系”，把这种泛泛的、偶然的、虚拟的联系作为管辖的基础还缺乏足够的根据。更何况 Internet 与地理空间之间还有许多其他的“联系”因素，承认网址的法律地位，是否也意味着所有联系因素都可能成为新的管辖根据呢？如果这样，势必造成网络案件管辖的滥用。

（2）管辖根据在国际民事诉讼中具有重要地位，它直接关系法律的公平、正义和效率。承认网址的管辖根据地位，势必把网址的拥有者受制于一个他从未实际接触过的管辖区域，过分加重了网址拥有者的诉讼负担，而且，由于这种管辖权一般不易得到承认，反而不利于纠纷的解决，违反了法律的基本价值取向。

（3）承认网址作为管辖根据的法律地位，就意味着“域外管辖权”的过分扩张，势必造成国际案件管辖冲突的泛滥，既有损国家的司法主权，也不利于保护当事人双方的合法权益，甚至造成国际争端，这与人类的整体利益背道而驰。

对于上述两种主张，本书倾向于第一种。一般来说，一个新的事物的产生总会对所涉及的规则、制度带来一些新的变化，因特网和电子商务的出现产生的新的管辖权根据，也具有一定的必然性。在电子商务环境下构筑新的管辖权基础，网址应该是首选。在电子商务合同与物理空间的联系因素中，网址与物理空间的联系最为稳定，其他诸如信息发出地、信息收到地等与物理空间的联系极为偶然且难以确定，当事人可以在任何地方的任何一台计算机上收发信息，但是不论在何处收发信息，其所利用的网络服务提供者的网址在一定的时间段内是不会变的。

有学者认为，与当事人有关的任何因素如果能够成为法院行使管辖权的根据都必须具备两个条件：一是该因素有时间和空间上的相对稳定性，至少是可以确定的；二是该因素与管辖区域之间存在着一定程度的关联性。网址无疑可以满足以上两个条件。因此，考虑将网址作为新的管辖权根据是有充足理由的。网址可以成为新的管辖权根据并不意味着 Internet 与地理空间之间许多其他的“联系”因素都可以成为新的管辖权根据，那要看其他的联系因素是否能满足管辖权根据的基本要求。所以，没有理由因为网址可能成为新的管辖权根据而担心所有的联系因素都会成为新的管辖权根据。当然，新的管辖权根据的形成不是一蹴而就的，目前，网址不能作为确定管辖权的唯一根据，还应考虑其他的联系因素。

第二节　电子证据问题

随着信息化时代的来到，人们的生活越来越信息化、数字化，但是信息化和数字化促进人类进步的同时，也给人类现有的法律文明带来了很大的冲击。例如，电子证据就对各国现有的证据制度产生了很大的影响，并且在一定程度上改变了各国现有的证据制度。我国近年来经济高速发展，计算机、手机等高科技产品已经融入人们的日常生活和商务活动中，相关数字信息也可作为“呈堂证供”进入诉讼程序。这些“数字信息”的认定给人们带来了很多难题，因而成为法学理论界和实务界热议的话题。

案例 2-1

2003 年 7 月 19 日，甲工具制造有限公司（以下简称甲公司）与乙电子商务有限公司（以下简称乙公司）签订电子商务服务合同 1 份，约定：乙公司为甲公司安装其拥有自主版权的 IteMS2000 1.0 版国际贸易电子商务系统软件 1 套，在安装后 1 年之内最少为甲公司提供 5 个有效国际商务渠道。乙公司对甲公司利用其软件与商情获得的成交业务，按不同情形收取费用，最高不超过 50 万元。如果在 1 年之内，乙公司未能完成提供有效国际商务渠道的义务，则无条件退还甲公司首期付款 5 万元并支付违约金。合同签订后，乙公司在甲公司处安装了软件平台，并代甲公司操作该系统。2004 年 10 月，甲公司以乙公司违约，未能提供有效国际商务渠道为由起诉至法院，要求解除合同，返还已付款项并支付违约金。乙公司在举证期限内提供了海外客户对甲公司产品询盘的 4 份电子邮件（打印文件），以此证明乙公司为甲公司建立的交易平台已取得业务进展，至于最终没有能够成交，是由于甲公司提供给外商的样品不符合要求。

[判决] 一审法院认为，电子邮件的资料为只读文件，除网络服务提供商外，一般外人很难更改，遂认定了电子邮件证据的效力。

甲公司不服判决并上诉。

二审法院认为，乙公司提供的电子邮件只是打印件，对乙公司将该电子邮件从计算机上提取的过程是否客观和真实无法确认，而乙公司又拒绝当庭用储存该电子邮件的计算机通过互联网现场演示，故否认了 4 份电子邮件的证据效力。

[提示]本案的争议焦点在于乙公司在合同约定的 1 年内是否为甲公司提供了有效国际商务渠道，而确定该问题的关键在于对乙公司提供的 4 份电子邮件如何进行认定。

一、电子证据的概述

（一）电子证据的概念

当代世界各国已经融入了信息化的潮流。电子证据是自电子技术出现及发展以后产生的一种新型证据类型。随着电子技术特别是计算机技术、通信技术、软件和信息技术的飞速发展和普遍运用，电子商务、电子办公已经或正在成为现代生活的一部分，人类进入经济全球化和信息全球化的新纪元。

电子技术特别是计算机技术已经成为人类生产生活的工具，给人们的生产和生活带来了很多便利，但是同时人们的商务纠纷、法律纠纷也往往涉及电子技术的内容，电子技术由于其本身的特点给这些纠纷的解决带来了很多难题。此外，一些传统犯罪和新型犯罪均把电子技术作为工具，如利用计算机和网络技术盗窃银行账户等。由于这些犯罪行为和电子技术结合在一起，给司法机关的调查取证带来了很多困难。因此法学理论界和司法实务界对电子证据的相关问题展开了研究。

所谓电子证据，是指产生于计算机系统或其他类似的电子记录系统，是人为输入计算机系统或类似设备，或者计算机系统自动生成的数据或信息，这些信息必须借助电子、光学、磁或其他类似手段生成、发送、接收或存储，能够反映案件真实情况。

（二）电子证据的特征

电子证据和当代电子技术、计算机技术具有密切关系，因而与传统证据相比有着很多不同的特点。综合来看，电子证据的特征主要体现在依赖性、易受破坏性、外在形式多样性、客观真实性及高科技性五个方面。下面分别论述电子证据的这五个特征。

1. 依赖性

电子证据的依赖性是指电子证据必须依赖于一定的设备才能产生、存储、复制、转移、读取等。而传统证据则不然，以传统的书证、物证来说，这些证据形式依靠一定的自然或人工的材料得以存在，可以直接读取其中包含的内容。但是电子证据的产生、存储、复制、转移、读取则不能直接进行，必须依赖于某种中介设备。以 E-mail 为例，如果一封 E-mail 包含了与案件有关的信息，则必须通过计算机上网收取这封 E-mail，才能通过计算机获知其中包含的信息。如果没有一定的硬件设备，人们是无法获知其中的内容的，因此电子证据和传统证据相比，具有依赖性。

2. 易受破坏性

与传统证据相比，电子证据特有的生成、储存和传递方式导致了其特有的隐蔽性，但同时也意味着电子证据容易被删改且不留痕迹。在这一点上，传统的视听资料与电子证据不同。传统的视听资料如录音、录像资料，由于是依靠模拟信号的连续性形成的，所以当原件发生变化后，可以采用特定的技术手段查明。在当今网络高速普及的时代，网络的高覆盖率和开放结构常常使电子证据会被不着痕迹地删改。删改者既可能是形成电子证据的计算机的使用者，也可能是穿越防火墙的黑客，还可能是来自无法预料的计算机病毒。另外，电子证据储存方便、体积小，持有人往往只需具备一定的知识技能就可以变更电子证据的内容，甚至销毁证据。电子证据的易破坏性使得它有不稳定的一面，因此有许多人把电子证据易受破坏的这个特性称为“脆弱性”。

3. 外在形式多样性

电子数据在计算机内部的存在形式是简单电磁形式的，但其外在表现输出形式却是多种多样的，它可以输出在计算机屏幕上成为图像、动画等视频形式，输出在打印纸上成为传统纸介质文件，输出在音箱中成为音频信息，输出在缩微胶卷上成为视听资料，计算机程序的执行操作更是以不同的动作指令为表现形式，这都显示了它的外在形式多样性。多媒体技术的出现，更使电子证据综合了文本、图形、图像、动画、音频及视频等多种媒体信息，这种以多媒体形式存在的电子证据几乎涵盖了所有传统证据类型。使得证据外在形式复杂多样。

4. 客观真实性

前面谈到电子证据的易受破坏性，但是如果排除了来自外界的干扰和破坏，则电子证据比一般传统证据更能表达客观真实性。通常情况下，电子证据能准确地储存并反映有关案件的情况，正是以计算机这种高技术为依托，使它很少受主观因素的影响，其精确性决定了电子证据具有较强的证明力。电子证据不会像物证一样会因周围环境的改变而改变自身的某种属性，不会像书证一样容易损毁和出现笔误，也不像证人证言一样容易被误传、误导、误记或带有主观性。电子证据一经形成便始终保持最初、最原始的状态，能够客观真实地反映事物的本来面貌。

5. 高科技性

电子证据由于前述的几种特征决定了它较强的高科技性。不管是电子证据的复制、存储还是读取，都需要相关操作人员具备一定的电子技术操作技巧，否则很有可能造成证据资料的毁损、灭失，给取证过程带来很多不便。电子证据的产生、储存和传输，都必须借助于计算机技术、存储技术、网络技术等，离不开高科技的技术设备。因而，应该意识到电子证据的收集与审查判断必须依赖于一定的技术手段乃至尖端科技，并将伴随科技的发展进程不断更新、变化，较之传统的证据形式更难把握。

二、不同国家关于电子证据的规定

（一）英美法系关于电子证据的规定

近年来，随着科技的发展，网络和电子商务也迅速发展，它们对传统证据制度的冲击是全球性的，因此，英美法系国家纷纷在近几年内进行证据法的相关修正、解释，或者做新的立法，而其中又以美国最为典型。

美国 1965 年的判例就承认电子邮件可以代替口头通信，与口头通信具有同等的效力。但是，美国的最佳证据规则显然对电子证据的可采性产生了很多障碍。但是由于美国独特的司法制度，法官在很多案件中巧妙、适当地避开了最佳证据规则对电子证据的限制。如，在 1992 年的 Doe V. United States 案件中，原告起诉美国政府管辖的军事医院在给他输血的过程中，由于医院的不负责任使他感染了艾滋病病毒（HIV）。美国政府提供的一份证据是从陆军航空队电子数据库打印出来的文书记录。原告认为这份证据有违最佳证据规则和传闻规则。法官向政府提出证实打印文书真实性的要求，随后政府补交了程序性证明资料，被法官采纳，并据此认定该文书是计算机数据的准确打印物。法官认为，“这虽与典型的最佳证据规则不相符，但是也不构成对该规则的违反。”

由于此类案件大量出现，美国的成文法也对电子证据作出了回应。如 1995 年美国犹他州通过了世界上的第一部数字签名法典——《犹他州数字签名法》（Utah Digital Signature Act），推动了世界电子商务立法的发展。美国的《联邦证据规则》也对电子证据放开了限制，使电子证据摆脱了最佳证据规则的限制。

其他英美法系国家对电子证据也都是认可的，并且修改原有法律，制定新的法律，完善和电子证据有关的法律，使电子证据具有可采性，并且遵从某些特殊的规则。

从西方国家的经验来看，这些国家对于电子证据的态度是积极的，即认识到了电子证据的特殊性质，并且承认了原有证据制度可能无法满足现代社会的需要，进而对相关法律作了修改，或者对相关概念作了新的解释，使法律能够满足社会发展的需要，保持旺盛的生命力。

（二）大陆法系关于电子证据的规定

大陆法系国家的证据制度比较单一，这些国家规定，只要和案件事实有关的材料均有可能作为证据材料进入司法程序。事实上，我国也承袭了大陆法系的这一做法。大陆法系的证据制度是开放的，因而大陆法系的证据制度并没有排斥电子证据，电子证据也有可能作为诉讼证据。也就是说，在大陆法系国家，电子证据天然就具有证据资格。如法国、意大利、德国、奥地利、瑞典、丹麦、日本等大陆法系国家的证据法就属于这一类型。

在我国，严格来讲，“电子证据”这一用语早已见诸报端，但是一直以来，它并没有成为我国法律体系正式的法律用语，直到 2012 年 3 月 14 日第十一届全国人民代表大会第五次会议通过了《关于修改〈中华人民共和国刑事诉讼法〉的决定》第二次修正）和 2012 年 8 月 31 日通过了《全国人民代表大会常务委员会关于修改〈中华人民共和国民事诉讼法〉的决定》，才明确了“电子证据”可以作为一种证据种类。这意味着电子邮件、聊天记录、微博私信、手机短信、网络视频等可成为“呈堂证供”。下面简要介绍一下我国和电子证据有关的相关法律。

1.《中华人民共和国电子签名法》

该法是我国首部对数据电文有确切描述的法律，它是一部针对电子商务发展的立法。近年来随着我国信息化的发展，不断涌现出和电子证据有关的法律案件。如人们普遍使用手机短信进行相互联系，对于手机短信能否作为证据产生了很多争议，一些法院已经根据电子签名法认定了手机短信可以作为电子证据，并且作出了相关判决。但是应当看到，电子签名法毕竟不是专门的证据立法，其对证据制度的作用有限，电子签名法不能作为证据法的替代。

2.《中华人民共和国合同法》

1999 年《中华人民共和国合同法》第 11 条规定：“书面形式是指合同书、信件和数据电文（包括电报、电传、传真、电子数据交换和电子邮件）等可以有形地表现所载内容的形式”。该法条的规定，前者承认了电子合同的合法性，肯定了在我国民商法体系中电子证据满足书面形式的要求。《合同法》第 33 条还规定当事人采用数据电文订立合同可以“要求签订确认书”。另外，《合同法》的第 16 条、第 26 条、第 34 条规定了电子合同要约的生效时间、承诺的生效时间及合同成立地点。这些条文都涉及电子合同生效的要件，可以说是对电子合同效力的一种探索。但是，这样的规定也只是在民商事领域承认了电子证据形式可以适用书证的效力。

3.《中华人民共和国刑事诉讼法》

我国 1996 年刑事诉讼法在规定证据的种类时没有规定电子数据，只增加了视听资料。近年来，随着现代科学技术的发展，越来越多的刑事案件涉及以电子数据记录的信息为载体的证据资料。2012 年 3 月 14 日第十一届全国人民代表大会第五次会议通过了《关于修改〈中华人民共和国刑事诉讼法〉的决定》第二次修正，于 2013 年 1 月 1 日生效。该决定将第 63 条修改为："证据包括："（一）当事人的陈述；（二）书证；（三）物证；（四）视听资料；（五）电子数据；（六）证人证言；（七）鉴定意见；（八）勘验笔录。证据必须查证属实，才能作为认定事实的根据。"。

4.《中华人民共和国民事诉讼法》

中华人民共和国第十一届全国人民代表大会常务委员会第二十八次会议于 2012 年 8 月 31 日通过了《全国人民代表大会常务委员会关于修改〈中华人民共和国民事诉讼法〉的决定》，自 2013 年 1 月 1 日起施行。该决定将《中华人民共和国民事诉讼法》第六十三条修改为："证据包括：（一）当事人的陈述；（二）书证；（三）物证；（四）视听资料；（五）电子数据；（六）证人证言；（七）鉴定意见；（八）勘验笔录。证据必须查证属实，才能作为认定事实的根据。"

电子数据不同于传统的物证、书证、视听资料等证据种类，它需要借助一定的信号传输和转换设备，并以其所记载的信息内容来证明案件事实，主要包括电子邮件、电子数据交换、网上聊天记录、网络博客、手机短信、电子签名、域名等形式。这次民事诉讼法和刑事诉讼法的修改，增加电子数据的规定，将电子数据作为一种独立的证据资料来源，一方面是可以适应司法实践的需求，便于办案机关把握标准；另一方面也是吸收和借鉴域外有益经验的结果。

5. 部门规章和地方性法规

我国一些部门规章和地方性法规也对电子证据有所规定，如交通部于 1997 年 5 月 4 日发布并实施了《海上国际集装箱运输电子数据交换管理办法》，该规章第 23 条规定："符合规范要求的电子报文具有与书面单证同等的效力。"

第三节　电子商务纠纷的解决机制

电子商务的产生使商业活动不分时间、不分地点，跨越国界，随时随地地进行成为了可能，人们之间的交易更加方便了。但与此同时，这种轻松跨越时空和国界的交易方式，也使得电子商务中的纠纷及其解决变得更为复杂。网络空间的全球性、虚拟性、管理的非中心化和高度的自治性使得网络空间争议的解决具有不同于传统离线争议的特殊要求，效率、成本和便利性成为网络空间争议解决方式的首要价值因素。高昂的诉讼费、遥远的地域相隔、差异巨大的语言和文化、法律适用的艰难、管辖权确定的复杂性和判决的承认和执行等问题使传统诉讼在面对如此纷繁复杂的网络空间纠纷时显得颇为捉襟见肘，这些问题也将大大增加电子商务交易成本。人们开始寻求和考虑用对法院诉讼的替代性争议解决方法（Alternative Dispute Resolution，ADR）来为在线争议提供更快、更方便、费用低廉的解决方案，如仲裁、调解或和解。互联网是争议产生的渊源地，也应是争议解决的归宿地。ADR 解决离线争议的原则和法律也基本上适用于在线争议。ADR 在互联网环境下利用互联网提供的各种手段进行时就被称为在线争议解决机制（Online Dispute Resolution，ODR）。

一、ODR 的概念

ODR 是指利用互联网进行全部或主要程序的各种争议解决方式的总称，主要包括在线仲裁（Online Arbitration）、在线调解（Online Mediation）和在线和解（Online Negotiation）等方式，仅利用网络技术实现文件管理功能，而程序的其他部分仍用传统离线方式进行，不属于 ODR 范畴。ODR 将网络资源充分引入到争议解决方法中来，网络资源具有下列三种新的因素：利用全球任何地方的人力资源、计算机处理程序及实现信息交流和传播的电子传输速率，这就使 ODR 可以在任何国家、聘用任何国籍的仲裁员或调解员、通过任何语言解决争议，具有快速、费用低廉、便利等网络空间争议解决所需要的各类重要价值因素。在网络虚拟世界，ODR 对于建立互联网中的信赖关系是非常必要的，有利于实现双赢的争议解决方式，越来越受到世界各国理论和实务界的重视。

二、ODR 的基本形式

（一）在线仲裁

在所有的 ODR 方式中，在线仲裁可谓最为正式。在线仲裁裁决一般具有终局性和约束力，但也可以通过当事人的约定使之不产生约束力或只对一方有约束力。最著名的在线仲裁服务商是 ICANN 的 UDRP，即统一域名争端解决程序。该程序主要用以通过仲裁方式解决商标持有人之间的争议。一旦仲裁员对某一案件开始仲裁，ICANN 将根据裁决的规定，取消或让与有争议的网络域名。但是 UDRP 仅仅是一种任意性的补救方法，投诉人可取而代之而在任何适格法院进行诉讼。UDRP 程序主要以电子邮件的形式进行，争端当事方有权就其案件选择一人独任仲裁或由三名仲裁员仲裁。仲裁过程中无需举行当事人亲自参加的听证会（如电话会议、可视会议或网络会议），除非仲裁员要求这样。仲裁员需在 14 天内做出裁决并将其公布在 ICANN 的网站上。

（二）在线调解

目前在线调解是使用频率最高的 ODR 方式，美国的 Squaretrade、Online Mediation 及 Internet Neutral 等网站都提供在线调解服务。该方式通常是由一当事人先向在线调解员或提供调解服务的网站提出申请，然后由调解机构或调解员查明被申请方是否愿意参加在线调解程序，如果愿意，则由双方选择调解员，或者直接由机构委派。整个调解系统被挂在经授权的当事人才能访问到的服务器上。在美国，当事人必须选择调解协议是否具有法律约束力，而在荷兰，此类协议自动具有法律约束力。这种在线调解机制是互联网对传统调解制度的一次创新。

（三）在线和解

近些年西方国家出现了一些由私人创办经营的网站，这些网站在解决争端方面推行一种简便服务，即让争议双方把其权利诉求或可接受的义务转变为一定数量的金钱，并把其认为合适的争端解决标准输入计算机，如果数目相吻合，计算机虚拟程序就会造成一个对双方当事人有约束力的争端解决方案。虽然此类网站的计算方法极为简单，并且不评估法律与当事人索赔的可行性，但在处理诸如保险公司与索赔人之间争议方面非常有益，因为此类争端一般以金钱为标的，且当事人双方通常希望在法庭外解决争议。[①]与传统谈判方式相比，在线和解的优点在于：第一，通过网络谈判解决争端，避免了可能出现的当面争吵或电话争论。第二，在线和解程序快捷，传统和解需要 3～4 周，而它一般只需十天。第三，在线和解有利于保护当事人双方的隐私。

ODR 除了以上几种主要方式以外，还有美国的 Settlethecase 采用的简易陪审团方式、欧洲七国的 Which webtrader 采用的意见调查服务方式等。实际上，一个网站往往同时提供几种 ODR 方式。

三、ODR 的基本特征

（一）ODR 程序的在线性

ODR 程序的发动及运作都是以在线方式进行的。传统的 ADR 强调当事人通过面对面的沟通、谈判、调解等方式以求获得争端之解决。而 ODR 却通过因特网超越了地域与时空界限，可以使不同地域的当事人异地同时或异地异时进行虚拟的面对面协商，当事人不必遵循严格的诉讼程序和诉讼时效规则，节省了解决争端的费用与时间。

（二）ODR 规则的灵活性

在传统的 ADR 中，往往存在诉讼下谈判或“法律的荫蔽”现象，即当事人依据法律的规定来决定谈判的策略。但在 ODR 中，由于网络的无国界特征，当事人无法预见适用的法律，使 ODR 超脱了法院的管辖权及法律的条条框框，有效避免了上述现象的发生。在实践中，提供 ODR 服务的各个网站逐渐形成了自己的网络法则，用户可以根据不同需要从中选择适用，并有权自主决定进入或退出 ODR 程序及是否接受该规则的约束，充分体现了 ODR 规则的灵活性。

（三）ODR 信息的机密性

复制性强是因特网最为突出的特征，无论是网络终端之间的数据传输，还是上传下载信

---

① Wiliam Krase. Do you want to step outside? An Overview of Online Alternative Dispute Resolution，J. Marshall J. Computer &Info.

息，都必然会产生大量的复制。目前 ODR 主要采取两方面的措施以增加机密性：一是在争端未解决之前，不公布各方当事人解决争端的建议，以确保当事人的隐私得到尊重，同时由调解员负责及时删除程序中不必要的自动备份信息；二是采用“非对称秘密系统”，又称公共密钥加密技术，该系统采用公钥和私钥两种不同的秘钥分别用于数据加密和解密，这是目前保证信息加密性的最佳方法。

（四）ODR 协议的非强制性

一般而言，除 Online arbi-tration 外，通过 ODR 达成的协议不具法律约束力，除非当事人之间另有约定，甚至有些在线仲裁规则还允许当事人自己决定仲裁裁决的效力。ODR 程序的启动也不能阻止当事方寻求法院诉讼的途径以解决纠纷，尽管如此，由于 ODR 是当事方自愿选择参加的，故其决定一般易于得到当事方的遵守。

四、ODR 的发展

ODR 的产生可以说是互联网不断发展的产物。其历史渊源可以追溯到 20 世纪 90 年代中期。到目前为止可将 ODR 的发展可大致分为三个阶段。

（一）1995 年之前

1992 年之前，互联网基本上还是以美国为中心的网络系统，且美国禁止将其用于商业活动，主要用于学术机构的研究活动。这一阶段对互联网产生的争议很少，相应的争议解决体制也未形成任何体系。

（二）1995—1999 年

这 4 年是 ODR 的萌芽阶段，随着互联网商业利用禁令的解除，电子商务活动大量出现，导致争议纠纷大量增加，于是，ODR 便应运而生。如随着互联网业务大量增加，域名登记的数量急剧增多，商标所有人和域名持有者之间的争议也日益增多；与此同时，链接的合法性和知识产权保护等方面的纠纷也日益增多，于是许多科研机构、专业人士、企业和政府部门都开始寻求与互联网对接的争议解决模式，他们都达成了一个共识：互联网需要一些致力于解决这些争端的机构。刚开始出现的 ODR 项目都是建立在高校科研基础之上，如 Massachusetts 大学的 Online Ombuds Office 就是为解决个人网站与当地报纸所主张的侵犯版权的纠纷提供在线调解的项目，Chicago-Kent College of Law 所组办的“虚拟法官（Virtual Magistrate）”的在线仲裁项目最初就是为解决与互联网服务提供商（ISPs）的权利义务有关的争议纠纷而成立的。

（三）1999 年到现在

这是 ODR 发展取得显著成效的重要阶段，ODR 的研究和利用发展都较快。联合国和国际冲突解决中心已专门就 ODR 的相关理论和实践问题召开了多届年度论坛，讨论 ODR 的实际运作机制，研究 ODR 所面临的法律方面和技术方面的问题。美国、德国、法国、加拿大、印度、比利时等国家和欧盟等国际组织的理论研究也都达到了一定水平，且许多国家都已开始进行 ODR 的商务运作，ODR 提供商大量增加。目前大多数传统的重要 ADR 机构如美国仲裁协会和国际商会都已开始涉足 ODR 领域。

在这一阶段，国际社会已经普遍认同 ODR 是解决在线争议必不可少的方法，并且各国政府和商界都已形成以下两点共识：第一，ODR 不仅可以解决在线争议而且可以解决离线争议，如 Squaretrade.com 已经着手解决离线的房地产买卖等不动产争议；第二，过去的几年中 ODR 主要用于私领域，而随着电子政务的发展，ODR 已经引起政府的更多注意，其在公领域的利用价值也开始浮现。目前互联网较为发达的各国政府都较为重视 ODR 的发展：如美国联邦贸易委员会在 2000 年 6 月召开了关于 ODR 的首届政府会议，ODR 的实践也已证明它有潜力能够解决互联网上的所有争议包括公领域内的争议。

五、ODR 在中国的现状

随着电子商务与网络的发展和深化，在相应的纠纷和法律问题不断涌现的情况下，人们也很快发现，想要网上的每一件纠纷都得到法院的裁判几乎是不可能的。但总要有合适的解决方式来平息争议，电子商务也必须继续发展，相应的替代性解决机制的产生和发展就成为一种趋势，且这种机制也应是网络化的、高效的及可以实现与电子商务对接的。目前制约中国电子商务发展的几大瓶颈问题包括诚信、交易安全和纠纷解决机制等。如前所述，ODR 能够为用户提供快速、便捷和费用低廉的争议解决方式，有利于树立用户对电子商务的信心，有利于推动电子商务的发展。

中国有着悠久的替代性争议解决的优良传统，这为 ODR 发展提供了良好的文化背景。但是 ODR 的研究和实践在中国才刚刚起步，只有中国互联网络信息中心认可的争议解决机构、中国国际经济贸易仲裁委员会和香港国际仲裁中心联合成立的亚洲域名争议解决中心等提供针对网上域名争议的在线解决方式。为改变目前我国电子商务纠纷得不到及时有效地解决的局面，加强中国电子商务的法律保障和服务工作，在电子商务交易者之间，电子商务经营者与其用户之间及国际电子商务经营者间建立权威的、第三方的调解和仲裁机构，及时维护消费者和相关弱势群体的合法权益，亟需建立比较全面和成熟的网上法律服务机制。依托中国电子商务法律网、中国电子商务政策法律委员会，我国第一个专门的在线争议解决机构“中国在线争议解决中心（简称 China ODR）”已于 2004 年 6 月成立，并开通了网站。发生纠纷的任何一方当事人可以通过互联网在该网站登记案件，申请在线和解或在线调解，该网站将通过电子邮件等方式通知对方当事人，在对方当事人也认可这种纠纷解决模式的情况下，启动在线和解或在线调解程序。China ODR 将给双方当事人创建一个双方当事人可以登录的在线和解室或在线调解室（在在线调解中，China ODR 将同时从 China ODR 调解团中为双方当事人指定一名熟悉案件所涉领域的法律或相关知识的调解员进行调解），当事人在其中进行和解或调解。所有程序都通过在线的方式进行，这样可以极大地节省人力、物力、财力和时间，并在为双方当事人提供便利的纠纷解决模式的同时又维持双方当事人的友好合作的商业关系。目前该中心正在逐步完善其各项在线争议解决机制的功能，并拟进一步为用户提供网上仲裁、网上公证和网上律师等服务，以期建成我国第一个权威的、全面的具有中国特色的网上法律协调和服务机构。

随后，《中国国际经济贸易仲裁委员会网上仲裁规则》（以下简称《规则》）于 2009 年 5 月 1 日起正式实施。中国国际经济贸易仲裁委员会（以下简称“贸仲”）自 2009 年 5 月 1 日起即可为当事人提供快捷高效的网上仲裁服务。随着互联网的日益普及、国内外有关电子商务及电子签名等相关法律法规的日益健全，以互联网为依托的电子商务近年来获得了巨大的发展。为适应当事人以快捷方式解决电子商务等纠纷的需要，贸仲会充分利用其网上解决域名争议的经验，针对电子商务纠纷及其他经济贸易争议，适时制定了《规则》。《规则》原则上适用于所有的契约性或非契约性的经济贸易等争议。在现阶段，《规则》可主要适用于解决电子商务争议；《规则》与我国已经颁布实施的与电子商务有关的法律、法规密切衔接，充分保证了网上仲裁与我国法律体系的兼容性；根据现有法律规定的现状、互联网络的普及程度以及网络用户对网络技术和网络工具的掌握程度，《规则》采取网上和网下相结合的方式，以网上通信方式为主，以常规通信方式为辅，现实与虚拟兼顾；在体例上，《规则》在“普通程序”之外根据案件争议金额大小分别规定了“简易程序”和“快速程序”，以真正适应在网上快速解决经济纠纷的需要。

贸仲会自 2001 年起在国内外率先采用网上争议解决的方式，为网络域名及通用网址等争议提供快捷高效的网上争议解决服务。截至 2008 年年底，贸仲网上争议解决中心已受理并审结各类争议 1 000 多件，积累了丰富的网上争议解决的经验，而《贸仲网上仲裁规则》的实施，也进一步促进我国电子商务的健康发展，为我国网络经济的发展保驾护航。

我国正在大力发展电子商务和推广电子政务，政府部门、相关电子商务企业科研机构和用户应该逐渐意识到 ODR 的作用和潜力，采取以企业为主导、政府适度介入的模式。政府主要应从宏观上进行规划和指导，采取适当措施鼓励这一新型争议解决机制的使用和发展，以缓解我国法院日益严峻的诉累现象：加大对企业和消费者的宣传教育，使他们认清 ODR 在解决商业争端方面的效果和日益增加的重要性，唤醒公众的意识；对提供 ODR 服务的企业或机构在政策上或相关方面给予一定的支持或扶持，并注重影响到 ODR 服务提供的文化和语言差异。作为一种新兴事物，ODR 的发展还面临许多法律、技术方面的难题，这就需要电子商务企业和科研机构加强借鉴和研究国外较为成熟的 ODR 实务运作模式，关注国外该领域的研究成果和动向，以期在理论和实践方面都有较大的突破。

本章小结

本章主要介绍了三个问题。第一个问题主要介绍了电子商务纠纷的管辖权确认的国内外规则。国内规则有被告住所地或营业地规则，物之所在地规则，合同缔结地规则，合同履行地规则；国际规则有普通管辖、特别管辖、专属管辖、协议管辖。由于传统的管辖权基础不再适应电子商务环境的要求，学术界一直在探讨建立新的管辖权基础，其中网址为众多学者所关注，可以成为新的管辖权基础。第二个问题介绍了电子证据的概念、特征及国内外对电子证据的相关规定，并在此基础上分析了电子证据的法律定位，认为电子证据不属于现有的证据种类，而应是一种独立的证据类型。第三个问题介绍了电子商务纠纷的解决机制主要为在线争议解决机制（Online Dispute Resolution，简称 ODR），主要包括在线仲裁（Online Arbitration）、在线调解（Online Mediation）和在线和解（Online Negotiation）等方式。

课后练习

一、不定项选择题

1. 我国对电子证据的审查判断不包括（　　）。

A. 审查电子证据的来源同案件事实有无关系

B. 审查电子证据的收集是否合法

C. 审查电子证据的内容是否真实

D. 审查电子证据的提供者是否是犯罪分子

2. 我国司法实践要求电子证据以什么形式向法庭提交出示？（　　）

A. 打印成文本或转换成其他人可阅读形式的电子证据

B. 与电子记录同时产生的打印文件

C. 可播放的光碟或其他能被视觉理解形式的电子证据

D. 以辅助证明电子证据事实的公证书

3. 下列属于电子证据特征的有（　　）。

A. 高科技性　　B. 客观性和脆弱性

C. 无形性　　D. 易破坏性

E. 复合性

4. 电子证据的法律地位即指（　　）。

A. 电子证据的可采纳性或可接受性

B. 电子证据以什么样的形式向法庭提交并出示

C. 任何电子证据都能够进入诉讼程序或其他证明活动

D. 电子证据的证明力

5. 在线纠纷解决机制的优势主要表现为（　　）。

A. 解决纠纷方式的灵活性　　B. 处理争端的效率性

C. 解决争议的经济性　　D. 适用规则的灵活性

E. 克服了管辖权和法律适用的问题

二、案例分析

2004 年 2 月 4 日南宁市永新区法院受理了原告曾建国诉被告王玲玲欠款案。原告主张 2002 年 9 月 13 日南宁市民曾建国借给朋友王玲玲 3 万元，期限是三个月，双方还约定了利息，但是被告至今没有履行约定。原告提交的证据主要有以下几项。

1. 双方签订的一份借款协议，协议约定：被告向原告借款 3 万元，借款期限 3 个月，每月结付一次利息。

2. 两张买房收据和房子的钥匙，是王玲玲交给曾建国作抵押的保证。

3. 被告发给原告的一封短信，内容大致是要求原告宽限三个月。

本案的情况很简单，实际上就是对证据的认定和采信。

对证据 1，由于原告和被告之间签订的“借款协议”不是借据，也不是收据，不能证明王玲玲已经收了 3 万元。

对证据 2，根据我国《担保法》和《房地产法》的相关规定，房屋作为不动产，抵押应当订立书面合同，并且要经过有关部门登记才能生效。因此，原告和被告之间房屋抵押的口头约定无效。

对证据 3，短信作为证据在我国还是首次，法庭经过讨论决定同意短信作证，但原告必须拿出证据证明那条短信确系被告所发。

对原告来说，在证据 1 和 2 明确被排除的情况下，证据 3 更显得具有决定性价值。但原告要想证明发送那条短信的手机号码确实是被告的手机号码，而且是否以其名字登记，只有通过移动公司才能查实。而移动公司规定，只有本人持身份证才能打印话费单，才能查阅有关资料。因此原告方无法取得被告的短信资料，于是请求法院依职权取证。在这样的情况下仍旧遭到移动公司的拒绝。

2004 年 3 月 2 日法院公开审理此案，被告未答辩也未出庭。然而戏剧性的一幕出现在庭审过程中，正当原告为证据不足而不安时，移动公司的工作人员将发送短信的那个手机号码的话费单递交给了法官，上面醒目地印着被告的名字。审理至此，法院认定给原告发送短信的人就是被告。2004 年 3 月 28 日，永新区人民法院作出了［2004］永民初字第 78 号判决书，判决被告王玲玲返还曾建国借款 3 万元及利息。

问：手机短信能否作为证据使用，如果可以，其证明力如何？

附录A　电子商务法源性文件目录

A1　国内立法和中国参与的国际双边、多边条约

A1.1　国内立法

（一）对互联网技术和相关延伸部分进行管理的法源性文件

1. 计算机信息网络管理方面的立法

《中华人民共和国计算机信息网络国际联网管理暂行规定》，国务院 1996 年 2 月 1 日颁布，1997 年 5 月 20 日修正；

《中国公用计算机互联网国际联网管理办法》，邮电部 1996 年 4 月 3 日颁布；

《计算机信息网络国际联网出入口信道管理办法》，邮电部 1996 年 4 月 9 日颁布；

《中国公众多媒体通信管理办法》邮电部 1997 年 9 月 10 日颁布，自 1997 年 12 月 1 日起施行；

《中国金桥信息网公众多媒体信息服务管理办法》，电子工业部 1998 年 3 月发布；

《中华人民共和国计算机信息网络国际联网管理暂行规定实施办法》，国务院信息办 1998 年 3 月 6 日发布；

《电信网间互联管理暂行规定》，信息产业部 1999 年 9 月 7 日发布；

《关于加强通过信息网络向公众传播广播电影电视类节目管理的通告》，国家广播电影电视总局 1999 年 10 月发布；

《计算机信息系统集成资质管理办法（试行）》，信息产业部，信部规［1999］1047 号文件；

2. 国际互联网域名管理的立法

《中国互联网络域名注册暂行管理办法》，国务院信息办 1997 年 6 月 3 日颁布；

《中国互联网络域名注册实施细则》，国务院信息办 1997 年 6 月 3 日颁布；

《关于互联网中文域名管理的通告》，国务院信息产业部 2000 年 11 月 1 日发布。

3. 计算机网络安全管理的立法

《中华人民共和国计算机信息系统安全保护条例》，国务院 1994 年 2 月 18 日颁布；

《关于对〈中华人民共和国计算机信息系统安全保护条例〉中涉及的”有害数据”问题的批复》，公安部 1996 年 5 月 9 日；

《关于对与国际联网的计算机信息系统进行备案工作的通知》，公安部 1996 年 1 月 29 日；

《关于加强信息网络国际联网信息安全管理的通知》，公安部 1996 年 7 月 1 日颁布；

《计算机信息网络国际联网安全保护管理办法》，1997 年 12 月 11 日国务院批准，1997 年 12 月 30 日公安部发布；

《计算机信息系统安全专用产品检测和销售许可证管理办法》，公安部 1997 年 12 月 12 日发布实施；

《中华人民共和国公共安全行业标准——计算机信息系统安全专用产品分类原则》；

《税务计算机信息系统安全管理规定》，1999 年 8 月 2 日；

《计算机信息网络国际联网保密管理规定》，2000 年 1 月 1 日起施行；

4. 互联网与电子商务知识产权的立法

《中华人民共和国著作权法》；

《中华人民共和国著作权法实施条例》；

《最高人民法院关于深入贯彻执行〈中华人民共和国著作权法〉几个问题的通知》；

《实施国际著作权条约的规定》；

《中国政府与美国政府关于保护知识产权的谅解备忘录》；

《关于执行中美知识产权谅解备忘录双边著作权保护条款的通知》；

《中国科学院保护知识产权的规定》；

《国务院关于进一步加强知识产权保护工作的规定》；

《中华人民共和国反不正当竞争法》；

《计算机软件保护条例》，1991 年 5 月 24 日国务院第八十三次常务会议通过；

《计算机软件著作权登记办法》，1992 年 4 月 6 日电子工业部发布；

《计算机软件著作权登记中使用的软件分类编码指南》，1992 年 4 月 18 日机电部计算机软件登记办公室发布；

《计算机软件著作权登记收费项目和标准》，1992 年 4 月 18 日机电部计算机软件登记办公室发布。

5. 互联网与电子商务的行业立法

《中华人民共和国电信条例》；

《互联网内容服务管理办法》；

《从事放开经营电信业务审批管理暂行办法》，邮电部 1993 年 9 月 14 日公布；

《放开经营的电信业务市场管理暂行规定》，邮电部 1995 年 11 月 10 日公布；

《互联网上网服务营业场所管理办法》，信息产业部 2001 年 4 月 3 日发布。

6. 互联网与电子商务网站登记的立法

《北京市工商行政管理局网上经营行为登记备案的通告》，2000 年 3 月 31 日；

《北京市工商行政管理局关于对利用电子邮件发送商业信息的行为进行规范的通告》，2000 年 5 月 15 日；

《北京市工商行政管理局网站名称注册管理暂行办法》，2000 年 9 月 1 日实施；

《北京市工商行政管理局经营性网站备案登记管理暂行办法》，2000 年 9 月 1 日实施；

《北京市工商行政管理局经营性网站备案登记管理暂行办法实施细则》，2000年9月1日实施。

（二）对互联网提供内容和相关延伸部分进行管理的法规条例和相关行业的规定

《电子出版物管理规定》，国家新闻出版署，自1998年1月1日起施行；

《商用密码管理条例》，国务院1999年10月7日发布；

《关于处方药与非处方药流通管理办法》，国家医药监督局，2000年1月颁布；

《关于音像制品网上经营活动的有关的通知》，国家文化部，2000年3月25日颁布；

《信息网络传播广播电影电视类节目监督管理暂行办法》，国家广电总局，2000年4月7日发布；

《互联网信息服务管理办法》，国务院2000年9月25日发布；

《互联网站登载新闻业务管理暂行规定》，信息产业部2000年11月1日发布；

《互联网医疗卫生信息服务管理办法》，卫生部2001年1月8日发布；

《互联网药品信息服务管理暂行规定》，国家药品监督管理局，2001年1月11日发布；

《网上证券委托暂行管理办法》，证监会2001年3月1日发布。

（三）在互联网发展和电子商务实践中将要涉及的其他部门法

《中华人民共和国中外合资经营企业法》，1979年7月1日第五届全国人民代表大会第二次会议通过，根据1990年4月4日第七届全国人民代表大会第三次会议《关于修改〈中华人民共和国中外合资经营企业法〉的决定》修正；

《中华人民共和国商标法》，1982年8月23日第五届全国人民代表大会常务委员会第二十四次会议通过，根据1993年2月22日第七届全国人民代表大会常务委员会第三十次会议《关于修改〈中华人民共和国商标法〉的决定》修正；

《中华人民共和国专利法》，1984年3月12日第六届全国人民代表大会常务委员会第四次会议通过，根据1992年9月4日第七届全国人民代表大会常务委员会第二十七次会议关于修改〈中华人民共和国专利法〉的决定》修正；

《中华人民共和国民法通则》，1986年4月12日第六届全国人民代表大会第四次会议通过；

《中华人民共和国外资企业法》，1986年4月12日第六届全国人民代表大会第四次会议通过，1986年4月12日中华人民共和国主席令第三十九号公布；

《中华人民共和国进出口关税条例》、《中华人民共和国海关进出口税则》，1987年国务院修订发布；《中外合资经营企业合营各方出资的若干规定》，国家工商行政管理局，1987年；

《最高人民法院关于贯彻执行〈民法通则〉若干问题的意见》，（1988年4月2日法（办）发〈1988〉6号；

《中华人民共和国商标法实施细则》，1988年1月3日国务院批准修订，1993年7月15日国务院批准第二次修订，1995年4月23日国务院批准第三次修订；

《中华人民共和国中外合作经营企业法》，1988年4月13日第七届全国人民代表大会第一次会议通过，1988年4月13日中华人民共和国主席令第4号公布施行；

《中华人民共和国著作权法》，1990年9月7日第七届全国人民代表大会常务委员会第十五次会议通过，中华人民共和国主席令第三十一号颁布；

《中华人民共和国外资企业法实施细则》1990年10月28日国务院批准，1990年12月12日对外经济贸易部令第1号发布；

《中华人民共和国外商投资企业和外国企业所得税法》，1991年4月9日七届人大四次会议通过；

《中华人民共和国著作权法实施条例》，1991年5月30日国家版权局发布；

《〈中华人民共和国外商投资企业和外国企业所得税法〉实施细则》，1991年6月30日国务院发布；

《中华人民共和国税收征收管理法》，1992年9月4日第七届全国人民代表大会常务委员会第二十七次会议通过，根据1995年2月28日第八届全国人民代表大会常务委员会第十二次会议《关于修改〈中华人民共和国税收征收管理法〉的决定》修正《中华人民共和国税收征收管理法实施细则》，中华人民共和国国务院令第123号，1993年8月4日发布施行；

《中华人民共和国专利法实施细则》，1992年12月12日国务院批准修订，1992年12月21日中国专利局令第3号发布；

《中华人民共和国产品质量法》，第七届全国人民代表大会常务委员会第三十次会议1993年2月22日通过，主席令第71号发布；

《中华人民共和国股票发行与交易管理暂行条例》，1993年4月22日国务院令第112号发布；

《中华人民共和国反不正当竞争法》，中华人民共和国第八届全国人民代表大会常务委员会第三次会议于1993年9月2日，自1993年12月1日起施行；

《中华人民共和国消费者权益保护法》，中华人民共和国第八届全国人民代表大会常务委员会第四次会议于1993年10月31日通过，自1994年1月1日起施行；

《中华人民共和国企业所得税暂行条例》，1993年11月26日国务院第十二次常务会议通过，自1994年1月1日起施行；

《中华人民共和国增值税暂行条例》，1993年12月13日国务院发布；

《中华人民共和国消费税暂行条例》，1993年12月13日国务院发布；

《中华人民共和国营业税暂行条例》，1993年12月13日国务院发布；

《中华人民共和国企业所得税暂行条例》，1993年12月13日国务院发布；

《〈中华人民共和国增值税暂行条例〉实施细则》，1993年12月25日财政部发布；

《〈中华人民共和国消费税暂行条例〉实施细则》，1993年12月25日财政部发布；

《〈中华人民共和国营业税暂行条例〉实施细则》，1993年12月25日财政部发布；

《中华人民共和国公司法》，中华人民共和国第八届全国人民代表大会常务委员会第五次会议1993年12月29日通过，自1994年7月1日起施行；

《〈中华人民共和国企业所得税暂行条例〉实施细则》，1994年2月4日财政部发布；

《中华人民共和国对外贸易法》，1994年5月12日第八届全国人民代表大会常务委员会第七次会议通过；

《中华人民共和国广告法》，全国人大常委会1994年10月27日发布，1995年2月1日施行；

《中华人民共和国中国人民银行法》，中华人民共和国第八届全国人民代表大会第三次会议于1995年3月18日通过，自公布之日起施行；

《中华人民共和国商业银行法》，中华人民共和国第八届人民代表大会常务委员会第十三次会议于1995年5月10通过，自1995年7月1日起施行；

《中华人民共和国票据法》，中华人民共和国第八届人民代表大会常务委员会第十三次会议于1995年5月10日通过，自1996年1月1日起施行；

《中华人民共和国中外合作经营企业法实施细则》，1995年6月7日经国务院批准，自发布之日起施行；

《中华人民共和国保险法》，中华人民共和国第八届全国人民代表大会常务委员会第十四次会议于1995年6月30日，自1995年10月1起施行；

《中华人民共和国拍卖法》，全国人大常委会通过，1997年1月1日施行；

《中华人民共和国合伙企业法》，1997年2月23日第八届全国人民代表大会常务委员会第二十四次会议通过；

《关于中外合资经营企业注册资本与投资总额比例的暂行规定》，外经贸部、国家工商行政管理局发布，1997年施行；

《中华人民共和国证券法》1998年12月29日第九届全国人民代表大会常务委员会第六次会议通过；《中华人民共和国合同法》，1999年3月15日第九届全国人民代表大会第二次会议通过；

《中华人民共和国个人独资企业法》，全国人大常委会1999年8月30日发布，2000年1月1日施行；

《中华人民共和国个人所得税法》，1999年施行；

《中华人民共和国个人所得税法》，1999年全国人大修订通过；

《中华人民共和国海关法》，2000年7月8日发布；

《中华人民共和国中外合资经营企业法实施条例》；

A1.2 中国参与的国际双边、多边条约

《保护工业产权巴黎公约》，1883年3月20日签订，1967年7月14日在斯德哥尔摩修订，中国于1985年3月19日加入该公约；

《保护文学艺术作品伯尔尼公约》，1886年9月签订，1971年7月24日于巴黎修订，中国于1992年10月15日加入该公约；

《国际商标注册马德里协定》，1891年4月14日马德里签订，中国于1989年10月4日

加入该协定；

《世界版权公约》，1952 年日内瓦签订，1971 年巴黎修订，中国于 1992 年 10 月 30 日加入该公约；

《专利合作条约》，1970 年 5 月华盛顿签订，1978 年 6 月 1 日生效，中国于 1994 年 1 月 1 日加入该条约；《联合国国际货物销售合同公约》，1980 年 4 月 11 日订于维也纳；

《1990 年国际贸易术语解释通则》，1990 年 4 月国际商会第五次修订，1990 年 7 月 1 日生效；

《中华人民共和国政府与美利坚合众国政府关于保护知识产权的谅解备忘录》，1992 年 1 月 17 日签署；

《关于执行中美知识产权谅解备忘录双边著作权保护条款的通知》，国家知识产权局，1992 年 2 月发布；

《中美知识产权保护协议》，1995 年 2 月 26 日签署；

《跟单信用证统一惯例（500 号）》；

A2　国际组织立法情况

A2.1　联合国立法

《联合国国际货物销售合同公约》，1980 年 4 月 11 日订于维也纳；

《电子商务示范法》（Uncitral Model Law on Electronic Commerce），1996 年 6 月 14 日；

《电子签名同意规则草案》；

A2.2　国际商会立法

《1990 年国际贸易术语解释通则》，1990 年 4 月国际商会第五次修订，同年 7 月 1 日生效；

《数字化国际商务通则》General Usage in International Digitally Ensured Commerce（Guidec）《跟单信用证统一惯例（500 号）》；

A2.3　世界贸易组织立法

《与贸易有关的知识产权协议》（TRIPS）；

WTO 第一次部长级会议达成了《信息技术协议》（ITA），1996 年 12 月；

WTO 在部长级会议上通过《关于全球电子商务宣言》，1998 年 5 月；

WTO 总务理事会通过《电子商务工作方案》，1998 年 9 月；

A2.4　亚太经合组织立法

《公共密匙认证工作小组（Public Key Authentication Task Group）作出的初步报告》；

A2.5　经济合作与发展组织立法

《数字加密政策指南》（Gudielines for Cryptography Policy）；

A2.6　世界知识产权组织（WIPO）立法

《WIPO 版权条约》（WCT，WIPO COPYRIGHT TREATY）1996 年；

《WIPO 表演和唱片条约》（WPPT，WIPO PERFORMANCES AND PHONOGRAMS

TREAT)；

A2.7 欧盟立法

《面对电子商务：欧洲的首选税收方案》，1997 年 4 月；

《欧洲电子商务倡议书》1997 年 4 月 15 日发布；

《信息社会的版权和有关权绿皮书》(Communication on Copyright and Related Rights in the Information Society)；

《建立欧洲数字签名及数字加密框架》(Towards a European Framework for Digital Signatures and Encryption)，1998 年；

《欧盟数字签名指令草案》(EU Draft Digital Signature Directive)；

《欧盟电子签名和数字签名草案》(Draft Directive Concerning Electronic and Digital Signatures)；

A2.8 电子商务全球商家对话（GBDe）

1999 年 1 月，电子商务全球商家对话（GBDe）在美国纽约成立，公开明确了电子商务九大问题。1999 年 9 月，GBDe 在法国召开第一届大会，发表《巴黎倡议》；

A3 其他国家立法

A3.1 美国立法

《通信法（1996）》(Telecommunications Act of 1996)；

《通信规范法（1996）》(Communications Decency Act of 1996)；

《全球电子商务选择性的税收政策》，1996 年 11 月美国财政部发布；

《全球电子商务政策框架》，1996 年 12 月 11 日美国政府发布；

《关于电子商务最佳实施方案调查的总结》，1997 年 5 月 30 日，美国 GIIC 电子商务工作委员会提出；

《全球电子商务政策框架白皮书》，1997 年 7 月 1 日，美国政府发表；

《互联网免税法案》，1998 年，美国参众两院分别通过；

《1998 数字签名和电子核准法》(Digltal Signature and Electronic Authentication Law of 1998 (Digital，SEAL Act，SB 1594))，1998 年；

《电子数据安全法》；

《互联网儿童保护法》(Child Online Protection Act)，1998 年 10 月 7 日；

《数字千年版权法》(Digital Millennium Copyright Act)；

《互联网保护个人隐私的政策》，1999 年，美国政府公布；

《世界第一个 Internet 商务标准》，1999 年 12 月，美国有关部门公布；

A3.2 德国立法

《多媒体法》，1997 年 6 月 13 日，由德国联邦议院通过，并于 1997 年 8 月 1 日起开始实施，是世界上第一部规范 Internet 的法律；

A3.3　英国立法

《电子商务——英国的税收政策指南》，1998 年 10 月，英国政府发表；

《贸易和工业部有关对公共网络上使用加密技术加以规制的愿望的报告》（DTI Paper on Regulatory Intent Concerning Use of Encryption on Public Networks）；

A3.4　新加坡立法

《电子商务政策框架》，1998 年 4 月；

A3.5　澳大利亚立法

《电子商务：构建法律框架，1998.3.31》（Electfonic Commerce: Building The Legal Fram6work, 3l March, l998），1998 年；

《守门人——在政府中应用公共秘匙技术的策略》（Gatekeeper—A strategy for public key technology use in the government）；

A3.6　加拿大立法

《适于电子商务的数字加密政策框架——建设加拿大的信息经济和信息社会》（A Cryptography Policy Framework for Electronic Commerce — Building Canada's lnformation Economy and Society）；

A3.7　丹麦立法

《电子商务在丹麦——一项全国性的 EDI 行动计划》（Electronic Conunerce in Denmark；a national EDI action plan）；

A3.8　意大利立法

《数字文件规则》，1997 年 11 月 10 日第 513 号总统令；

A3.9　马来西亚立法

《数字签名法》；

A3.10　韩国立法

《促进贸易商业自动化法案》（Billoll Promotion of Trade Business Automatlon）。

附录 B　联合国国际贸易法委员会电子商务示范法

（原文：阿拉伯文，中文，英文，法文，俄文，西班牙文）

第一部分　一般电子商务

第一章　总　　则

第 1 条　适用范围①

本法②适用于在商务③活动背景④下使用的、以某一数据电文为形式的任何类型的信息。

第 2 条　定义

为达本法之目的：

(a)“数据电文”，是指经由电子手段、光学手段或类似手段所生成、接收或储存的信息，这些手段包括但并不限于电子数据交换（EDI）、电子邮件、电报、电传或传真。

(b)“电子数据交换（EDI）”，是指计算机之间采用约定标准以构造信息的电子信息传输。

(c) 某一数据电文的“发件人”，是指在储存前（如有的话）据称已经由此人或其代表发送和生成该数据电文之人，但并不包括充当关于该数据电文的中间人。

(d) 某一数据电文的“收件人”，是指发件人指定接收该数据电文之人，但并不包括充当关于该数据电文的中间人。

(e)“中间人”，就某一特定数据电文而言，是指代表另一人发送、接收或储存该数据电

---

① 本委员会建议，凡是可能愿意使本法的适用性仅限于国际数据电文之国家，可采用下列文本：“本法适用于第 2 条第（1）款所定义的与国际商务有关的数据电文中的某一数据电文。”

② 本法并不废止任何旨在保护消费者的法律规则。

③“商务”一词应予广义解释，以便涵盖起因于具有商务性质的各种关系的事项，不论其是契约性的或非契约性的，包括但并非限于下列交易：任何提供或交换商品或劳务的贸易交易；经销协议；商务代表或代理；保付代理业务；租赁；工厂建造；咨询；工程；颁发许可证；投资；融资；银行业务；保险；开发协议或特许权；合营企业与工业或商业合作的其他形式；空中、海上、铁路或公路的货物或旅客运输。

④ 本委员会建议，凡是可能愿意扩大本法适用性的国家，可采用下列文本：“本法适用于以某一数据电文为形式的任何类型的信息，下列情况除外：[……]。”

文，或提供关于该数据电文的其他服务之人。

(f)“信息系统”是指生成、发送、接收、储存或以其他方式处理数据电文的某一系统。

第3条　解释

(1) 在解释本法时，必须考虑其国际渊源，以及促进其适用的统一与遵守诚实信用的需要。

(2) 对由本法管辖而又并未在本法中加以明文解决的有关事项，应按与本法所依据的一般原则一致的方式加以解决。

第4条　经由协议的变动

(1) 当涉及生成、发送、接收、储存或以其他方式处理数据电文的各方当事人时，除另有规定外，第三章的条款可以经由协议加以变动。

(2) 第1款并不影响经由协议修改第二章中所述任何法律规则而可能存在的任何权利。

第二章　适用于数据电文的法律要求

第5条　数据电文的法律承认

不得仅以采用某一数据电文的形式为理由而否定信息的法律效果、有效性或可执行性。

增订第5条　供参考合并

不得仅以其不包含在数据电文中为理由而否定信息的法律效果、有效性或可执行性。该信息旨在产生这种法律效果，但只是在此数据电文中提到。

第6条　书面文件

(1) 如法律要求信息采用书面文件，如某一数据电文所包含的信息可以存取，以便日后查阅，则符合该要求。

(2) 不论对此要求是以某一义务的形式，还是法律只规定不采用书面文件信息的后果，第1款均予适用。

(3) 本条之规定不适用于下列情况：[……]。

第7条　签字

(1) 如法律要求某人签字，就某一数据电文而言，则符合该要求，如果：

(a) 采用某种方法以确认此人的身份，并且表明此人认可数据电文所包含的信息；以及

(b) 根据各种情况来看，包括任何相关的协议，所使用的方法是可靠的，对生成或交流该数据电文的目的是适当的。

(2) 不论此要求是以某一义务的形式，还是法律只要求规定没有签字的后果，第1款均予适用。

(3) 本条之规定不适用于下列情况：[……]。

第8条　原件

(1) 如法律要求信息以原件形式加以展示或保留，某一数据电文则符合该要求，如果：

(a) 能可靠地保证，自信息首次以其最终形式而生成，作为一种数据电文或者充当其他

用途之时起，该信息保持了完整性；以及

（b）如要求将该信息加以展示，该信息能被显示给要展示之人。

（2）不论对此要求是以某一义务的形式，还是法律只规定不以其原件形式展示或保留信息的后果，第 1 款均予适用。

（3）为实现第 1 款第（a）项之目的：

（a）评估完整性的标准应当是，信息是否完整保留，未加改动，添加任何背书与在正常的交流、储存以及显示过程中所发生的任何变动除外；以及

（b）对所要求的可靠性标准的评估，应当依据生成信息的目的以及依据全部相关的情况。

（4）本条之规定不适用于下列情况：[……]。

第 9 条　数据电文的可接受性与证据价值

（1）在任何法律诉讼中，证据规则将完全不适用于否定某一作为证据的数据电文的可接受性：

（a）仅以其是一项数据电文为理由；或

（b）如它是举证人按合理预期所能获得的最佳证据，以其不是原件形式为理由。

（2）对以数据电文为形式的信息，应当给予适当的证据价值。在评估某一数据电文的证据价值时，应当考虑生成、储存或者交流该数据电文方式的可靠性，保持信息完整性方式的可靠性，用以鉴别发件人的方式，以及任何其他相关的因素。

第 10 条　数据电文的保存

（1）如法律要求保存某些文件、记录或信息，保存数据电文即符合该要求，如满足下列条件：

（a）其中所包含的信息可以存取，以便今后备查使用；以及

（b）该数据电文是以其生成、发送、接收的格式保存的，或以可用来证明能够准确地展示所生成、发送或接收信息的格式保存的；以及

（c）所保存的此种信息，如有的话，要能确认某一数据电文的来源与目的地，以及在其收发时的日期与时间。

（2）根据第 1 款的规定，保存文件、记录或信息的义务，并不适用于只是为了能收发数据电文的任何信息。

（3）任何人经由利用任何其他人的服务即可满足第一款所述的要求，如符合第 1 款（a）、（b）和（c）项中所规定的条件。

第三章　数据电文的交流

第 11 条　合同的订立与有效性

（1）在合同订立的背景下，除非各方当事人另有约定，一项要约定与对要约的承诺可用数据电文的方式加以表示。如在订立合同中采用数据电文，不得仅以为此目的而采用了数据电文为理由，而否定该合同的有效性或可执行性。

（2）本条之规定不适用于下列情况：[……]。

第12条 各方当事人对数据电文的承认

（1）在某一数据电文的发件人与收件人之间，不得以其仅是数据电文形式为理由，而以某一意愿声明或其他声明来否定其法律效果、有效性或可执行性。

（2）本条之规定不适用于下列情况：[……]。

第13条 数据电文的归属

（1）某一数据电文，如是发件人本人发送的，则为发件人之数据电文。

（2）在发件人与收件人之间，某一数据电文被认为是发件人的数据电文，如是由：

（a）就此数据电文而言，授权代表发件人采取行动之人发送；或

（b）由发件人设计的程序或代表发件人设计的程序的某一自动操作的信息系统发送。

（3）当发生在发件人与收件人之间时，收件人有权将某一数据电文视为发件人的数据电文，并依据该假设采取行动，如果：

（a）为证实此数据电文是否是发件人的，收件人为此目的而正确地应用了一种为发件人事先同意的程序；或

（b）收件人收到的该数据电文，是由于有人采取行动的结果，此人与发件人或其任何代理人的关系，能使其获得由发件人所使用的确认数据电文为其自己的某一方式。

（4）第3款不适用于：

（a）到收件人已收到发件人的通知，该数据电文并非是发件人的，又有合理的时间采取相应的行动为止之时；或

（b）在第3款（b）项的情况下，到收件人如其采取合理的谨慎，或采用任何约定的程序，知道或本应知道该数据电文并非发件人的任何时间。

（5）如某一数据电文是发件人的，或被认为是发件人的，或收件人有权据此假设采取行动，则在发件人与收件人之间，收件人有权将收到的该数据电文视为发件人打算发送的，并且据此假设采取行动。当收件人如其采取合理的谨慎，或采用任何约定的程序，知道或本应知道传送造成了收到该数据电文时的任何差错之时，则无此权。

（6）收件人有权将收到的每一数据电文视为一份单独的数据电文，并且据此假设采取行动，除非在其复制另一数据电文的情况下，并且收件人如其采取合理的谨慎，或采用任何约定的程序，知道或本应知道该数据电文是一件副本。

第14条 承认收到

（1）本条第2款至第4款适用于发送某一数据电文之时或之前，或以该数据电文的方式，发件人已要求或已与收件人约定必须承认收到该数据电文。

（2）如发件人未与收件人约定以某种特定的形式或特定的方法承认收到，则承认收到必须由

（a）收件人的任何交流，不论是自动化的还是其他方式的，或

（b）收件人的任何行为，足以向发件人表明，已收到该数据电文。

（3）如发件人已声明该数据电文是以承认收到为条件的，则按从未发送的方式处理该数

据电文，直至收到承认时为止。

（4）如发件人并未声明该数据电文是以承认收到为条件的，并在规定或约定的时间内发件人没有收到这种承认，或如没有规定或约定时间，在一段合理的时间内，发件人：

（a）可通知收件人，声明没有收到其承认，并规定一段合理的时间，在这段时间前必须收到；以及

（b）如在（a）项中规定的时间内没有收到承认，在通知发件人后，按从未发出此数据电文处理，或行使其可能具有的任何其他权利。

（5）如发件人收到了收件人的承认收到，则可推测收件人已收到有关的数据电文。此推测并不意味着该数据电文与所收到的数据电文相一致。

（6）如所收到的承认声明，有关的数据电文符合技术要求，该要求或是约定的或是在应用标准中所规定的，则可推测已符合这些要求。

（7）除了与收发数据电文有关的情况外，本条并不旨在处理或是由该数据电文或是由承认其收到而产生的法律后果。

第 15 条 数据电文收发的时间与地点

（1）除非发件人与收件人之间另有约定，某一数据电文的发送，在其进入发件人或代表其发送该数据电文之人无法控制的某一信息系统之时即告成立。

（2）除非发件人与收件人之间另有约定，收到某一数据电文的时间，可确定如下：

（a）如收件人为收到数据电文而指定某一信息系统，收到即告成立：

（i）在该数据电文进入指定的信息系统之时；或

（ii）如该数据电文发送到某一并非收件人指定的信息系统，则在收件人检索该数据电文之时。

（b）如发件人没有指定某一信息系统，收到则在该数据电文进入收件人的某一信息系统之时。

（3）第 2 款均予适用，尽管设置信息系统的地点与根据第 4 款规定的被认为收到该数据电文的地点有所不同。

（4）除非发件人与收件人之间另有约定，某一数据电文被认为是在发件人拥有营业地的地点发送的，以及被认为是在收件人拥有营业地的地点收到的。为实现本款之目的：

（a）发件人或收件人拥有一个以上的营业地，其营业地是与基本交易具有最密切关系之地点，或如没有基本交易，则是主营业地；

（b）发件人或收件人没有一个营业地，可参照其常住地。

（5）本条之规定不适用于下列情况：[……]。

第二部分 特定领域的电子商务

第一章 货物运输

第 16 条 与货物运输合同有关的行动

如不减损本法第一部分之规定，本章适用于与货物运输合同有关或履行货物运输合同的任何行动，包括但并不限于：

（a）（i）提供货物的标记、编号、数量或重量；

（ii）申述或申报货物的性质或价值；

（iii）签发货物收据；

（iv）确认货物已被装运；

（b）（i）将合同条款与条件通知某人；

（ii）向某一承运人发出指示；

（c）（i）要求交货；

（ii）授权发货；

（iii）发出货物灭失或损坏的通知；

（d）发出与履行合同有关的任何其他通知或声明；

（e）承诺将货物交付给某一指定之人或授权要求交货之人；

（f）给予、取得、放弃、交出、转移或转让货物的权利；

（g）取得或转移合同项下的权利和义务。

第17条　运输单据

（1）以第3款的规定为准，如法律要求以书面文件或用纸文件来实施第16条所述的任何行动，如经由使用一份或数份数据电文来实施该行动，则就满足此要求。

（2）不论此要求是以某一义务的形式，还是法律仅规定既不以书面文件实施行动，也不用纸文件的后果，第1款均予适用。

（3）如某一权利给予某人而非他人，或某人而非他人获得某一义务，并且如法律要求，为实现此，该权利或义务须经由转让或用纸文件向此人传递，如经由使用一种或数种数据电文传递该权利或义务，并且如采用了一种可靠的方式，以使此数据电文独一无二，即符合此要求。

（4）为达第3款之目的，所需可靠性的标准，应根据传递该权利或义务的目的，以及根据各种情况，包括任何相关的协议，予以评估。

（5）如用一种或数种数据电文来实施第16条（f）款和（g）款中的任何行动，除非数据电文的使用已被纸文件的使用所终止和替代，否则用以采取任何这种行动的纸文件均为无效。在这种情况下所签发的纸文件应当包含一个这种终止数据电文的声明。由纸文件取代数据电文将不影响有关当事人的权利或义务。

（6）如某一法规强制性地适用于某一货物运输合同，而该合同本身是一纸文件或以一纸文件证明的，则该规则将并非不适用于此类由一种或数种数据电文证明的货物运输合同，因为事实是该合同是由诸如此类的一种或数种数据电文而不是一份纸文件证明的。

（7）本条之规定不适用于下列情况：［……］。

附录C　贸易法委员会电子签名示范法

（2001年6月25日至7月13日在维也纳举行的联合国国际贸易法委员会第三十四届会议的工作报告摘录。《贸易法委员会电子签名示范法》于2001年7月5日通过）

第1条　适用范围

本规则适用于商务活动过程中电子签名的使用，并不优于旨在保护消费者的任何法律规则。

第2条　定义

在本法中：

(a)“电子签名”系指在数据电文中，以电子形式所含、所附或在逻辑上与数据电文有联系的数据，它可用于鉴别与数据电文相关的签名人和表明签名人认可数据电文所含信息；

(b)“证书”系指确认签名人与签名制作数据之间关系的某一数据电文或其他记录；

(c)“数据电文”系指经由电子手段、光学手段或类似手段生成、发送、接收或储存的信息，这些手段包括但不限于电子数据交换（EDI）、电子邮件、电报、用户电报或传真；

(d)“签名人”系指持有签名制作数据、代表其本人或代表他人行事的人；

(e)“认证服务提供人”系指签发证书和可能提供与电子签名有关的其他服务的人。

(f)“依赖方”系指可能根据某一证书或电子签名行事的人。

第3条　签名技术的平等对待

除第5条外，本法任何条款的适用概不排除、限制或剥夺满足第6条第1款所述要求或者符合适用法律要求的制作电子签名的任何方法的法律效力。

第4条　解释

1. 对本法作出解释时，应考虑到其国际渊源以及促进其统一适用和遵守诚信的必要性。

2. 由本法管辖的事项而在本法内未明文规定解决办法的问题，应按本法所依据的一般原则解决。

第5条　经由协议的改动

本法的规定可经由协议加以删减或改变其效力，除非根据适用法律，该协议无效或不产生效力。

第6条　符合签名要求

1. 凡法律规定要求有一人的签名时，如果根据各种情况，包括根据任何有关协议，所用电子签名既适合生成或传送数据电文所要达到的目的，而且也同样可靠，则对于该数据电文而言，即满足了该项签名要求。

2. 无论第1款所述要求是否作为一项义务，或者无论法律是否只规定了无签名的后果，第1款均适用。

3. 就满足第1款所述要求而言，符合下列条件的电子签名视作可靠的电子签名：

（a）签名制作数据在其使用的范围内与签名人而不是还与其他任何人相关联；

（b）签名制作数据在签名时处于签名人而不是还处于其他任何人的控制之中；

（c）凡在签名后对电子签名的任何更改均可被觉察；以及

（d）如果签名的法律要求目的是对签名涉及的信息的完整性提供保证，凡在签名后对该信息的任何更改均可被觉察。

4. 第3款并不限制任何人在下列任何方面的能力：

（a）为满足第1款所述要求的目的，以任何其他方式确立某一电子签名的可靠性；或

（b）举出某一电子签名不可靠的证据。

5. 本条规定不适用于下列情形：［……］。

第7条　第6条的满足

1.［颁布国指定的任何主管个人、公共或私人机关或机构］可确定哪些电子签名满足本法第6条的规定。

2. 依照第1款作出的任何决定应与公认的国际标准相一致。

3. 本条中任何规定概不影响国际私法规则的适用。

第8条　签名人的行为

1. 签名制作数据可用于制作具有法律效力签名的，各签名人应当做到如下：

（a）采取合理的谨慎措施，避免他人未经授权使用其签名制作数据；

（b）在发生下列情况时，毫无不应有的迟延，利用认证服务提供人依照本法第9条提供的手段，或作出合理的努力，向签名人可以合理预计的依赖电子签名或提供支持电子签名服务的任何人发出通知：

（1）签名人知悉签名制作数据已经失密；或

（2）签名人知悉导致签名制作数据可能已经失密的重大风险情况；

（c）在使用证书支持电子签名时，采取合理的谨慎措施，确保签名人作出的关于证书整个寿命周期的或需要列入证书内容的所有实质性表述均精确无误和完整无缺。

2. 签名人应当对其未能满足第1款的要求承担法律后果。

第9条　认证服务提供人的行为

1. 认证服务提供人提供服务，以支持可用作具有法律效力的签名而使用的电子签名的，应当做到如下：

（a）按其所作出的关于其政策和做法的表述行事；

（b）采取合理的谨慎措施，确保其作出的关于证书整个寿命周期的或需要列入证书内容的所有实质性表述均精确无误和完整无缺；

（c）提供合理可及的手段，使依赖方得以从证书中证实下列内容：

（1）认证服务提供人的身份；

（2）证书中所指明的签名人在签发证书时拥有对签名制作数据的控制；

（3）在证书签发之时或之前签名制作数据有效；

（d）提供合理可及的手段，使依赖方得以在适当情况下从证书或其他方面证实下列内容：

（1）用以鉴别签名人的方法；

（2）签名制作数据或证书的可能用途或使用金额上的任何限制；

（3）签名制作数据有效，且未发生失密；

（4）认证服务提供人规定的责任范围或程度上的任何限制；

（5）是否存在签名人依照本法第 8 条第 1（b）款发出通知的途径；

（6）是否开设及时的撤销服务；

（e）在开设（d）（5）项所述服务的情况下，提供签名人依照第 8 条第 1（b）款发出通知的途径；在开设 d（6）项所述服务的情况下，确保提供及时的撤销服务；

（f）使用可信赖的系统、程序和人力资源提供其服务。

2. 认证服务提供人应当对其未能满足第 1 款的要求承担法律后果。

第 10 条 可信赖性

就本法第 9 条第 1（f）款而言，在确定认证服务提供人使用的任何系统、程序和人力资源是否可信赖以及在何种程度上可信赖时，可以注意下列因素：

（a）财力和人力资源，包括是否存在资产；

（b）硬件和软件系统的质量；

（c）证书及其申请书的处理程序和记录的保留；

（d）是否可向证书中指明的签名人和潜在的依赖方提供信息；

（e）由独立机构进行审计的经常性和审计的范围；

（f）是否存在国家、资格鉴定机构或认证服务提供人作出的关于上述条件遵守情况或上述条件是否存在的声明；或

（g）其他任何有关因素。

第 11 条 依赖方的行为

依赖方应当对其未能做到如下承担法律后果：

（a）采取合理的步骤查验电子签名的可靠性；或

（b）在电子签名有证书支持时，采取合理的步骤：

（1）查验证书的有效性、证书的暂停或撤销；以及

（2）遵守对证书的任何限制。

第 12 条 对外国证书和电子签名的承认

1. 在确定某一证书或某一电子签名是否具有法律效力或在多大程度上具有法律效力时，不应考虑：

（a）签发证书或制作或使用电子签名的地理位置；或

（b）签发人或签名人营业地的地理位置。

2. 在［颁布国］境外签发的证书，具有实质上同等可靠性的，在［该颁布国］境内具有与在［该颁布国］境内签发的证书同样的法律效力。

3. 在［颁布国］境外制作或使用的电子签名，具有实质上同等可靠性的，在［该颁布国］境内具有与在［该颁布国］境内制作或使用的电子签名同样的法律效力。

4. 在确定某一证书或某一电子签名是否为第 2 款或第 3 款之目的而具有实质上同等的可靠性时，应当考虑到公认的国际标准或其他任何有关的因素。

5. 当事务方之间约定使用某些类别的电子签名或证书的，即使有第 2 款、第 3 款和第 4 款的规定，仍应承认该协议足以成为跨国境承认的依据，除非根据适用法律该协议无效或不产生效力。

（2008-10-13 08:49　文章来源：对外经贸大学部分教师翻译）

附录D 中华人民共和国电子签名法

（2004年8月28日第十届全国人民代表大会常务委员会第十一次会议通过，自2005年4月1日起施行。）

第一章 总 则

第一条 为了规范电子签名行为，确立电子签名的法律效力，维护有关各方的合法权益，制定本法。

第二条 本法所称电子签名，是指数据电文中以电子形式所含、所附用于识别签名人身份并表明签名人认可其中内容的数据。

本法所称数据电文，是指以电子、光学、磁或者类似手段生成、发送、接收或者储存的信息。

第三条 民事活动中的合同或者其他文件、单证等文书，当事人可以约定使用或者不使用电子签名、数据电文。

当事人约定使用电子签名、数据电文的文书，不得仅因为其采用电子签名、数据电文的形式而否定其法律效力。

前款规定不适用下列文书：

（一）涉及婚姻、收养、继承等人身关系的；

（二）涉及土地、房屋等不动产权益转让的；

（三）涉及停止供水、供热、供气、供电等公用事业服务的；

（四）法律、行政法规规定的不适用电子文书的其他情形。

第二章 数 据 电 文

第四条 能够有形地表现所载内容，并可以随时调取查用的数据电文，视为符合法律、法规要求的书面形式。

第五条 符合下列条件的数据电文，视为满足法律、法规规定的原件形式要求：

（一）能够有效地表现所载内容并可供随时调取查用；

（二）能够可靠地保证自最终形成时起，内容保持完整、未被更改。但是，在数据电文上增加背书以及数据交换、储存和显示过程中发生的形式变化不影响数据电文的完整性。

第六条 符合下列条件的数据电文，视为满足法律、法规规定的文件保存要求：

（一）能够有效地表现所载内容并可供随时调取查用；

（二）数据电文的格式与其生成、发送或者接收时的格式相同，或者格式不相同但是能够准确表现原来生成、发送或者接收的内容；

（三）能够识别数据电文的发件人、收件人以及发送、接收的时间。

第七条　数据电文不得仅因为其是以电子、光学、磁或者类似手段生成、发送、接收或者储存的而被拒绝作为证据使用。

第八条　审查数据电文作为证据的真实性，应当考虑以下因素：

（一）生成、储存或者传递数据电文方法的可靠性；

（二）保持内容完整性方法的可靠性；

（三）用以鉴别发件人方法的可靠性；

（四）其他相关因素。

第九条　数据电文有下列情形之一的，视为发件人发送：

（一）经发件人授权发送的；

（二）发件人的信息系统自动发送的；

（三）收件人按照发件人认可的方法对数据电文进行验证后结果相符的。

当事人对前款规定的事项另有约定的，从其约定。

第十条　法律、行政法规规定或者当事人约定数据电文需要确认收讫的，应当确认收讫。发件人收到收件人的收讫确认时，数据电文视为已经收到。

第十一条　数据电文进入发件人控制之外的某个信息系统的时间，视为该数据电文的发送时间。

收件人指定特定系统接收数据电文的，数据电文进入该特定系统的时间，视为该数据电文的接收时间；未指定特定系统的，数据电文进入收件人的任何系统的首次时间，视为该数据电文的接收时间。

当事人对数据电文的发送时间、接收时间另有约定的，从其约定。

第十二条　发件人的主营业地为数据电文的发送地点，收件人的主营业地为数据电文的接收地点。没有主营业地的，其经常居住地为发送或者接收地点。

当事人对数据电文的发送地点、接收地点另有约定的，从其约定。

第三章　电子签名与认证

第十三条　电子签名同时符合下列条件的，视为可靠的电子签名：

（一）电子签名制作数据用于电子签名时，属于电子签名人专有；

（二）签署时电子签名制作数据仅由电子签名人控制；

（三）签署后对电子签名的任何改动能够被发现；

（四）签署后对数据电文内容和形式的任何改动能够被发现。

当事人也可以选择使用符合其约定的可靠条件的电子签名。

第十四条　可靠的电子签名与手写签名或者盖章具有同等的法律效力。

第十五条 电子签名人应当妥善保管电子签名制作数据。电子签名人知悉电子签名制作数据已经失密或者可能已经失密时，应当及时告知有关各方，并终止使用该电子签名制作数据。

第十六条 电子签名需要第三方认证的，由依法设立的电子认证服务提供者提供认证服务。

第十七条 提供电子认证服务，应当具备下列条件：

（一）具有与提供电子认证服务相适应的专业技术人员和管理人员；

（二）具有与提供电子认证服务相适应的资金和经营场所；

（三）具有符合国家安全标准的技术和设备；

（四）具有国家密码管理机构同意使用密码的证明文件；

（五）法律、行政法规规定的其他条件。

第十八条 从事电子认证服务，应当向国务院信息产业主管部门提出申请，并提交符合本法第十七条规定条件的相关材料。国务院信息产业主管部门接到申请后经依法审查，征求国务院商务主管部门等有关部门的意见后，自接到申请之日起四十五日内作出许可或者不予许可的决定。予以许可的，颁发电子认证许可证书；不予许可的，应当书面通知申请人并告知理由。

申请人应当持电子认证许可证书依法向工商行政管理部门办理企业登记手续。

取得认证资格的电子认证服务提供者，应当按照国务院信息产业主管部门的规定在互联网上公布其名称、许可证号等信息。

第十九条 电子认证服务提供者应当制定、公布符合国家有关规定的电子认证业务规则，并向国务院信息产业主管部门备案。

电子认证业务规则应当包括责任范围、作业操作规范、信息安全保障措施等事项。

第二十条 电子签名人向电子认证服务提供者申请电子签名认证证书，应当提供真实、完整和准确的信息。

电子认证服务提供者收到电子签名认证证书申请后，应当对申请人的身份进行查验，并对有关材料进行审查。

第二十一条 电子认证服务提供者签发的电子签名认证证书应当准确无误，并应当载明下列内容：

（一）电子认证服务提供者名称；

（二）证书持有人名称；

（三）证书序列号；

（四）证书有效期；

（五）证书持有人的电子签名验证数据；

（六）电子认证服务提供者的电子签名；

（七）国务院信息产业主管部门规定的其他内容。

第二十二条　电子认证服务提供者应当保证电子签名认证证书内容在有效期内完整、准确，并保证电子签名依赖方能够证实或者了解电子签名认证证书所载内容及其他有关事项。

第二十三条　电子认证服务提供者拟暂停或者终止电子认证服务的，应当在暂停或者终止服务九十日前，就业务承接及其他有关事项通知有关各方。

电子认证服务提供者拟暂停或者终止电子认证服务的，应当在暂停或者终止服务六十日前向国务院信息产业主管部门报告，并与其他电子认证服务提供者就业务承接进行协商，作出妥善安排。

电子认证服务提供者未能就业务承接事项与其他电子认证服务提供者达成协议的，应当申请国务院信息产业主管部门安排其他电子认证服务提供者承接其业务。

电子认证服务提供者被依法吊销电子认证许可证书的，其业务承接事项的处理按照国务院信息产业主管部门的规定执行。

第二十四条　电子认证服务提供者应当妥善保存与认证相关的信息，信息保存期限至少为电子签名认证证书失效后五年。

第二十五条　国务院信息产业主管部门依照本法制定电子认证服务业的具体管理办法，对电子认证服务提供者依法实施监督管理。

第二十六条　经国务院信息产业主管部门根据有关协议或者对等原则核准后，中华人民共和国境外的电子认证服务提供者在境外签发的电子签名认证证书与依照本法设立的电子认证服务提供者签发的电子签名认证证书具有同等的法律效力。

第四章　法 律 责 任

第二十七条　电子签名人知悉电子签名制作数据已经失密或者可能已经失密未及时告知有关各方、并终止使用电子签名制作数据，未向电子认证服务提供者提供真实、完整和准确的信息，或者有其他过错，给电子签名依赖方、电子认证服务提供者造成损失的，承担赔偿责任。

第二十八条　电子签名人或者电子签名依赖方因依据电子认证服务提供者提供的电子签名认证服务从事民事活动遭受损失，电子认证服务提供者不能证明自己无过错的，承担赔偿责任。

第二十九条　未经许可提供电子认证服务的，由国务院信息产业主管部门责令停止违法行为；有违法所得的，没收违法所得；违法所得三十万元以上的，处违法所得一倍以上三倍以下的罚款；没有违法所得或者违法所得不足三十万元的，处十万元以上三十万元以下的罚款。

第三十条　电子认证服务提供者暂停或者终止电子认证服务，未在暂停或者终止服务六十日前向国务院信息产业主管部门报告的，由国务院信息产业主管部门对其直接负责的主管人员处一万元以上五万元以下的罚款。

第三十一条　电子认证服务提供者不遵守认证业务规则、未妥善保存与认证相关的信息，或者有其他违法行为的，由国务院信息产业主管部门责令限期改正；逾期未改正的，吊销电子认证许可证书，其直接负责的主管人员和其他直接责任人员十年内不得从事电子认证服务。吊销电子认证许可证书的，应当予以公告并通知工商行政管理部门。

第三十二条 伪造、冒用、盗用他人的电子签名，构成犯罪的，依法追究刑事责任；给他人造成损失的，依法承担民事责任。

第三十三条 依照本法负责电子认证服务业监督管理工作的部门的工作人员，不依法履行行政许可、监督管理职责的，依法给予行政处分；构成犯罪的，依法追究刑事责任。

第五章 附 则

第三十四条 本法中下列用语的含义：

（一）电子签名人，是指持有电子签名制作数据并以本人身份或者以其所代表的人的名义实施电子签名的人；

（二）电子签名依赖方，是指基于对电子签名认证证书或者电子签名的信赖从事有关活动的人；

（三）电子签名认证证书，是指可证实电子签名人与电子签名制作数据有联系的数据电文或者其他电子记录；

（四）电子签名制作数据，是指在电子签名过程中使用的，将电子签名与电子签名人可靠地联系起来的字符、编码等数据；

（五）电子签名验证数据，是指用于验证电子签名的数据，包括代码、口令、算法或者公钥等。

第三十五条 国务院或者国务院规定的部门可以依据本法制定政务活动和其他社会活动中使用电子签名、数据电文的具体办法。

第三十六条 本法自 2005 年 4 月 1 日起施行。